国家治理研究书系

# 转型中的城市治理

杨宏山／著

中国人民大学出版社
·北京·

**图书在版编目（CIP）数据**

转型中的城市治理/杨宏山著. —北京：中国人民大学出版社，2017.12
（国家治理研究书系）
ISBN 978-7-300-25166-0

Ⅰ.①转… Ⅱ.①杨… Ⅲ.①城市管理-研究-中国 Ⅳ.①F299.23

中国版本图书馆 CIP 数据核字（2017）第 287817 号

北京市社会科学理论著作出版基金资助
国家治理研究书系
**转型中的城市治理**
杨宏山　著
Zhuanxing zhong de Chengshi Zhili

| | | | |
|---|---|---|---|
| **出版发行** | 中国人民大学出版社 | | |
| **社　　址** | 北京中关村大街 31 号 | **邮政编码** | 100080 |
| **电　　话** | 010－62511242（总编室） | | 010－62511770（质管部） |
| | 010－82501766（邮购部） | | 010－62514148（门市部） |
| | 010－62515195（发行公司） | | 010－62515275（盗版举报） |
| **网　　址** | http://www.crup.com.cn | | |
| | http://www.ttrnet.com（人大教研网） | | |
| **经　　销** | 新华书店 | | |
| **印　　刷** | 北京密兴印刷有限公司 | | |
| **规　　格** | 160 mm×235 mm　16 开本 | **版　　次** | 2017 年 12 月第 1 版 |
| **印　　张** | 13 插页 1 | **印　　次** | 2021 年 1 月第 6 次印刷 |
| **字　　数** | 211 000 | **定　　价** | 58.00 元 |

# 前　言

我们生活在一个快速城市化的时代，近年来，在全国范围内，每年都有一千多万农村人口通过转移就业，来到城镇居住和生活。随着城市人口所占比重不断提高，城市治理在地方治理中的地位也日益凸显。早在两千多年前，古希腊先贤就指出，城邦的存在是为了“优良的生活”。城市之所以能够提升生活品质，就在于其提供的公共服务更为优质、更为配套、更为便利。

本研究从公共服务的视角，将“城市”界定为优质公共服务资源高度集聚的地理空间，为理解城市的性质、城市治理的使命和制度演化提供了一个新维度。城市治理的基本使命，一是提供优质公共服务体系，提升相互配套性，增进对工商业的吸引力，满足市民更高层次的公共服务需求；二是建立可持续的财政资金筹集机制，不断改进公共服务。

本书关注于中国城市治理的一些热点议题，涉及城市治理的制度发展、模式解释、市县关系、跨界治理、跨部门协同、街道管理、社区服务供给、市政绩效评估等问题，试图澄清一些认知误区。随着交通拥堵、环境污染等“城市病”日益凸显，城市问题已经引起社会持续关注，相关改革也在快速推进之中。改进城市治理，既要坚持制度创新，完善体制机制，也要重视理论研究，深化对重大议题和热点问题的认知。

我们看到，在中国市场化改革中，城市治理出现了一种“双重联盟”格局。一是致力于经济发展的力量形成的增长导向的精英联盟。20 世纪 80 年代以来，随着党和政府工作转向以经济建设为中心，企业家群体开始崛起，政企联盟成为地方治理的一种行动战略。为吸引企业投资，城市政府出台优惠政策，简化行政流程，主动推进治理创新。国家实施科教兴国战略，知识的价值得到提升，知识精英的话语权扩大。为提升决策科学化水平，技术性知识受到重视，各级政府组建专家咨询委员会，在决策过程中注重听取专家意见。从个体影响力看，社会精英具有与决策者直接对话的渠道，在政策制定中具有一定话语权，对社会舆论也有较大影响力。

另一是社会成员在自我保护中形成的维权导向的社群联盟。他们通过组织集体行动，进行自我保护，防止增长机器的“任性”行为对自身造成伤害。卡尔·波兰尼指出，现代社会的各种变化受一种“双向运动”所支配，即市场的持续扩张以及这一运动所遭遇的在特定方向上制约其扩张的反制运动。随着市场化改革的推进，城市也出现了制约增长导向的精英联盟及其“任性”行为的社会反制运动。面对市场主体突破法律和伦理底线的行为，在焦点事件的触发下，公众自发参与或有组织地开展活动，针对补偿、欠薪、环境、安全等问题，表达共同诉求，组织社会抗争，形成群体性事件。诸如连云港市民抗议核废料项目、仙桃民众反对垃圾焚烧项目、黑龙江龙煤集团工人聚众讨薪事件等，都展现了普通民众为维护自身权益而开展的自我保护运动。

从力量对比看，精英联盟显然处于优势地位，具有更好的组织性，主导着城市治理的公共政策过程。为了吸引外来投资，地方政府纷纷设置投资项目“绿色通道”，简化审批流程，提高审批效率。一些城市还提出了“亲商”“安商”“富商”“稳商”等口号。增长联盟的形成，为城市发展注入了强劲动力，也极大地改变了城市面貌。

改革开放以来，在“效率优先，兼顾公平”的价值导向下，城市政策制定从闭门决策走向精英参与，注重应用技术性知识，提升决策的理性和有效性。这种精英联盟主导的城市治理取得了显著成就，使得城市拥有了良好的基础设施、快速扩展的新城区、有竞争力的制造业、快速增长的财政收入、庞大的中产阶级队伍。

同时，精英联盟主导的城市治理也存在公共服务偏向性、公共空间供给不足、商品房价格高企、邻避冲突问题凸显、群体性事件较多等问题。我国城市普遍存在的广场舞现象，其中的一个重要原因就在于社区公共空间供给不足，尤其是室内公共活动空间缺乏。一些商品房小区，除了居民住房的私人空间，就是商场、银行、餐饮、生鲜菜市、中介服务、家政服务等私人空间，开发商将房屋销售殆尽，有的连居委会办公都找不到场所，居民组织集体健身娱乐活动只能寻找露天场所。近年来，邻避冲突、群体性事件高发，也已成为城市治理不得不面对的挑战。

公共决策不可避免要涉及事实要素和价值要素的判断，事实判断存在客观的经验真理，专家掌握着一定的专业技能和知识，其参与决策过程具有优势，但对于价值问题，其判断取决于人的主观偏好，专家并不具有资格代替公众执行价值判断。从知识应用看，城市善治既要应用专家知识，也要识别公众偏好，既要应用硬知识——可重复的技术性知识，也要应用软知识——特定情境下的地方性知识，既要发挥精英联盟的作用，调动企业家和专家的积极性，也要倾听社群声音，寻求最大公约数。

我们看到，在实践中，城市治理过于强调硬知识，而对软知识重视不够。如果不充分应用软知识，城市治理就会犯很多常识性的错误。以城市规划为例，城市规划需要发挥规划师的想象力，需要应用技术性知识，同时也要应用地方性知识，在倾听中识别当地社会的价值偏好和发展需求。没有倾听，就没有空间正义；没有空间正义，就谈不上一流的城市规划。中国有一句古话说“知易行难”，城市治理需要倾听社群声音，应用地方性知识。这个观念接受起来并不难，然而，落实到行动中却是十分艰难。我们看到，在公共决策中，精英联盟总是倾向于把价值问题转化为技术问题。中国城市治理面临的最大挑战，就是如何在精英联盟和社群联盟之间构建对话平台，更广泛地听取不同社群的利益诉求，增进利益协调，从而兼顾多方利益。

当前，我国正在推进国家治理现代化、新型城镇化，致力于提升城市治理水平。改进城市治理，需要坚持以人为本，凸显公平正义，以保障公平共享作为城市治理的出发点和落脚点。鉴于此，我们既要支持城市发展，也要凸显回应导向，增进对话民主，构建更好的城市制度。

第一，需要整合城市热线，便于公众参与。当前，城市政府各部门都设有热线电话，公众很难记得住，部门热线也不容易打得通。借鉴国外先进经验，有必要整合各部门的热线电话，形成统一的紧急救助热线、非紧急救助热线。如果紧急救助热线整合存在困难，可先从非紧急救助热线整合开始。

第二，要构建两大联盟之间的对话机制，推进民主治理。城市治理利用各方知识、识别各方偏好，需要构建集体论坛，将利益相关者纳入进来，彼此在对话中增进理性，在协商中集聚共识，形成集体行动。委员会制度是促进民主治理的一种有效制度安排。问题是，目前城市设置的很多委员会，有的只是名为委员会，实际却是行政化运作。

第三，要推进整体治理，化解“碎片化”问题。城市作为一个系统，其规划、建设和管理涉及多个部门，需要相关部门采取协同行动。例如，城市空间规划涉及发改、规划、国土、环境等多个部门。为减少推诿扯皮和政策冲突，需要强化整体治理，推进大部门制改革，完善跨部门协同的制度安排。

第四，要改进市政绩效评估，强化自下而上的问责约束。绩效评估对于提升行政部门的责任性、回应性和服务效率具有重要作用。目前，市政绩效评估大多注重内部控制，通过自上而下途径开展绩效测量和考评。提升公共部门对社会需求的回应性，有必要增进政府与社会的互动，改进公众满意度评估，实行自上而下评估与自下而上评估相结合。

总之，城市是人类文明的结晶，城市兴则国家兴，城市强则国家强；城市是国家治理的缩影，城市善治，则国家善治；城市是国家创新的源泉，新制度在城市试点，再形成扩散效应。回应导向的城市治理，既要发挥精英和专家作用，也要改进政策系统，增进协商民主，倾听社群声音，在对话中集聚共识，促进包容性发展。

# 目　录

# 第一章 导　论

## 第一节　问题的提出

改革开放以来，随着市场化的推进，社会流动性增强，单位的社会控制功能逐渐式微。在此背景下，城市管理从倚重单位制转向倚重街居制，街道办事处和居委会承担的责任越来越多。在街居制下，街道办事处的职权和可支配的资源有限，难以全面承担单位剥离出来的社会管理和服务职能。为了利用社会力量及其资源，20 世纪 90 年代，中国城市掀起了社区建设运动。

社区建设引入市场机制，政府动员多方力量提供社区服务，发展社区事业，解决社区问题。随着社区商业服务的兴起，以及开发商、物业公司介入社区服务，城市治理逐渐告别全能政府模式，转而在政府与企业之间开展跨界运作。市场机制丰富了社区服务，改善了社区环境，也带来了新问题。企业提供社区服务以盈利为目的，对弱势群体具有挤出效应。近年来，我国城市集体性维权行动一直很活跃，群体性事件时有发生，表明政府与市场主体结盟无法从根本上保障城市和谐发展。

卡尔·波兰尼提出，“现代社会由一种双向运动支配着：市场的不断扩张以及它所遭遇的反向运动”①。这种双重运动理论既为理解市民维权行动和群体性事件提供了一种解释，也为城市治理提出新的目标导向。城市治理不是政府单向度的行动过程，而是政府与市场主体、社会主体的互动过程。面对市场机制的扩张，城市治理既要坚持政府主导，也要

---

① 卡尔·波兰尼. 大转型：我们时代的政治与经济起源. 冯刚，刘阳，译. 杭州：浙江人民出版社，2007：112.

培育社会组织，提升居民自治能力。

本研究在理论回顾的基础上，提出中国城市治理的一个解释性框架，分析中国特色的整合治理模式的生成背景，解析这一模式的运作机制、成效及潜在风险，探讨城市治理的制度发展趋向。同时，本研究也针对城市管理的一些热点问题展开探讨，试图匡正一些认知误区。

本研究要回答的问题主要有：城市与乡村相区别的根本属性何在？城市治理的基本使命是什么？中国城市治理经历了怎样的制度变迁？现行城市治理模式与改革前模式、西方模式有何区别？现行城市治理模式的成效如何，有何潜在风险，如何化解风险？中国城市跨部门运作面临哪些困境？国外城市推进多部门协同有哪些经验？城市治理应撤销街道办事处吗？撤销街道办事处的改革试点取得成功了吗？城市社区服务的短板何在？市政绩效评估存在哪些问题？如何改进绩效评估？

## 第二节　已有研究

当前，我国正处于快速城市化阶段，城市规模不断扩大，城市人口在总人口中的比重不断上升，城市在地方治理中的地位和作用日益凸显。本书关注于中国城市治理的制度和模式变迁，致力于解析现行制度和模式存在的问题，探讨改革的基本方向和路径。理解城市治理模式，需要关注城市治理涉及的多元主体及其相互关系，把握主体之间互动、博弈形成的结构性安排。城市治理主体包括政府、企业、社会力量等多方行动者，已有研究积累了较为丰富的文献成果。

### 一、城市统治权研究

城市统治权是城市政治学的核心问题之一，即关注城市权力掌握在谁手中，权力的运作机制和结果是什么。围绕这些问题，在 20 世纪 60 年代，美国学界出现精英主义和多元主义之争。20 世纪 80 年代以来，西方国家放松经济规制，商业领袖、社会力量在城市治理中的影响扩大，城市统治权研究提出了增长机器理论、城市机制理论等新模型。

弗洛伊德·亨特基于实证研究，提出工商精英对城市政策具有支配性影响力，城市由精英掌握和控制①。亨特得出结论，认为地方代议制民主实际上只是占支配地位的经济利益的幌子而已。这一论断引发了精英主义与多元主义的理论之争。

罗伯特·达尔对纽黑文市进行实证研究，提出城市权力是分割和分散的，得出多元主义的理论观点②。多元主义认为，城市社会可以理解为数百个小的特殊利益集团的聚集体，这些团体有着不完全的人员重叠，广泛分散的权力基础，以及大量的对重要决策施加影响的手段③。

到了 20 世纪 80 年代，罗根和莫洛奇提出增长机器理论，认为主导城市发展的是致力于促进经济增长的各种力量之间的联盟。土地资源是城市发展的主导因素，城市增长就要对控制土地进行开发，或者对已利用土地进行再开发。增长机器理论基本上是对精英理论的扩展，它将注意力集中于商界领袖的权力上，认为企业家一直以来都是形成城市系统的关键作用力④。

城市机制理论认为城市政治包括更广泛的参与者，政治组织、经济组织、社会组织分别掌握不同的资源，任何一方都无法独立地实现发展目标，多元主体之间的“联盟”就成了一种必然选择。埃尔金提出，城市机制形成于市场力量与政治控制之间的动态关系，他将美国城市机制分为多元型、联邦型、企业型三种机制⑤。根据城市机制理论，在城市治理中，多元主体需要建立合作关系，共同促成城市发展。

一些研究者分析了中国城市的统治权问题。周雪光认为，中国目前仍然是威权体制，中央政府实行一统而治，“借助严密有序的科层组织将自身的政策意图延绵不断地传达到各级地方政府”⑥。何艳玲等提出，从中央—地方关系的结构看，中国城市政府同时具备“地方国家”“地方政

---

① F. Hunter. Community Power Structure: A Study of Decision Makers. Chapel Hill: University of North Carolina Press, 1953.

② R. A. Dahl. Who Governs? Democracy and Power in an American City. New Haven: Yale University Press, 1961.

③ N. W. Polsby. Community Power and Political Theory. New Haven: Yale University Press, 1980: 118.

④ J. Logan, H. Molotch. Urban Fortunes: The Political Economy of Place. Berkeley: University of California Press, 1987: 52.

⑤ S. Elkin. City and Regime in the American Republic. Chicago, I. L.: University of Chicago Press, 1987.

⑥ 周雪光. 权威体制与有效治理：当代中国国家治理的制度逻辑. 开放时代，2011 (10).

府”“科层组织”三个维度，城市政府扮演着不同的制度角色①。折晓叶考察了分税制之后县域政府治理模式，发现地方政府借助“土地项目平台”，形成“行政—政治—公司”三位一体统合机制②。

## 二、城市公共治理研究

20世纪60年代以来，在质疑经典公共行政理论的思想交锋中，公共治理研究不断发展并壮大起来。它基于民主或效率的价值追求，主张在公共服务中引入市场机制、社会参与，运用多种治理工具，致力于实现善治和良治。回顾公共治理研究的理论丛林，学者们从不同的制度环境和价值诉求出发，提出了多中心治理、新公共管理、新公共服务、自主治理、整体治理、协同治理等新的理论愿景。

文森特·奥斯特罗姆等人基于民主行政的价值诉求，提出多中心治理理论，发出了公共治理研究的先声。他们基于公共选择研究途径，论证了在“用脚投票”机制下，多中心政治体制有利于满足公民的服务偏好，提供多样化的公共物品和公共服务③。

新公共管理理论主张在公共服务领域引入市场机制，借鉴私人部门的管理和竞争方法，发展公私伙伴关系，提出“政府应多掌舵少划桨”④。在新公共管理看来，公共管理要由重视效率转向重视结果，开展政府绩效评估，注重公共服务质量和顾客满意度，增强政府部门的回应性和责任心。

新公共服务理论源自对新公共管理理论的批评，它将公共利益、公民权利、公共服务视为核心价值，认为政府不应像企业那样运作，而应民主化运作⑤。新公共服务理论认为，公共管理者在管理公共组织和执行公共政策时，其职责不应该是为政府航船掌舵，也不应该是为其划桨，而应该是为公民服务和向公民放权。

自主治理理论指出，除了政府与市场机制之外，公共事务还存在第

---

① 何艳玲，汪广龙，陈时国．中国城市政府支出政治分析．中国社会科学，2014（7）．

② 折晓叶．县域政府治理模式的新变化．中国社会科学，2014（1）．

③ 文森特·奥斯特罗姆，查尔斯·蒂伯特，罗伯特·瓦伦．大城市地区的政府组织//迈克尔·麦金尼斯．多中心体制与地方公共经济．毛寿龙，李梅，译．上海：上海三联书店，2000：41-67．

④ David Osborne，Ted Gaebler．Reinventing Government：How the Entrepreneurial Spirit Is Transforming the Public Sector．Reading，Mass.：Addison-Wesley，1992：1．

⑤ 珍妮·V. 登哈特，罗伯特·B. 登哈特．新公共服务：服务，而不是掌舵．丁煌，译．北京：中国人民大学出版社，2004：70．

三种治理机制，即自主组织和自主治理。埃莉诺·奥斯特罗姆发现，在公共资源管理中，使用者可通过自筹资金来制定有效的合约，组织集体行动，实现可持续利用①。

整体治理理论是回应行政部门碎片化造成应对复杂问题效率低下，探寻公共部门整合机制而提出的一种理论建构，主张通过构建跨部门、跨领域的协作机制，使不同层级的机构协同作战②。

协同治理理论针对跨界事务，提出建立集体论坛，将利益相关者纳入进来，在协商一致的基础上进行集体决策，建立合作关系，组织集体行动③。协同治理通过伙伴关系、网络、契约、结盟、委员会、联盟、公会、理事会等形式运作，“公共机构和私人机构的管理者代表各自组织共同制定战略、提供物品和服务”④。

梳理公共治理研究文献，可以看到，学者们的价值诉求存在差异性。概括而言，城市公共治理存在民主和效率两种价值导向。前者强调开放性参与，主张通过直接民主、协商民主弥补代议制民主的缺陷；后者注重结果导向，主张有限参与，由政府主导决策过程并组织实施。公共治理研究反映了这样一种观念：政府不应垄断公共事务管理权，需要建立跨界协作机制，让企业、社会力量发挥更大作用。

## 三、公共服务供给研究

基于政府与市场的角色分工，政府的基本职责在于提供公共物品和公共服务。奥斯特罗姆等人在对“提供”（provision）与“生产”（production）进行区分的基础上，提出公共物品和公共服务的生产既可以由私人机构来承担，也可以由公共部门来承担，可通过“协作生产”方式，让私人部门、非营利组织参与进来，并在这些机构之间开展竞争⑤。“公

① 埃莉诺·奥斯特罗姆. 公共事物的治理之道. 余逊达，等译. 上海：上海三联书店，2000：144.

② Perri 6. Towards Holistic Governance：The New Reform Agenda. New York：Palgrave，2002.

③ Chris Ansell，Alison Gash. Collaborative Governance in Theory and Practice. Journal of Public Administration Research and Theory，2007 (18)：543-571.

④ 罗伯特·阿格拉诺夫，迈克尔·麦奎尔. 协作性公共管理：地方政府新战略. 李玲玲，鄞益奋，译. 北京：北京大学出版社，2007：2.

⑤ Vincent Ostrom，Charles M. Tiebout，Robert Warren. The Organization of Government in Metropolitan Areas：A Theoretical Inquiry，American Political Science Review，55，1961 (Dec.)：831-842.

共经济不一定是一个排他性政府垄断经济。它也可以是一个混合经济，在其中私人也参与公共服务提供"①。奥克森指出，"提供"涉及一系列的集体选择行为，应当由政府承担基本责任；"生产"是将资源投入转化为产出的技术性过程，私人部门和第三部门都可以介入并承担责任②。

萨瓦斯区分了公共服务供给中的三个基本参与者：消费者、生产者和安排者，指出"政府本质上是一个安排者或者提供者，是一种社会工具，用以决定什么应该通过集体去做，为谁而做，做到什么程度或什么水平，怎样付费等问题"③。当安排者和生产者合一，就会出现政府垄断公共经济的现象，相应地，就产生了行政成本；当安排者和生产者分离时，私人部门就会介入公共经济，相应地，就产生了交易成本。两种成本的相对值决定了"安排"与"生产"功能分开是否值得。

萨拉蒙对美国非营利组织进行大量实证研究，发现政府与志愿部门的合作，已经成为社会服务供给系统的支柱，政府已经成为私人非营利部门的最重要的资金来源。他提出"第三方治理"理论，即非营利组织参与公共事务治理。萨拉蒙指出，非营利部门具有一些缺陷，如不能产生足够的资源，容易受到富人价值偏好影响，存在家长式作风。非营利组织也具有独特优势，它们能提供个性化服务，可在小范围内运作，可根据客户需求调整服务，可允许服务提供者之间存在竞争。他得出结论，"无论是志愿部门替代政府，还是政府替代志愿部门，都没有两者之间的合作更有意义"④。

奥斯本、盖布勒提出，政府治理要区分"掌舵"和"划桨"职能，管理者要承担决策和指导工作，实际操作可由员工去做。掌舵者应尽可能看到问题的全貌，对资源的竞争性需求加以平衡，划桨者要集中精力于具体任务并把事情做好。政府要善于开发达到目标的合宜方式，所谓

---

① Vincent Ostrom, Elinor Ostrom. Public Goods and Public Choices//Michael D. McGinnis. Polycentricity and Local Public Economy. The University of Michigan Press, 1999: 75.

② 罗纳德·J. 奥克森. 治理地方公共经济. 万鹏飞，译. 北京：北京大学出版社，2005：9.

③ E. S. 萨瓦斯. 民营化与公私部门的伙伴关系. 周志忍，等译. 北京：中国人民大学出版社，2002：65.

④ 莱斯特·M. 萨拉蒙. 公共服务中的伙伴：现代福利国家中政府与非营利组织的关系. 田凯，译. 北京：商务印书馆，2008：51.

“不惜代价”实现政策目标，实际上是一种愚蠢的表白①。

## 四、中国城市治理研究

20 世纪 90 年代以来，尤其是新世纪以来，中国学界对城市治理的研究成果明显增多。城市治理难免要涉及城市政府与市场、社会关系的讨论。赵燕菁从城市经营的视角，提出城市政府可看作是一个以经营城市为目标的企业，城市政府应该和市场机制结盟，按照企业的规则来提供公共物品和服务，建立以市场主导的制度安排②。刘淑妍从利益相关者的视角，提出城市治理需要拓展公众参与的渠道和途径，建立全过程公众参与体系③。张庭伟提出，城市经营的核心是政府与市场结盟，以市场机制配置城市公共资源，城市治理的核心是政府与社会结盟，让处于边缘化的社会力量通过公众参与的方式介入城市管理④。

随着城市街道办事处承担的职责不断增多，街道办事处的角色定位引起学界关注，形成了四种代表性观点：一是主张把街道办事处建成一级政府，建立“三级政府、三级管理”体制⑤；二是主张实行“虚区实街”，即把街道办事处改为基层政府，把区一级变成派出机关⑥；三是主张维持街道办事处的派出机构性质，合理安排街道办事处承担的职能，移交行政审批和执法职能，强化综合协调职能⑦；四是主张撤销街道办事处，把区的管辖范围划小，由区政府直接指导社区建设，实行“二级政府、二级管理”体制⑧。

在城市社区治理结构方面，学界也有较多讨论。路风、李路路、李汉林等人剖析了以单位制为基础的城市基层管理模式⑨。何海兵梳理了新中

---

① 戴维·奥斯本，特德·盖布勒．改革政府：企业精神如何改革着公营部门．周敦仁，等译．上海：上海译文出版社，2006：10.

② 赵燕菁．从城市管理走向城市经营．城市规划，2002（11）.

③ 刘淑妍．公众参与导向的城市治理：利益相关者分析视角．上海：同济大学出版社，2010：2-3.

④ 张庭伟．新自由主义、城市经营、城市管治、城市竞争力．城市规划，2004（5）.

⑤ 万鹏飞．中国大陆城市的街道行政管理体制．当代中国研究，1994（3）.

⑥ 浦兴祖．特大城市城区管理体制的改革走向．政治学研究，1998（3）.

⑦ 何海兵．我国城市社区管理体制的主要问题及其改革走向．上海行政学院学报，2007（2）.

⑧ 魏娜．我国城市社区治理模式：发展演变与制度创新．中国人民大学学报，2003（1）.

⑨ 路风．单位：一种特殊的社会组织形式．中国社会科学，1989（1）；李路路，李汉林．中国的单位组织：资源、权力与交换．杭州：浙江人民出版社，2000.

国成立以来城市社会管理从单位制、街居制走向社区制的制度变迁①。在政府主导社区建设的运作模式下，居民委员会仍存在行政化问题②。一些研究者主张推进城市政府向社会组织赋权，形成“小政府、大社会”的治理结构③；也有研究者主张政府与社区合作模式，即将原由社区自治组织承担的行政事务移交给社区服务站，推进政府购买社会服务，支持社区组织发展④。

## 第三节 研究思路和方法

### 一、研究思路

改革开放以来，随着市场化改革的推进，在复杂、变化、多样的外部环境下，为提升回应性和公共服务能力，我国城市政府改变了过去的全能治理模式，不再垄断提供公共服务，转而引入市场机制和社会力量，强调公众参与、资源共享、综合治理，产生了大量的新实践。在总结城市管理改革实践中，公共治理理论受到重视。公共治理理论不否定政府的主导地位和代表制民主的作用，但它将私人部门和社会力量引入公共事务管理，力求提高公共服务供给效率，提升政府运作的参与性和民主性。

本研究从政府与社会关系的视角，根据政府与社会的合作程度、跨界事务的协商性两个维度，先对城市治理进行类型学分析，进而剖析中国城市治理的新模式——整合治理模式，分析新模式的生成背景、基本特点、运作机制、运行成效及潜在风险，厘清其与改革前城市管理模式以及西方城市治理模式的区别，以深化对中国特色城市治理的认知。整合治理模式通过一系列相互嵌入的制度安排，强化了隐形控制机制，既保证了统一领导，也提高了城市治理能力，改进了公共服务供给。

不可否认，整合治理模式也存在风险，强制性推进跨界整合容易引

① 何海兵．我国城市基层社会管理体制变迁：从单位制、街居制到社区制．管理世界，2003（6）．

② 桂勇，崔之余．行政化进程中的城市居委会体制变迁．华中理工大学学报（社会科学版），2000（3）．

③ 卢汉龙．中国城市社区的治理模式．上海行政学院学报，2004（1）．

④ 徐勇．治理转型与竞争：合作主义．开放时代，2001（7）．

起社会抗争和群体性事件。有效应对社会风险，需要寻求制度改进和发展。本研究将探讨克服整合治理负面影响的制度安排，包括机制安排和制度需求。本研究还将对美国城市治理进行实证分析，考察跨界治理的运作方式，总结协同治理的运作机制。近年来，街道办事处改革、社区服务供给、市政绩效管理方面的讨论也很多，本研究试图匡正一些流行性误解。

## 二、研究方法

探讨中国城市治理转型，需要建立合宜的分析框架。分析框架通过提出基本变量并解释它们之间的关系，为理解所研究的问题提供基本的分析工具。如果缺少变量和分析框架，城市治理研究就只能停留于描述性分析。本研究采用类型学研究常用的 2×2 分析框架，识别两个关键变量，区分四种不同的城市治理类型，力求形成结构性认知。

在城市制度发展上，本研究应用埃莉诺·奥斯特罗姆开发的制度分析与发展（institutional analysis and development，IAD）框架①。它将制度视为自变量，将行动舞台视为因变量，致力于探讨特定制度结构如何形成激励机制并影响行动者的行为，进而对这些行动的结果进行预测和评估，在此基础上提出改进制度安排的总体思路。IAD 框架的行动舞台包括行动情境和行动者两组因变量。行动情境这一概念使分析者从形成激励机制的制度结构出发，来解释行为与结果的规律性并有可能改善它们。行动者可能是个体，也可能是组织化的群体。行动者在任何特定情形下的策略选择，取决于自身对各种策略可能结果的理解与估量。通过对行动情境进行分析，分析者可对行动者的互动模式及结果做出预测。在 IAD 框架中，制度是指被行动者接受的规则、规范和策略②。这些制度提供了规范行动者及其相互关系的基本准则，从而形成了具体的行动情境，它影响着行动者的行动选择、行动成本、收益以及成果。

本研究将 IAD 框架运用于中国城市治理改革研究，从而形成制度安排—行动舞台（行动情境）—行动模式—结果评估的分析流程，如图 1-1所示。这一分析框架的核心含义是，中国城市治理建立在一系列基

---

① 埃莉诺·奥斯特罗姆. 制度的理性选择：对制度分析与发展框架的评估//保罗·A. 萨巴蒂尔. 政策过程理论. 彭宗超，钟开斌，译. 北京：三联书店，2004：56.

② Sue E. S. Crawford，Elinor Ostrom. A Grammar of Institutions. American Political Science Review，1995，89 (3)：582-600.

础性的制度安排之上，它规范了政府与市场主体、社会主体的基本关系。这些制度安排共同构成了城市治理转型的行动情境，决定了中国城市治理转型的价值导向与改革取向。

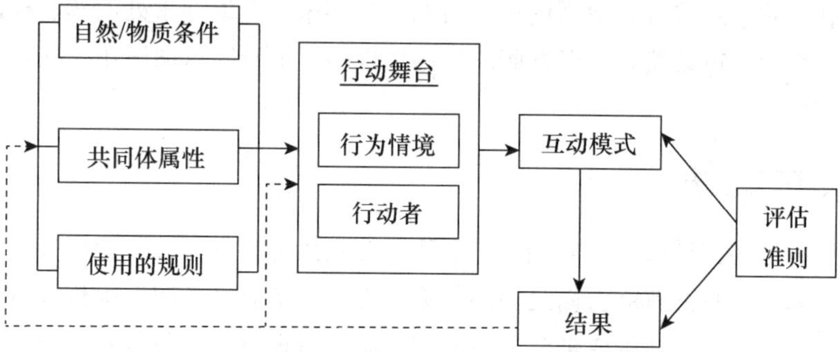


**图 1-1　制度分析与发展框架**

IAD 框架强调制度决定行动情境，对行动主体的行动选择具有重要影响。制度既为政府行动提供基本框架，也为市场主体、社会主体提供行动激励。在不同的制度安排下，多元行动主体的互动模式及结果具有差异性。分析现行制度下城市治理主体的互动模式及结果，有助于预测制度演进的发展趋势。

## 第四节　本书的结构

本书分为十章。

第一章为导论，介绍本研究提出的主要问题，综述已有研究的理论发展、相关文献和代表性观点，介绍本研究的基本思路和方法，阐述各章的内容安排。

第二章探讨了城市的性质与治理使命。本章梳理了建筑学、地理学、经济学、社会学等学科对城市性质的界定。然后，从公共管理的视角，对城市性质提出新的理解，阐述了城市治理的基本使命，力图澄清城乡治理的认知误区，并就改进城乡治理提出新的思路。从公共管理视角看，城市是优质公共服务资源高度集聚的地理空间。在城乡关系上，政府治理有必要扭转“城乡公共服务均等化”的思维定式，政府有责任保障乡村居民也能享有不可或缺的基本公共服务，但这并不意味着城乡之间的公共服务供给可以实现均等化。

第三章剖析了中国城市治理的制度变迁。中国设区的市实行“两级政府、三级管理”体制，城市基层治理依赖于街道—居委会体制。历史地看，新中国成立以来，城市治理经历了从“单位制”到“街居制”、从“街居对接”到“居站分离”、从“准社区制”到“社区制”的发展历程。根据决策行为是否具有强制力，城市治理主体可分为权力主体和非权力主体。根据执政党对组织内部运作是否具有支配性，城市治理主体可分为体制内单位和体制外组织两大类别。

第四章解释了中国城市治理的制度框架。本章梳理了城市管理的理论演进。接下来，从政府与社会关系的视角，区分出四种类型的城市治理模式：全能政府、自主治理、整合治理和协同治理。在实践中，中国城市形成了整合治理的运作模式，它生成于政府占有资源相对下降而责任仍具有全能性的环境之中。面对“资源有限”而“责任无限”的悖论，城市政府依靠自身权威，通过资格认定、资源支持、精英吸纳、党群嵌入、项目合作等途径，对市场和社会主体进行跨界整合。在整合治理下，公共部门处于主导地位，取得了显著成效，也导致了不少社会矛盾和冲突。化解整合治理模式导致的社会风险，城市跨界运作有必要推进依法治理，增进协商民主，发展协同治理的制度安排。

第五章探讨了市县关系的理想模式。针对“市管县”体制存在的问题，近年来，学界对“省管县”的讨论很多。推进“省管县”体制改革需要在理论上厘清市与县的关系。根据对公平与效率的不同价值偏好，学界对市县关系的研究存在“市县竞争论”和“市县一体论”两种代表性观点，前者将市与县看作平等的竞争主体，主张市县分治，后者认为市与县之间存在相互依存关系，主张区域一体化。本章通过剖析这两种代表性观点，提出了一种混合型的市县关系模型。通过国际比较，检验了其他国家的市县关系模式，并就“省管县”改革的政策设计提出了具体思路。

第六章研究了美国城市跨界治理的制度发展。美国城市政体具有多样性，可分为市长议会制（强市长制）、议会市长制（弱市长制）、委员会制和议会经理制四种类型。在大都市地区，多个自治市、镇彼此独立，互不隶属，形成“碎片化”政治格局。尽管一直存在削减地方政府数量、组建统一的大都市政府的动议，但居民持续通过投票行动表达反对意见。为适应区域一体化发展需求，同时兼顾居民的利益诉求，大都市地区的多元主体通过结盟、联盟、委员会、理事会、伙伴关系等组织方式，开展协同治理，采取集体行动。实践表明，这种协同治理机制有利于保障各方利益诉求，实现包容性发展。

第七章关注于中国城市跨部门协同的制度发展。中国城市治理立基于单一制和中央集权的制度安排之下，中央部委和上级部门通过政策手段，直接指挥或指导市政府各部门运作，形成上下对口、纵向贯通的“蜂窝状”治理结构。这种制度安排有利于快速落实上级决策部署，但横向运作的壁垒较多。本章通过考察国外城市跨部门运作的新趋势，提出构建整体政府的改革思路。20 世纪 90 年代以来，针对区域治理“碎片化”问题，美国大都市地区形成了多样化的协同治理机制，英国城市则兴起了构建整体政府的改革运动。近年来，针对部门主义导致的问题，中国城市也在开展整体治理导向的改革运动。本章以北京市为例，剖析了这方面的改革实践。从路径安排看，推进跨部门协同具有技术应用、流程再造、组织整合三种路径。

第八章探讨了城市街道管理体制改革的争议和思路。在城市社区建设中，一种流行性看法认为街道办事处妨碍了居民自治，是社区建设与发展的障碍，主张撤销街道办事处，由政府部门直接面向社区提供公共服务。考察一些城市撤销街道办事处的改革试验，我们发现这一改革并不成功，出现了始料未及的困境和问题。北京市各街道的人口规模普遍超过万人，有的达几十万人，相当于美国中小城市的人口规模，撤销街道办事处难免会遇到问题。完善城市街道管理体制，需要推进地方性立法，提升街道工作规范化水平；制定街道工作的责任清单；推进社区服务站与居委会相分离；建立街道责任与人员编制相挂钩制度；推进政府购买公共服务，运用市场机制和社会力量，提高公共服务供给能力和质量。

第九章分析了城市社区服务与公共空间建设。社区服务是我国推进城市社区建设提出的本土化概念，本章梳理了几个流行性的概念界定，提出新的解读视角，即将社区服务看作复合型服务，它不仅包括社会服务，也包括政府服务和商业服务。针对城市社区服务存在的现实问题，既要发展公益性的社会服务，也要向社区延伸政府服务，完善商业服务网点。本章还讨论了居住区公共空间供给存在的问题，提出建设集中布局型邻里中心，增加综合性公共空间供给。当前，与新城建设等宏大叙事相比，我国城市的社区公共空间（尤其是公益性室内公共空间）普遍存在供给不足问题。在追求商业利益的引导下，居住区的开敞性室内公共空间常常被挤压。建设宜居社区，有必要借鉴国外经验，引入新的公共空间规划管理模式。

第十章探讨了市政绩效评估的制度发展。市政绩效评估已经成为城市治理创新的一个重要领域。理论界对政府绩效评估存在误读，一种流行性的思路是构建普适性的绩效评估综合指标体系。实际上，市政绩效评估难以覆盖政府职能的所有领域，它只能就公共服务的投入、产出和结果中可量化测评的指标进行测量和评价。本章剖析了内部控制型评估和外部责任型评估的功能及限度，提出构建复合型评估模式，同步提升政府执行力与公信力。在案例研究方面，本章选取北京市朝阳区网格化管理系统和美国巴尔的摩市 CitiStat 系统为个案，通过对两者的运作机制和实际效果进行对比分析，提出改进市政绩效评估的政策建议。中国城市绩效评估系统在提升执行力上具有显著优势，而美国城市绩效评估以顾客满意度为核心关注。建设宜居城市和服务型政府，有必要构建复合型绩效评估系统，强化外部责任约束和部门绩效评价，运用绩效评价结果促使行政部门强化过程和结果控制，实现政府执行力与公众满意度相统一。

# 第二章
# 城市的性质与治理使命

城市是人类文明的创造物，是人类告别蛮荒、追求美好生活而创造的人工环境，在经济社会发展和区域治理中具有举足轻重的地位。城市研究学者刘易斯·芒福德指出，“人类用了5 000多年的时间，才对城市的本质和演变过程获得了一个局部的认识，也许要用更长的时间才能完全弄清它那尚未被认识的潜在特性”①。认识城市发展规律，提高城市治理能力，有必要从城市的本原性质入手，明确城市治理的基本使命，进而厘清城市与乡村治理各自的逻辑。

## 第一节　重新认知城市的性质

### 一、城市性质的多元解读

为了增进对城市性质的理解，有必要回顾一下相关学科对城市性质的界定。

建筑学把城市理解为建筑技术和建筑艺术的结合体，凸显了城市的建筑物密集特征。建筑学是研究建筑物及其周围环境的学科，旨在总结人类建筑活动的经验，以指导建筑设计和景观设计，改进人居环境体系。在建筑学看来，城市发展不仅要满足人的物质需求，也要满足人在精神上的需求，城市建筑需要审慎考虑建筑的规模、材料、通风、采光等因素，提供安全、健康、舒适的居住、工作和活动空间。

地理学将城市界定为人类聚落体系的一种类型，即大于村庄、镇的人类居住和生活场所，凸显了城市的聚落特征。人文地理学认为，人类

---

① 刘易斯·芒福德. 城市发展史：起源、演变和前景. 宋俊岭，倪文彦，译. 北京：中国建筑工业出版社，2005：2.

社会经历了“村庄—镇—城市—大城市”的聚落体系发展历程①。城市以非农活动为主，人口规模大，建筑密度大，社会结构复杂，具有与村庄明显不同的社会特征。城市地理学者理查德·P. 格林等指出，“城市具有较高的人口密度、较拥挤的空间、较高层次的经济活动，有更广泛区域的劳动力供给与需求、更加复杂的经济组织，蕴涵都市主义和城市价值的社会特征，具有更加有力和复杂的管理”②。

在经济学的理解中，城市是非农产业和非农业人口的集聚地，是工商业比较发达的地区，是某一区域或国家的经济中心，它凸显了城市的经济要素集聚特征。阿瑟·奥沙利文将城市定义为“在相对狭小的面积里居住着大量人口的地理区域”③。城市在有限的区域内，集中了大量企业、家庭和居民，是商业、工业、金融、房地产、信息等非农产业的集聚地。城市经济具有随着规模增长而报酬递增效应，当经济规模扩大时，“产出增长大于支出增长”④。随着分工不断细化和专业化，城市会形成多元化的产业结构，使城市比农村更有活力，产业更为齐全。

社会学将城市描述为由不同的异质个体组成的居住共同体，凸显了城市的社会分化和人口的异质性特征。路易斯·沃思将社会关系分为初级、次级、第三级关系⑤。乡村社区占主导地位的社会关系是面对面的初级社会关系，而城市主要由次级、第三级关系所支配，人们被陌生人所包围。社会学关注于城市社会阶层、民族、种族的多样性，不同的社群不仅生活在城市的不同角落，而且通常也在不同的地方从事不同的工作。社会学者常用“竞技场”“巴比伦”“波西米亚”“马赛克”“万花筒”“迷宫”“城中村”等词语描述城市人群的多样性⑥。

通过梳理，我们可以看到，不同学科对城市性质的理解具有差异性，分别凸显了城市的不同属性。建筑学关注于城市的建筑密度、建筑风格、

① R. J. 约翰斯顿. 人文地理学词典. 柴彦威，等译. 北京：商务印书馆，2004：80.

② 理查德·P. 格林，詹姆斯·B. 皮克. 城市地理学. 中国地理学会城市地理专业委员会，译. 北京：商务印书馆，2011：121.

③ 阿瑟·奥沙利文. 城市经济学：第六版. 周京奎，译. 北京：北京大学出版社，2008：2.

④ Brendan O'Flaherty. City Economics. Cambridge，Massachusetts：Harvard University Press，2005：12，572-573.

⑤ Louis Wirth. Urbanism as a Way of Life. American Journal of Sociology，1928，44：3-24.

⑥ 保罗·诺克斯，史蒂文·平奇. 城市社会地理学导论. 柴彦威，等译. 北京：商务印书馆，2005：5-6.

人居空间布局；地理学关注于城市的人文、经济地理和空间结构特征；经济学聚焦于城市的人口规模和产业结构；社会学关注于城市的社会分化、社会生活和社会问题。由于关注的领域不同，上述学科分别提出各自的城市研究议题，构建了各自的知识体系，彼此之间既有差异性，又互相联系、互相渗透，共同推动着城市研究的理论发展。

斯特劳斯、科宾提出，理论是“通过关系陈述而发展良好的一组相关概念，这些概念共同构成一个整合的模式，而该模式能够用于解释或预测现象”①。通常所说的理论，实际上就是由一个或一组概念组成，用于解释或预测某种现象。概念是理论思维的基本元素，是对事物的本质特征的概括或抽象，它反映了人们对事物性质的一种认识。对于政府管理来讲，认识城市发展规律，提高城市治理能力，有必要基于公共管理的价值诉求，从最基本的概念界定入手，去把握城市的性质，推进理论发展，促进新理念、新知识的生产和传播。

## 二、城市性质的新理解

在考察城市时，人们很容易将注意力集中于建筑密集、工商业发达、交通便捷等视觉容易捕捉到的硬件元素，而忽略那些不易观察到的软件因素，如城市规划、安全防卫、环境保护等公共管理和公共服务活动。理解城市的本原属性，需要透过现实中纷繁复杂的建筑、景观、经济、社会等因素，把握城市最基本的功能。

芒福德通过考察城市的起源和演变，提出“在城市成为人类的永久性居住地之前，它最初只是古人类聚会的地点”，“这些地点是先具备磁体功能，而后才具备容器功能的”②。芒福德提出，城市发展的最初胚胎，是由于一些地点具有特殊的“磁性”，而成为人类的汇聚地点，“这类地点除了优良的自然条件外，还必须具有一种比普通生活过程更高超、更恒久、更有普遍意义的威力，因此它们能把许多家族或氏族团体的人群在不同季节里吸引回来”③。

城市的“磁性”既有赖于优良的自然条件，也有赖于以自然条件为

① Anselm Strauss，Juliet Corbin. Basics of Qualitative Research：Techniques and Procedures for Developing Grounded Theory. Sage Publications，Thousand Oaks，1998：15.

② 刘易斯·芒福德. 城市发展史：起源、演变和前景. 宋俊岭，倪文彦，译. 北京：中国建筑工业出版社，2005：9.

③ 同②.

基础而构造的人工环境。从公共管理的视角看，这种人工环境就是通常所讲的基础设施和公共服务。早期的城市普遍筑有封闭的城墙，具有防卫功能。《墨子·七患》曰："城者所以自守也。"《管子·度地》曰："内为之城，城外为郭"。《古今注》说："筑城以卫君，造郭以守民"。除了防御功能外，早期城市还发展出了朝觐、圣地、庙宇、圣祠、仪典、集市、仓廪等功能。

基于上述，我们可将城市定义为优质公共服务资源高度集聚的地理空间，城市的本质在于提供优质公共服务，城市发展有赖于优质公共服务提供支持。城市兼有"磁体"和"容器"功能，其中，优质公共服务发挥了"磁体"功能，它吸引人们进城居住，形成人口集聚，促进了劳动分工和工商业发展，城市进而具备了"容器"功能。早在两千多年前，古希腊先贤就指出，人们来到城市是为了追求"优良的生活"①。上海世界博览会提出"城市，让生活更美好"，城市之所以能够提升生活品质，就在于拥有配套齐全的基础设施，居民可享受更优质的公共服务。公共服务供给具有成本，公共服务种类越多、质量越高、配套越好，财政支出也越高。比较而言，农村地区的基础设施、公共服务就要少得多，服务质量、配套性也不及城市地区。对于边远、落后地区来讲，政府提供的公共服务仅限于通路、通电（力）、通邮、通电话、通广播、通电视等"村村通"工程，以及义务教育、基本医疗等最起码的民生保障。

早期城市提供公共服务的能力有限，仅限于安全、秩序和仪式。而且，早期的公共服务只面向统治阶层，不向普通社会成员开放。芒福德指出，"先古城市最初只是在坚强、统一、自为的领导之下的一种人力集中，它只是一种工具，主要用以统治人和控制自然，使城市社区本身服务于神明"②。随着劳动分工的发展，城市的功能不断扩展，出现了祭祀、宗教、集市、娱乐、社会交往等专门活动，新的职业类别不断产生，城市提供公共服务的内容越来越多，也越来越广泛地覆盖普通民众。

① 亚里士多德提出："等到由若干村坊组合而为'城市'，社会就进化到高级而完备的境界，在这种社会团体以内，人类的生活可以获得完全的自给自足；我们也可以这样说：城邦的长成出于人类'生活'的发展，而其实际的存在却是为了'优良的生活'。"（亚里士多德．政治学．吴寿彭，译．北京：商务印书馆，1965：7．）

② 刘易斯·芒福德．城市发展史：起源、演变和前景．宋俊岭，倪文彦，译．北京：中国建筑工业出版社，2005：101．

# 第二节　城市治理的制度与使命

## 一、城市治理的制度安排

公共政策学者约翰·伦尼·肖特指出："对于当代社会中的城市而言，其构成元素是千变万化的图景、应接不暇的资讯和争执不休的利益冲突，而我们可以尝试着找出一种秩序把这些纷繁的要素整饬起来。"① 在他看来，理解城市需要探寻构建城市秩序的基本密码，增进对城市本原性质的认知。我们认为，城市的本质属性就在于优质公共服务的高度集聚特征，它可为理解城市秩序提供基本密码，也可为改进城乡治理提供新的思路。

城市治理通过城市规划等手段，划出一定范围的地理空间，由市政府统一提供一系列基础设施和公共服务项目，形成集聚配套的公共服务体系，并通过征税或强制收费的方式获取财政收入，在划定空间内的居民和法人需要为此支付更高的成本。这种由政府规划一定的空间范围，加强基础设施和公共服务项目建设，实际上就是构建一种制度安排，政府提供高水平的公共服务，市民需要为此额外支付费用。当前，中国城市管理通过区分土地性质，由政府征收农村集体用地，转变性质为国有土地，用于城市开发和建设。这实际上就是划定城市建设用地的空间边界，政府在划定的空间范围内配置优质公共服务资源，提供更高水平的公共服务，并通过土地出让的方式，筹集可观的公共服务资金。

城市政府负责生产和提供公共服务，并通过垄断公共产品交易的方式来获取财政收入。与市场的自愿交易不同，市政府对优质公共服务的征税、收费具有强制性。居民选择到一个城市定居，企业选择到一个城市投资，就意味着要购买一系列优质公共服务，其缴纳的税收就相当于获取优质公共服务的支出。

## 二、城市治理的基本使命

城市治理承载着两个方面的基本使命②：

---

① 约翰·伦尼·肖特．城市秩序：城市、文化与权力导论．郑娟，梁捷，译．上海：上海人民出版社，2011：3.

② 杨宏山．澄清城乡治理的认知误区．探索与争鸣，2016（6）.

一是提供优质公共服务体系，提升相互配套性，增进对工商业的吸引力，满足市民更高水平的公共服务需求。这里所讲的公共服务体系，包括道路、桥梁、学校、医院、公园等物质性的基础设施，以及教育、文化、医疗、社会保障、公共交通、环境保护、经济监管、社会监管等非物质性的服务项目。城市善治要求各类公共服务项目相互衔接、彼此配套，形成公共服务体系，共同服务于市民、企业及社会组织。

二是形成可持续的财政资金筹集机制，不断改进公共服务。城市提供优质公共服务具有成本，需要具有稳定的财政收入来源。城市基础设施建设的资金需求大，回报周期长，成本具有沉淀性，资金一经投入难以改作其他用途。同时，基础设施的规模经济效应也很明显，项目建成以后，随着消费者数量增加，项目运行具有成本弱增性特征。为城市政府满足未来发展需求，城市需要与致力于促进经济增长的力量合作，支持工商业发展，以增加财政收入。

在市场经济体制下，城市治理要区分“掌舵”和“划桨”职能，城市政府承担着提供公共服务的使命，负责公共服务供给决策，而公共服务的生产既可由公共部门承担，也可通过政府与社会合作的方式，让企业和社会组织参与进来，在不同机构之间展开竞争。掌舵者需要洞察问题，平衡竞争性需求，承担安排者的角色，决定为谁生产、生产多少、如何生产、怎样付费等问题，划桨者则要集中精力于具体事务。

奥克森指出，公共服务的“提供”涉及一系列的集体选择行为，应当由政府承担基本责任，“生产”是将资源投入转化为产出的技术性过程，私人部门和第三部门都可以介入并承担责任①。在实践中，公共服务生产的具体安排，既可由公共部门直接提供，也可采取合同承包、政府补助、凭单制、特许经营等方式，由企业或社会机构来完成。萨拉蒙对美国非营利组织进行大量实证研究，发现政府与志愿部门的合作，已经成为社会服务供给的支柱，政府已经成为私人非营利部门的最重要的资金来源②。

与城市相比，农村地区的人口密度要低得多，政府提供的公共服务体系在种类上要少得多，在空间布局上也要分散得多。农村地区的公共

---

① 罗纳德·J. 奥克森. 治理地方公共经济. 万鹏飞，译. 北京：北京大学出版社，2005：9.

② 莱斯特·M. 萨拉蒙. 公共服务中的伙伴：现代福利国家中政府与非营利组织的关系. 田凯，译. 北京：商务印书馆，2008：51.

服务供给，与当地居民对地方财政的贡献也不直接相关。在现代经济体系中，农业经济具有弱质性，需要国家提供政策保护、财政补贴。与市政府相比，县级政权的财政资金筹集能力要弱得多。如果没有财政转移支付提供支持，仅仅依靠本地财力，一些落后地区将无法保障全体居民都能获得义务教育、医疗卫生、计划生育等基本公共服务。问题在于，一个人如果缺少了最起码的基本公共服务，那就无法保障其生存和发展的基本权利。

乡村治理的基本使命，不在于就近提供配套齐全的各类公共服务，也不在于保障农村居民与城市居民一样享有均质的公共服务体系，而是要划定公共服务的底线标准，保障农村居民能够享受到不可或缺的基本公共服务。基本公共服务是维护人的尊严、保障个人生存和发展基本需求的基础性公共品，如义务教育、基本医疗服务、社会保障等，以及与居民生活密切相关的交通、安全、环保等民生需求。享有基本公共服务是公民的权利，提供基本公共服务也是政府的职责所在。为此，城乡治理有必要区分基本公共服务和选择性公共服务，明确规定基本公共服务的范围和标准。随着经济发展，政府财力逐渐增强，基本公共服务的标准也要不断提高。而选择性公共服务属于更高层次的政府服务，如高等教育、公园广场、市容环卫、治安巡逻、道路保洁等，它们并不面向全体社会成员，很多服务项目也难以覆盖广袤的农村地区。

当前，我国城乡治理的根本问题，不在于城市与乡村的公共服务水平和质量存在差距，而在于农村地区的基本公共服务缺少明确标准和底线约束。一些边远、落后地区，由于政府财力薄弱，不能保障基本公共服务供给。改进农村地区的公共服务状况，有必要统筹基本公共服务设施的空间布局，制定农村地区基本公共服务的项目清单和提供标准，明确规定不同层级政府的具体责任。为此，国家需要制定发展规划，明确规定一定时期内基本公共服务体系建设的国家标准，在国家标准的基础上，各地区也要根据经济社会发展情况，分别制定本行政区内的地方标准，有条件的地区可提高本地标准。对于落后和欠发展地区，地方政府履行分内责任确有困难的，国家通过财政转移支付手段予以支持。同时，要通过政策手段，引导城市优质公共服务资源向小城镇延伸配置，方便农村居民就近共享优质公共服务资源。

# 第三节　城市公共服务的融资制度

## 一、城市公共服务的融资模式

有研究者提出，城市可视作“一组公共产品的集合”，城市政府负责生产和提供优质公共服务，并通过垄断交易的方式来获取财政收入①。从制度经济学的视角看，居民选择到一个城市定居，企业到一个城市开发，就意味着要购买一组优质公共服务的集合，企业和居民向城市纳税就相当于支付相关费用，城市政府的征税就等于提供优质公共服务的收费。

城市政府与市民、企业的这种关系，类似于市场中购买物品和服务的交易行为，只不过市场出售的是某一种具体的物品和服务，而城市政府出售的是一定空间内的一组公共服务集合。城市政府提供公共服务，可能由某个公共机构直接生产，或通过政府与企业合作的方式，还可能是政府提供政策支持、社会力量负责运作。公共服务的融资模式，也存在多元化的制度安排。有效的融资模式，可增加基础设施和公共服务供给，加快城市发展。

在市场经济体制下，人才、资金等生产要素的自由流动，形成一种“用脚投票”机制，引发城市之间的竞争，并推动着城市公共服务融资制度的演化。这种竞争既表现为公共服务供给机制和能力的竞争，也表现为融资模式和治理制度的竞争。在城市间竞争中，有效的制度安排有利于改进基础设施和公共服务，会引起城市间学习和借鉴，推进制度创新的扩散；而落后的制度安排，则会在困顿中被淘汰。为了在竞争中占据优势，学习能力强的城市会主动借鉴其他城市的新制度、新机制、新经验②。

## 二、中国城市财政的制度变迁

考察新中国的城市财政体制，它大体经历了从“国家投资、统收统

① 赵燕菁．城市的制度原型．城市规划，2009（10）：9-18．
② 杨宏山．创制性政策的执行机制研究．中国人民大学学报，2015（3）．

支”到“地方投资、土地财政”的制度变迁。在计划经济体制下，城市基础设施建设和公共服务供给依赖于财政拨款，城市发展是国家投资的产物。在这一制度安排下，城市自身对提供公共服务缺少发言权，也没有自主的财政收入或财政筹集途径，一切都是国家计划、统收统支的结果。改革开放以后，中央政府对地方实施“放权让利”政策，不断扩大地方政府在经济社会发展领域的自主权。在“财政包干”制度下，地方开始自主投资一些城市基础设施和工业项目。总体而言，在改革开放初期，我国城市基础设施建设仍以中央投资为主①。由于有效供给不足，城市居民不得不忍受公共交通、电力供应、能源使用、通信和旅行上的极大不便，城市自来水普及率，污水处理率，燃气普及率，人均绿地面积，每万人拥有学校、医院、公交车辆、公共厕所等各项指标，与今天相比也都有着很大反差。

20世纪90年代以来，随着国家允许国有土地使用权有偿转让，我国城市治理开启了一个新时代，逐渐形成了“地方投资、土地财政”的运作模式。改革开放后，深圳经济特区为加快基础设施建设，仿效香港经验，通过出让城市土地使用权筹集资金，开创了城市建设融资的新路径。总结深圳的土地出让经验，我国于1988年修改宪法和《土地管理法》，规定国家实行国有土地有偿使用制度，土地的使用权可依法转让。这一政策创新开启了一条新的城市发展道路，塑造了一种新型城市治理模式，即依靠“地方投资”提供公共服务，通过“土地财政”筹集城市建设资金，加快推进城镇化和工业化发展。前文述及，城市的特征就在于它提供了农村所没有的一组优质公共服务。城市治理不仅要提供优质公共服务，还要形成可持续增长的财政收入筹集机制。“国家投资、统收统支”体制的弊端在于城市提供了公共服务，但却无法获得直接的财政收入回报；“地方投资、土地财政”的优势在于城市政府可通过城市国有土地出让，一次性地捆绑收取若干年内的公共服务费用。

1994年分税制改革扩大了中央政府的税收分成，地方政府的税收分成明显下降，但这一改革将当时规模还很小的土地出让收益划给了地方政府，它为“地方投资、土地财政”模式奠定了制度基础。随着市场经

---

① 从全国的基础设施项目看，在1991年之前，中央投资的比例一直在50%以上；而到1999年，中央投资项目仅占32.5%，基础设施建设已转入以地方投资为主的阶段。（魏新亚．中国基础设施建设投资构成的地区差异．上海经济研究，2002（12）．）

济发展和土地“招拍挂”制度付诸实施，城市政府可从土地出让中获取相当可观的收益。结果是，城市政府的可支配收入明显增加，基础设施建设也呈加速发展之势。张军、高远等的研究发现，20世纪90年代中期中央与地方分税制改革之后，中国基础设施建设已经转为地方投资为主，自筹资金成为基础设施建设资金的主体来源，经济发达的东部地区投资基础设施的积极性持久不衰，基础设施建设取得了令人惊叹的显著成就①。城市道路、城际高速、轨道交通、通信网络、机场、车站、码头、学校、医院以及供水、供电、供气、供热等市政公用事业设施发生巨大变化，城市教育、文化、医疗、卫生、园林、绿化、环境保护等公共服务质量也有明显提升。

为什么“土地财政”能够有力地助推城镇化和工业化呢？原因就在于它为城市提供公共服务找到了一种高效率的财政资金筹集机制。城市土地、房产等不动产的价值，有相当一部分是其所处区位的公共服务的价值表现。不论是道路、车站、学校、医院等物质设施，还是教育、文化、医疗、环卫、环保等公共服务，都需要大规模的一次性投资以及常态性的维护成本。计划经济的一次性投资依赖于长期的剩余积累，这就减少了大规模的基础设施项目投资，制约了城市发展步伐。“土地财政”以政府信用作抵押，通过国有建设土地出让获取大额资金，投资于基础设施和公共服务项目，吸引企业投资和工商业发展，产生新的税源，形成良性循环。

1998年推进住房商品化、停止福利分房之后，“土地财政”更是如虎添翼。在全国范围内，大中小城市（包括县政府驻地的镇）纷纷推进新城建设，通过出让国有土地使用权获取可支配收入，弥补城市基础设施建设和公共服务供给的资金缺口，并由财政提供初始补贴，推进工业园区建设。依靠土地出让收入，一些大中城市不仅逐步还清基础设施欠账，甚至还提前建设了机场、高铁、行政集中办公区。可以说，没有土地使用权出让的制度安排，就不可能探索出中国特色的城市化道路。

西方国家的城市通过发行市政债券融资，通过征收不动产税筹集公共服务所需资金；而中国城市治理的现行制度则是通过国有土地出让，提前一次性地收取未来几十年的公共服务费，具体年限分别为居住用地

---

① 张军，高远，傅勇，张弘．中国为什么拥有了良好的基础设施．经济研究，2007（3）．

七十年、工业工地五十年、商业工地四十年。有研究者总结说，“中国的房价和外国的房价是完全不同的两个概念——前者本身就附带公共服务，后者则需另外购买公共服务”①。正是“土地财政”这一制度创新，支撑了中国城市快速发展，极大地改变了城市面貌。

“土地财政”创造了一种高效率的融资模式，使我们在短短二十年的时间内创造了城市发展的神话，但也带来了很多问题。第一，土地财政导致房价飙升，加重了城市中低收入购房家庭的经济负担，农民工市民化也要付出很大代价。第二，土地财政拉大了有产者和无产者之间的财富差距，晚期购房者与早期购房者的财富增值也有很大差异。第三，土地财政及相应的土地储备运作机制，占用了大量土地资源，导致了土地闲置问题。第四，土地财政存在一定的金融风险。土地抵押融资，开发商高价拿地，都有赖于较高的房价支撑，一旦房价暴跌，将会引发巨大的金融风险。第五，土地财政也存在着寅吃卯粮、不可持续的问题。随着快速城镇化进程放缓，土地出让收入减少，城市财政就可能面临困难局面。

为解决上述问题，中国城市财政有必要继续推进制度创新。发达国家城市治理现代化的一个重要制度安排是征收不动产税。它针对房屋、其他建筑物、土地等不动产进行征税，也称“财产税”“物业税”“房地产税”。不动产税既不会像所得税那样容易受企业、人口流动的影响，也不会像销售税、增值税等流转税那样与经济结构、经济周期高度相关，对经济活动的扭曲比较小，可提供稳定可靠的收入来源。不动产税由地方政府支配，地方政府面向纳税人提供公共服务，可保障不动产价值，这有利于增强地方政府提供公共服务的内在动力。在不动产征税条件下，政府改进公共服务，就会体现到国有土地及附着的房产价格上。

当前，全面征收不动产税也面临着现实问题。不动产税属于面向居民征收的直接税，通过不动产税来补偿土地出让收入，降低地方政府对“土地财政”的依赖，会增加居民的净支出，很容易引发社会抗议。为减少社会冲突，有必要采取渐进改革方式，把财税制度转型分解到若干次改革之中，每一次只做出一小部分利益调整。随着城市化水平提高，逐渐从以间接税为主转变到以直接税为主。

---

① 赵燕菁. 重新研判“土地财政”. 第一财经日报，2013-05-13.

# 第四节 改进城乡治理的新思路

## 一、城乡治理的认知误区

基于对城市性质的分析，城乡之间的本质差别不在于建筑风格、人口密度、产业结构的差异性，而在于优质公共服务资源的集聚性。与农村相比，城市拥有更多更好的公共服务；与小城市相比，大中城市的公共服务更为丰富、更为配套、更为齐全，服务质量也更高。城市提供优质公共服务受制于经济发展水平和财政资金筹集机制。有效的资金筹集机制可改进公共服务，更好地吸引资金、技术和人才，增加财税回报；无效的资金筹集方式则会降低公共服务水平。

由于居民和企业具有流动性，城市治理还面临着其他城市的竞争。为提高投入—产出效率，发挥公共服务的规模效益，吸引投资、技术和人才，谋求财政支出报酬递增，各个城市都在探求更好的治理制度。在城市间竞争中，好的治理安排在竞争中胜出，通过城市间学习而扩散开来，坏的治理制度则会被淘汰。

在城乡关系上，一种流行的思路主张促进城乡融合，逐步实现城乡公共服务均等化①。一种观点认为，区域经济一体化是区域发展到一定阶段后，为寻求更大的发展空间所追求的一种理想空间发展格局，它可以避免区域内部各方互相争斗②；一些研究者认为，“城乡一体化是现代城乡关系发展的必然趋势”，“无论是发达国家还是发展中国家，随着社会经济的发展和科技的进步，城乡差距日渐缩小、城乡融合渐趋一体之势不可阻挡”③。针对城乡二元体制导致城乡分割问题，一些研究者提出改革城乡不平等的制度安排，消除农民与市民在就业、社会保障、政治地位等方面的差异，保障城乡居民权利平等、地位平等、机会平等，逐步实现城乡一体化、公共服务均等化④。

---

① 陆道平．城乡一体化进程中社保服务均等化的路径探析：基于苏州经验的考察．江汉论坛，2014（12）．

② 张可云．区域经济一体化：追求理想的共赢格局．区域经济评论，2015（6）．

③ 薛晴，霍有光．城乡一体化的理论渊源及其嬗变轨迹考察．经济地理，2010（11）．

④ 徐竹青．城乡一体化从区域治理到国家战略．浙江社会科学，2016（1）．

从语义看，“一体化”是指原来相互独立的多个主体通过某种方式逐步融合成为整体。在公共政策上，“一体化”思维具有两个目标诉求：一是保障城乡之间的权利平等，一些学者提出，城乡二元体制是导致城乡发展不协调、城乡差距扩大的根本原因，只有城乡二元体制改革取得重大进展，农村居民和城市居民在权利上趋于平等，逐步实现城乡一体化，才能从根本上解决农业、农村和农民问题①；二是推进城乡公共服务均等化，有研究者提出，统筹城乡发展要把城乡经济社会作为一个整体进行统一规划，逐步实现城乡公共服务均等化，真正体现“以人为本、公平公正”的执政理念②。

笔者对城乡权利平等的诉求没有异议，问题在于，城乡公共服务提供天然存在差异性，政府不可能消灭城乡差距。在城乡治理上，政府的责任在于优化公共服务资源的空间安排，保障乡村居民也能享有不可或缺的基本公共服务，但这并不意味着城市与农村地区的公共服务体系可以实现均质化、无差别化。总体来讲，城市公共服务水平要高于农村地区，优质公共服务项目一般优先配置于城市地区，城市居民为此承担的税费也更多。如果遵循城市公共服务均等化的发展思路，在城市和农村地区均等地配置各类公共服务资源，那不仅会降低资源利用效率，还会导致公共治理的失败。为消除城乡差别、建立理想社会，早期的社会主义者曾开展过一系列试验。然而，无论是傅里叶设计的“法郎吉”组织，还是欧文探索的“新协和公社”实践，这些致力于城乡公共服务一体化的社会改造尝试均以失败而告终。

城市基础设施建设投资巨大，诸如机场、港口、车站、地铁等大型设施，其建设需要投入大量资金，资金一经投入就难以改作其他用途。同时，基础设施投资的规模经济效应明显，项目建成以后，在有限的空间内，随着使用者数量的增加，人均成本会越来越低。城市人口密集，大城市、特大城市更是人口高度集聚，这使得大规模的市政公共服务设施建设具有可行性。市政公共服务设施的消费具有非排他性，城市治理一般通过规划手段，划定城市建设区域，提供市政设施和优质公共服务，并根据一定的标准面向区域内居民征税③。城市还会针对一部分人群提

---

① 厉以宁. 走向城乡一体化：建国 60 年城乡体制的变革. 北京大学学报（哲学社会科学版），2009（6）.

② 徐竹青. 城乡一体化从区域治理到国家战略. 浙江社会科学，2016（1）.

③ 杨宏山. 澄清城乡治理的认知误区. 探索与争鸣，2016（6）.

供高层次公共服务，并向使用者收取相应费用，如高等教育、收费公园等。

对于农村地区来讲，由于人口居住分散，要让农民享有与城市同样水准的公共服务体系，公共财政付出的代价则大得多。乡村治理即使依靠财政拨款建设了高水平的公共服务设施，也面临着难以持续运行的问题。可见，城乡之间的公共服务体系难以实现均等化，即使是基本公共服务体系也存在差异性。地方治理不应简单地追求城乡公共服务均质化。改进农村地区的公共服务状况，更为可行的政策手段是界定基本公共服务的范围，明确中央与地方政府各自的责任，制定具体标准和考核评价办法，强化激励机制和问责约束，促使各级政府切实履行底线职责。

## 二、城市良治的政策选择

20 世纪 90 年代以来，我国通过改革土地制度，允许城市土地使用权有偿转让，形成了一种高效率的公共服务资金筹集机制，城市政府通过土地出让获取财政资金，投资于基础设施和公共服务项目，吸引外来投资，支持工商业发展，形成新的税源。这一制度安排为中国城市化提供了巨大动力，创造了城市发展奇迹，也产生了很多问题。土地财政拉高了商品房价格，加重了居民购房负担，农民工市民化需要付出很大代价；政府提前收储农业用地，致使大量耕地闲置；土地财政也存在着寅吃卯粮的问题。

改进城市治理，需要针对现实中的问题和风险，完善地方财税体制和公共服务供给机制。

第一，去除“城乡公共服务均等化”的思维定式，确立底线公平理念，优化基本公共服务资源的空间布局。基于对城市性质的新认知，城乡之间的公共服务供给不可能实现均等化，更难以实现均质化。区域治理有必要摒弃“城乡公共服务均等化”思维，确立底线公平理念，在城市发展的同时，保障农村地区的基本公共服务需求。

第二，推进财税体制改革，为城市治理提供可持续的财政收入。当前，我国城市可支配财政来源中，土地出让收入所占比重较高。随着城镇化水平不断提升，土地出让需求会逐渐减少。针对土地财政存在的问题，有必要探索推进财税制度改革，对居民持有住房征税，在公共服务提供与财税回报上形成更密切的联系。

第三，改进公共服务供给机制，引入市场机制和社会力量，推进

PPP 运作模式。城市政府负责提供公共服务，但不必包办其生产任务。自 20 世纪 80 年代以来，公私合作（public-private partnership，PPP）模式在城市治理中逐渐流行起来，它将市场机制和社会力量引入公共服务领域，建立合作与伙伴关系，着力于控制项目成本，提高运行效率，节约财政资金。

第四，完善市政绩效评估机制，提升政府部门的责任性、回应性和公共服务质量。绩效评估是城市治理的一种重要工具，它通过绩效测量和评价，促使各部门改进公共资源配置，加强过程控制，提高公共服务质量。

## 三、建设美好乡村的制度需求

基于对城市性质的重新认识，城乡公共服务供给天然存在差异性，“城乡公共服务均等化”的发展思路实际上是个伪命题。城乡治理需要破除“公共服务均等化”的认知误区，兼顾效率与公平，既要满足城市居民更高水准的公共服务需求，完善城市基础设施和公共服务体系，提高各类公共服务的衔接性、配套性，也要保障农村和农民的发展权利，根据经济发展水平，明确规定农村地区基本公共服务的标准，公共财政给予必要支持，保障农村居民也能获得必不可少的基本公共服务。

城市治理提供更高层次、更为配套的优质公共服务，乡村治理负责提供当地居民不可或缺的基本公共服务项目，保障农民、农业和农村可持续发展。城乡之间的公共服务体系存在差距，这种差距不会随着经济发展而抹平。国家需要对县、乡政府提供必要的财政和政策支持，支持其改进农村地区的基本公共服务体系，保障农村居民也能分享国家发展和进步的成果。

第一，在城乡关系上，有必要推进平等赋权，保障城乡居民拥有平等的财产权利和政策待遇。多年来的实践表明，政府在财政上补贴农业、在生计上帮助农民，并未能够缩小城乡差距。重视农业、农村和农民问题，根本在于扭转城市偏向的公共政策体系，主要包括：建立城乡统一的土地利用、征地补偿、建设用地交易政策，赋予农民对土地承包经营权的抵押、担保、流转权利，维护农民在土地征收中的公平受益权；赋予农民对自建住房的完整财产权利，包括抵押、担保、转让等；维护农民在集体经济中的正当权利和权益，保障农民公平分享集体经济收益、土地增值收益；改革户籍制度，保障农民自由迁徙的权利，对进城农民开放城镇户口；建立覆盖全体居民的社会保障体系。

第二，在公共服务提供上，需要明确底线标准，确保城乡居民都能享有最起码的基本公共服务。区域发展需要兼顾效率与公平，既要发挥城市经济的效率优势，满足城市地区的优质公共服务需求，也要满足乡村地区的基本公共服务需求，如提供基础教育、医疗保障，保障每个村落都能通路、通邮、通电、通广播、通电视等。近年来，中央政府提出统筹城乡发展的政策导向，就包含着底线保障的发展思路。《中共中央关于全面深化改革若干重大问题的决定》提出“统筹城乡基础设施建设和社区建设，推进城乡基本公共服务均等化”。落实这一决策部署，在国家层面需要制定基本公共服务的清单和相关标准，建立评估考核体系，完善政策执行和激励约束机制；省级政府要制定本地区的基本公共服务标准和地方政策体系，对市级、县级政府进行监督、考核和问责；市级、县级政府具体负责落实，要优化空间布局，改善农村基本公共服务水平。

第三，在财政支出上，要加大对农村地区的转移支付和财政投入。在确定基本公共服务的底线标准以后，对于地方政府自有财源不能满足农村地区基本公共服务支出需求的，中央和上级财政需要通过一般性转移支付给予补助。贫困地区、民族地区、边疆地区履行职责存在实际困难的，中央财政要通过转移支付给予支持，确保国家规划的基本公共服务项目落到实处。省、市级财政也要根据实际情况，对县级政府提供财政转移支付，帮助困难县弥补财力缺口。

第四，在村镇规划上，需要优化农村地区基本公共服务设施的空间布局。乡村地区人口居住分散，不可能将各种公共设施和服务资源均等地配置到每个自然村落。为提高公共设施利用效率，可实施“次级城市”发展战略，即把小城镇作为农村地区基本公共服务的集聚地，政府通过规划手段，优化小城镇的空间布局，使基本公共服务设施的选址布局、供给规模与人口分布、环境交通相适应，制定小城镇主要公共服务设施及其规范标准。市政府、县政府通过政策手段，引导城市优质公共服务资源向小城镇和农村集中居住点延伸，方便农村居民共享城市优质公共服务资源。对于限制开发和不宜开发的区域，政府可通过政策支持，鼓励当地居民移民搬迁。

第五，在乡村治理中，要树立协商民主理念，保障公众参与的权利，尊重公众的偏好和选择。协商民主凸显了公众的价值偏好，强调公共事务决策需要识别利益相关者，建立集体议事机制，倾听公众声音、回应公众诉求，提升公共治理的民主性。协商民主需要建立对话和协商的制度安排，如议事会、理事会、听证会等，增进政府与居民的沟通，使彼此在对话中协调立场，在互动中集聚共识，形成集体决策，组织集体行动。公众参与和协商议事可集聚各方的知识、信息和偏好，识别社区居民对基本公共服务的真实需求，优化公共资源配置，更好地实现治理目标。

# 第三章 中国城市治理的制度变迁

## 第一节　建制市的创设与演进

### 一、建制市的创设

建制市（municipality）是地方行政区划的一种形式，主要应用于城市化地区。在西方，建制市起源于中世纪的欧洲。皮雷纳指出，中世纪建制市的一个重要特征是市民阶级的兴起，并形成一套城市特别法和独立的城市组织体系；在城市特别法体系下，市民阶级成为一个特权等级，“他们所享有的特别法使他们与构成人口绝大多数的农村人民群众脱离”①。在建制市内，居民不以耕种土地为生，而是从事商业和工业活动。中世纪建制市的另一个重要特征是拥有自治权力，形成特有的法律和制度。随着城市化的发展，建制市逐渐成为一种常见的地方行政区划。

西方国家普遍实行城乡分治，建制市属于都市型行政区划，市政府只负责城市公共事务，其管辖区仅限于城市和近郊区，一般不包括广袤的农村地区。在管辖区内，市政府拥有法定的自治权力，对于自治权范围内的事务，不受国家和上层政府干预。在亚洲，日本最早引入市制。1888 年，日本设置第一批 36 个建制市，并将东京、大阪和京都列为特别市。中国建制市的创设相对较晚，其发展经历了从城乡分治走向城乡合治的演进过程。

中国城市建设和发展历史悠久，但建制市的出现相对较晚。直到清末，中国才仿效西方地方自治制度，实行市县分治，设置“市”这一地

① 亨利·皮雷纳．中世纪的城市．陈国樑，译．北京：商务印书馆，2006：134.

方行政建制。1905年，清政府派载泽等五大臣出访北美、西欧和日本，考察西方民主宪政和地方行政制度。1909年1月，清政府制定并颁布《城镇乡地方自治章程》，在历史上第一次以法律形式划分城、镇区域和乡村区域。该章程规定：凡府、厅、州、县治城厢为“城”，凡集结居住人口满5万以上者为“镇”，城、镇与乡同为县领导下的基层行政建制。该章程赋予各城以市权，计有学务、卫生、道路工程、农工商务、善举、公共营业、财政等。市的组织体制以议事会掌立法，董事会掌行政①。清末关于城镇的规定较为粗略，市制尚在筹备阶段就爆发了辛亥革命，但它标志着最早的市制开始出现。

## 二、建制市的演进

作为地方行政区划的一种类型，在我国，建制市是晚清改革的产物，当时主要借鉴了日本的市町村自治制度，将其修改为城镇乡地方自治制度。在晚清和民国时期，建制市设置遵循了城乡分治原则，与西方国家的设市模式差异不大。民国初年，中央政府无暇顾及各省，地方自治由各省自行规定。1911年11月，江苏省颁布《江苏暂行市乡制》，规定县治城厢为市，集结居住人口满5万以上者亦为市，原来的“城”和“镇”被统称为“市”。1914年，袁世凯下令停止地方办自治，自治市制暂告终止，代之以行政市制。1921年7月，北洋政府颁布《市自治制》，9月颁布《市自治制施行细则》，恢复了自治市的建制，规定市分为特别市和普通市两种。特别市与县同级，除京都受国务院内政总长监督外，其他特别市受省行政长官监督。普通市隶属于县，与乡同级，受县知事监督。

1928年7月，中华民国政府颁布《特别市组织法》和《市组织法》，分别规定了特别市和普通市的组织形式。1930年5月，中华民国政府颁布新的《市组织法》，将市分为行政院辖市和省辖市两类，均为自治单位。1943年中华民国政府修改《市组织法》，简化了设市标准，“市以下

---

① 按照《城镇乡地方自治章程》，城镇的组织体制有议决与执行两机关，前者为议事会，后者为董事会。“议事会议员由本城镇选民互选之”，采取回避原则，“父子兄弟不得同时任为议员，若同时当选者，以子避父，以弟避兄”。议事会议员选定后，再互选议长、副议长各一人。“议员以二年为任期，每年改选半数”，“议长、副议长以二年为任期，任满改选”。城镇董事会一般设总董事一名，董事一至三名，名誉董事四至十二名，均由议事会议员选举之。（尹航．浅析清末城镇乡地方自治制度．社会科学战线，2005（2）．）

设区，区之内编为保甲”。1947年，国民党统治区共设市69个，其中北平、天津、沈阳、大连、哈尔滨、上海、南京、青岛、汉口、广州、重庆和西安12个城市为院辖市，唐山、太原、包头等57个城市为省辖市。

1949年新中国成立以后，在一段时期内，总体上延续了市县分治的制度安排。20世纪50年代，农村实行统购统销和合作化以后，城乡之间取消了市场和商品流通渠道。为保障大城市的蔬菜和副食品供应，国家批准一些大城市扩大郊区面积，将周边的县划归市管，通过计划手段来组织蔬菜和副食品生产①。在50年代初，全国只有旅大、本溪、南京、无锡等几个市下辖有县，大多数市与县互不隶属。1954年宪法颁布后，建制市不再领导县。

1958年在“大跃进”思潮下，为促进工农业相互支援，便于劳动力调配，中央提出推行市领导县体制。1959年9月，全国人大常委会通过了《关于直辖市和较大的市可以领导县、自治县的决定》，规定直辖市和较大的市可以领导县、自治县。此后，市领导县的数量不断增多。到1960年底，全国共有48个市领导234个县、自治县，代管6个县级市，市领导县的数量占全国县总数的1/8。由于面临经济困难，1961年中央决定缩小城市郊区，市领导县的数量大幅减少。

改革开放以后，为打破城乡之间的壁垒，中央政府提出了“市管县”的改革思路。1982年，中共中央下发《改革地区体制，实行市领导县体制的通知》，提出在经济比较发达地区撤销地区行署，推行市领导县体制，并在江苏省进行试点。之后，“市管县”体制改革在全国各地全面推开②。随着“市管县”体制的推广，建制市成为一种广域型行政区划，其管辖区域不仅包括城区，还包括县域的广阔地区。这种广域型市建制是中国地方治理不同于西方模式的显著特征之一。

---

① 以北京市为例，1948年8月，北京市区周边设有8个郊区，郊区人口48万人，全市城郊总面积654平方公里。而到1958年，北京市共增加郊区面积约8 200平方公里，增加郊区人口约200万。（韩光辉，尹钧科．北京城市郊区的形成及其变迁．城市问题，1987（5）：58-59.）

② 以浙江省为例，1983年浙江省实施市领导县改革，2000年丽水市（县级市）升格为地级市，至此全省11个市69个县普遍实行市领导县体制。（卢毅．从“市领导县”到“强县扩权”：对浙江省“市管县”体制兴衰原因的逻辑分析．云南行政学院学报，2004（6）.）

# 第二节　城市治理的体制结构

根据宪法和法律的规定，我国建制市分为设区的市和不设区的市两种类型。设区的市分为直辖市、副省级市、地级市三个等级；不设区的市一般指县级市①。目前，地级以上的市普遍设有区、县两级政府，在中心城区实行“两级政府、三级管理”，在郊区实行“三级政府、三级管理”，在外围农村地区实行市领导县体制。在城市基层管理中，街道和居委会发挥着重要作用。

## 一、两级政府、三级管理

我国宪法规定，“直辖市和较大的市分为区、县”。从实际情况看，直辖市、副省级城市、地级市普遍设区，并在区之下设置街道办事处，承接政府交办事项，实行“两级政府、三级管理”。县级市则不设区，由镇政府负责城镇化地区的基层管理工作，或在城区撤销镇政府，设立街道办事处，形成“一级政府、两级管理”架构。

在“两级政府、三级管理”模式下，区政府为一级政权，设有完整的行政组织体系，拥有法律授予的完整行政权，而街道办事处不是一级政府，只能履行区政府授予的专项行政权。区政府具有独立财权，街道办事处没有自主财权，其经费来自区财政拨款。为强化城市基层社会管理，20 世纪 90 年代后期，大城市开始下移管理重心，将原由市政府部门承担的很多事务移交给区政府，区政府也将大量属地管理责任移交给街道，街道办事处承担的行政事务不断增多。

## 二、街道—居委会体制

街道—居委会体制，也称“街居制”，即设置街道办事处作为城市基层政府的派出机关，负责完成政府交办事项，组织居民成立自治性质的委员会，进行自我管理、自我教育、自我服务。我国《地方各级人民代

① 目前，我国有四个地级市没有设区，分别为广东省东莞市和中山市、甘肃省嘉峪关市、海南省三沙市，它们被赋予设区的市的法律地位和地方立法权。参见《全国人民代表大会关于修改〈中华人民共和国立法法〉的决定》，2015 年 3 月 15 日十二届全国人大三次会议通过。

表大会和地方各级人民政府组织法》第六十八条规定："市辖区、不设区的市的人民政府，经上一级人民政府批准，可以设立若干街道办事处，作为它的派出机关。"街道办事处不是一级地方政府，不拥有法律规定的行政权，其事权来源于区政府的授权，开展活动依赖于区级财政拨款或专项经费。

城市街道办事处最早出现于20世纪50年代。新中国成立后，党和国家的工作重点开始从农村向城市转移。为加强政权建设和维护社会秩序，城市建立了街公所、街政府、居民委员会、治安保卫委员会、人民调解委员会等基层组织①。此类组织名称多样，属性多样，隶属关系也不统一。1954年，全国人大通过《城市街道办事处组织条例》，为城市基层行政确立了统一的制度框架。该条例规定，城市街道不是一级政权，街道办事处是市或区政府的派出机关，主要任务是：办理市、市辖区人民委员会有关居民工作的交办事项，指导居民委员会的工作，反映居民的意见和要求。

改革开放以来，随着市场化改革的推进，各单位原来承担的社会福利、社会动员、社会管控职能不断被剥离出来。为防止社会管理出现盲区，街道办事处成为单位转移职责的承受主体。随着下岗、失业人员以及流动人口数量的增加，为强化社会管控，区政府不断扩大街道办事处的行政事项和责任范围，街道工作任务大大拓展，机构设置和人员编制也不断扩充。目前，北京市辖区规模较大的街道办事处，有公务员80～120人，财政支付工资的工作人员达到200余人。

除市辖区政府外，一些城市的主体功能区管委会也设有若干街道办事处，它们负责属地管理，行使功能区管委会赋予的职权。例如，成都高新技术产业开发区在管委会之下，设有肖家河、芳草、石羊、贵溪、合作、中和六个街道办事处。其中，肖家河街道辖区面积2.75平方公里，2012年辖区总人口5.53万人，常住人口2.95万人，暂住人口2.58万人②。

居民委员会是城镇地区基层群众性自治组织，它实际上受基层政府及其办事机构领导。1954年，全国人大通过《城市居民委员会组织条例》，规定居委会是群众自治组织，负责办理有关居民的公共福利事项，

① 陈辉，谢世诚．建国初期城市居民委员会研究．当代中国史研究，2002（4）．

② 成都高新区地方志编纂委员会办公室．成都高新区年鉴：2013．北京：新华出版社，2013：358．

反映居民的意见和要求，动员居民响应政府号召并遵守法律，领导群众性的治安保卫工作，调节居民间的纠纷等。改革开放以后，随着城市经济体制改革，各单位承担的很多社会职能被移交给了街道办事处。在实际运作中，街道办事处又将大量工作转交居委会去做。1989 年，全国人大常委会通过并颁布《城市居民委员会组织法》，它进一步拓宽了居委会工作范围，包括宣传法律、法规和国家政策，维护居民的合法权益，办理公共事务，调节民间纠纷等。

《城市居民委员会组织法》规定，“不设区的市、市辖区的人民政府或者它的派出机关对居民委员会的工作给予指导、支持和帮助”。在实际运作中，社区居委会的工作经费、人员报酬以及服务设施和社区信息化建设等项经费，纳入财政预算。2010 年 8 月，中办、国办转发《关于加强和改进城市社区居民委员会建设工作的意见》，进一步明确社区居委会成员、社区专职工作人员报酬由县级以上地方政府统筹解决，其标准原则上不低于上年度当地平均工资水平。可见，社区居委会与城市政府联系密切，政府部门通过居委会将社区服务与管理的各项工作落到实处。

## 三、市领导县体制

市领导县体制，也称“市管县”体制，即将城区周边的县置于市的领导之下。截至 2012 年底，全国除了新疆（7 个）、西藏（6 个）、内蒙古（3 个）、黑龙江（1 个）、青海（1 个）仍设有 18 个地区（盟）外，其他省和自治区都撤销了地区行署，以地级市取而代之。目前，市领导县体制已经成为我国地方治理的一种基础性体制，全国大多数县都被纳入建制市的领导之下。

市领导县体制是针对计划经济导致城乡分割而提出的改革思路，即通过行政手段调整城乡关系，更好地满足城市发展需求。市领导县体制对于培育区域经济增长极具有积极作用。从各地的改革成效看，采取市领导县体制以后，地区经济的增长速度确实要快一些①。市领导县体制在运行中也存在问题：（1）市领导县体制导致市、县之间不公平竞争。在市领导县体制下，市与县行政地位不平等，市政府对管辖的县拥有支配权，在城乡规划、基础设施建设、园区建设、招商引资方面，市政府

① 戴均良．中国市制．北京：中国地图出版社，2000：149-150．

可通过行政手段优先满足城市发展需求。这样一来，县域经济发展就会因不公平竞争而遭遇“天花板”。(2) 地级市对外围县的经济辐射作用有限。市领导县体制的初衷是利用中心城市的经济辐射效应，带动县域经济发展。除少数大城市外，大多数地级市的经济实力有限，对周边地区的经济辐射半径较小。人们形象地将这种现象称为“小马拉大车”。在中西部地区，一些地级市规模不大、产业集聚有限，行政辖区却相当辽阔，不仅无力带动县域经济发展，反而要截留上级财政对县的转移支付，以充实市级财政。(3) 市领导县体制缺少宪法依据。我国宪法规定直辖市和较大的市可以领导县，但没有将市领导县体制作为地方行政体制的一种常态制度安排。

为加快县域经济发展，一些省主动探索改革市领导县体制，扩大县级行政自主权。迄今，这一改革经历了“扩权强县”、财政“省管县”、行政“省管县”的探索历程。“扩权强县”在不涉及行政区划的前提下，将原归属于地级市的一部分经济社会管理权下放给县政府；财政“省管县”在政府间收支划分、转移支付、资金往来、预决算、年终结算等方面，由省级财政直接对接县级财政；行政“省管县”在干部管理、发展规划、行政审批等领域实行省县对接。20 世纪 80 年代中期，浙江省推行市领导县体制时，除宁波市外，其他地方继续由省级财政对接县级财政。1992 年，浙江省对经济发展较快的 13 个县（市）进行扩权改革，扩大了固定资产投资项目、外商投资项目审批方面的自主权。此后，浙江省又多次对经济强县进行扩权改革①。借鉴浙江经验，河北、江苏、河南、安徽等省也实施了“强县扩权”和财政“省管县”体制改革。总结各地改革经验，财政部于 2009 年发布《关于推进省直接管理县财政改革的意见》，提出除民族自治地区外，全面推进财政“省管县”体制改革。行政“省管县”体制最早于 1988 年在海南省付诸实践。海南在建省时就由省政府直接领导各县。目前，湖北、江苏、安徽、河南、黑龙江等省在局部范围内试点“省直管县”体制。

---

① 1997 年，浙江省授权萧山、余杭试行享受地级市的部分经济管理权限，主要涉及固定资产投资审批管理权限等 11 项。2002 年，浙江省进一步扩大了 20 个试点县（市）的经济管理权限，将原由地级市行使的 313 项管理权限下放给试点县市。2006 年，浙江省再次出台文件，扩大义乌市的行政权限，除规划管理、重要资源配置、重大社会事务管理事项外，赋予义乌市与设区市同等的经济社会管理权限。2008 年底，浙江省全面推进“扩权强县”改革，一次性将 443 项审批权限下放给县。（岳德亮．浙江全面推进扩权强县改革．新华社，2009－05－22．http://www.gov.cn/jrzg/2009-05/22/content_1322272.htm.）

规范地看，建制市是在城市化地区建立的一种行政区划，而县是在非城市化地区建立的地方行政区划。对于远离城市的外围县来讲，中心城市对其带动作用较弱。统筹城乡发展，需要将外围县从依附于城市的地位中解脱出来，转由省政府直接管理①。鉴于此，在市县关系上，有必要区分周边县和外围县，主要针对外围县推进行政“省管县”体制改革。对于毗邻城区的县，可继续采取“市管县”体制，这样既可为城市发展预留足够空间，周边县也能从城区扩张中获取收益。

## 第三节　城市基层治理的制度演进

本节从国家与社会关系的视角，通过考察城市居民获取公共和社会服务的基本组织方式，以透视中国城市基层治理的制度演进。自 1949 年新政权成立以来，从国家与社会关系的视角看，中国城市基层治理经历了单位制、街居制、准社区制的制度变迁。为矫正社区治理行政化问题，进入新世纪以来，一些城市探索撤销街道办事处，致力于扶持社区组织发展。

### 一、单位制：实施全面控制

新中国成立后，为加强国家政权建设，我国在城市基层逐步建立了单位管理制度。作为一种独特的制度安排，单位制奠定了计划经济时代的全面控制型社会秩序，国家几乎垄断了全部经济社会资源，并通过单位进行资源分配，个人依赖单位获取资源。除了政府统一调拨、统一分配外，各单位之间缺少横向联系，要素和资源很难横向流动，单位无法通过非政府渠道获取资源②。单位制度给城市居民提供了基本的物质和社会性资源，同时也极大地限制了居民自主选择生活方式的权利，形成一种封闭的社会生活空间。

单位制社会管理秩序具有以下特征：(1) 国家控制着几乎所有的社会资源。在社会主义改造中，国家推进公私合营，逐步取消生产资料私有制，推行国家所有制和集体所有制。安德鲁·瓦尔德提出，社会主义

① 杨宏山．“省管县”体制改革：市县分治还是混合模式?．北京行政学院学报，2014 (1)．

② 路风．单位：一种封闭的社会组织形式．中国社会科学，1989 (1)．

国家的公有制体系属于再分配体制，所有的资源都由国家来统一分配，单位的资源来源于国家，国家的再分配功能依赖于单位来实现，单位与国家之间形成了依附与庇护的关系①。(2) 单位依赖于国家获取资源。单位被纳入国家组织体系之中，其性质、功能、地位、活动和管理权限均由国家直接决定和规范，其领导由上级单位任命，所需资源由国家统一调配。(3) 国家通过单位全面控制个人。在单位制度下，所有正式组织，不论行政的、经济的、事业的或政治的，都由党和政府控制与管理。单位不仅肩负专业化管理和事业发展任务，还具有政治动员和社会控制功能。单位内职工的计划生育、思想状况、住房生活、就业安排、违法犯罪等都要纳入考核范围。

单位制度的形成，与新中国面临的经济社会状况具有直接关联性。自晚清以来，中国陷入了传统政治体制解体、传统社会秩序解组的“总体性危机”之中②。新中国成立以后，为克服社会散漫和无组织状态，新政权提出将人民群众组织起来。单位制就是顺应这一要求，将全国大多数人口组织在政治、军事、经济、文化及其他各种组织里，实现整个社会生活的高度组织化。在计划经济时代，单位制不仅保障了各项事业发展，还在政治动员和社会控制方面发挥着重要功能。依托高度行政化的单位组织，执政党和政府的各项决议可迅速传达到基层组织，各项工作部署也可迅速转化为基层单位的实际行动。

单位制提升了社会生活的组织化程度，也瓦解了社会自组织体系，并塑造了个人的依赖型人格。经过社会主义改造，各种私人组织被改造为公共部门，成为国家机构的下属单位，这样，过去的“国家—私人组织—民众”三层结构改变为“国家—民众”二层结构。在单位制度下，所有单位都有行政级别，并依赖于国家获取资源，国家直接面对民众，社会缺少自我组织体系。单位制严格限制单位之间的横向资源流动，造成单位高度依赖于国家、社会成员高度依赖于所在单位。在此制度下，单位是职工收入和生活福利的唯一来源，个人不仅工资收入来自单位，其住房、医疗、子女入学、副食品补贴、退休金等也都依赖于所在单位。这种自上而下的资源配置方式，将社会成员的活动局限于封闭的单位空间之中，从而塑造了依赖型人格。

---

① Andrew G. Walder. 共产党社会的新传统主义：中国工业中的工作环境与权力结构. 龚小夏，译. 香港：牛津大学出版社，1996：5.

② 孙立平. “自由流动资源”与“自由活动空间”. 探索，1993 (1).

单位制运作模式如图 3-1 所示。

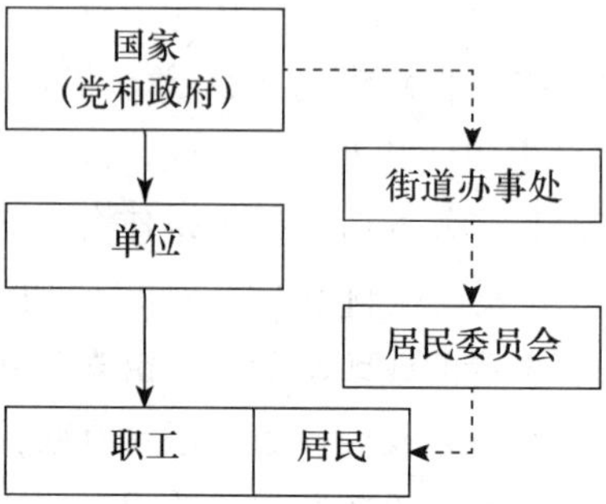


**图 3-1　单位制运作模式**

注：——➤ 表示主导性流程；---➤ 表示辅助性流程。

改革开放以后，随着经济体制改革的推进，城市所有制结构出现变化，非公有制经济所占比重不断扩大，社会流动越来越频繁。随着国有单位就业人口所占比重下降，单位制在社会管理中的作用日渐式微。随着单位不断地剥离原来承担的社会管理职能，其对个人的控制力和影响力也呈弱化趋势。作为一种社会控制机制，单位制逐渐失去发挥作用的经济社会基础，开始让位于其他社会管理制度。

## 二、街居制：强化属地管理

在我国城市社会管理体系中，街居制创设于新政权建立之初，盛行于改革开放以后。在计划经济时代，城市社会管理主要依赖于单位体制，街居制只是作为一种补充性制度发挥作用，其管理对象为无工作单位的城市居民。改革开放以后，在强化属地管理理念下，街居制转而成为城市社会管理的主导性制度。在街居制下，街道办事处并不控制所有社会资源，无法支配辖区内单位的日常运作。街道办事处根据政府授权履行相关职责，面向居民提供公共服务，并负责监管重点和敏感人群。

新中国成立后，城市建立了名称多样的政社合一型基层组织。为规范城市基层行政和社会管理体制，1953 年彭真向毛泽东并中共中央递交了《城市应建立街道办事处和居民委员会》的报告，建议建立街道办事处和居民委员会。1954 年，第一届全国人大四次会议审议通过了《城市街道办事处组织条例》和《城市居民委员会组织条例》，奠定了街居制的制度安排。《城市街道办事处组织条例》规定，街道办事处是城市政府部门的派出机构，主要的工作任务包括：办理上级人民委员会交办的居民工作相关事务，指导居民委员会的工作，反映居民的意见和要求。《城市居民委员会组织条例》规定，城市居民委员会是“群众自治性居民组织”，任务是办理居民的公共福利事项，向当地人民委员会或者它的派出机关反映居民的意见和要求，动员居民响应政府号召并遵守法律，领导群众性的治安保卫工作，调解居民间的纠纷。

在计划经济时期，大多数城镇正式就业者都被纳入单位制管理之中，隶属于某个具体单位。街居制的工作对象主要针对不属于工厂、企业、学校、机关的无组织的街道居民。在“大跃进”和人民公社运动中，街道既是一级政权，也是经济组织和社会组织，街道党委和街道公社的权力空前膨胀。随着“大跃进”失败，街道权力回落，单位制继续在城市基层社会管理中发挥主导性作用，街居制只是作为一种补充性制度而存在，主要任务是配合政府各部门设在街道的工商、市容、环卫、房管、公安等派出机构开展工作。

改革开放以后，经济体制改革不断地将单位承担的社会管理职能剥离出来，街道办事处不仅承接了单位剥离的社会管理职能，还增加了新的行政职能。在街道辖区内，区政府有关部门还设有工商所、粮管所、房管所、派出所、环卫所、市容所、税务所等派出机构。20 世纪 80 年代前期，这些派出机构实行垂直管理，它们与街道办事处互不隶属，基本上是各自为政。20 世纪 80 年代后期，城市行政开始强化属地管理，各部门的派出机构由过去的垂直领导改为接受街道办事处和上级业务机关双重领导。为协助街道办事处履行职能，城市居委会的职责范围也不断拓宽。

街居制运作模式如图 3－2 所示。

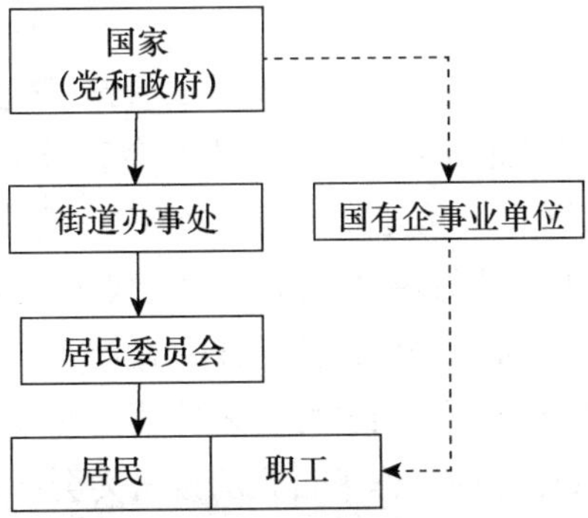


**图 3－2　街居制运作模式**

注：⟶ 表示主导性流程；---> 表示辅助性流程。

随着街道办事处和居委会承担的管理职责越来越多，城市社会管理出现了新的问题：首先，街道办事处存在职责超载问题。在经济转轨过程中，城市居住区服务业和自组织体系欠发展，基层社会管理的各方面工作都要求街道办事处承担责任。街道办事处不仅履行基层行政职责，还承担着提供社会福利、便民利民服务等社会性职责，工作负荷和压力很大。其次，街道办事处的权责配置不平衡。随着单位剥离社会性职能，街道办事处承担的职责不断增多，但作为政府派出机构，街道办事处所获授权和可支配资源有限。其人员编制由上级政府核定，承担的职责有些来自上级政府授权，有些来自行政部门的委托，并不具备独立的行政执法主体资格。街道办事处缺少自主财政来源，财政经费主要来自上级拨款。再次，居委会开展工作面临角色尴尬。从组织性质看，居委会是居民自我管理、自我服务的自治组织。在实际运作中，城市居委会却变成了街道办事处的“腿”，主要忙于街道交办事务。

## 三、准社区制：发展多方参与

为满足单位剥离社会性职能后城市居民的生活需求，1986 年民政部提出在城市基层开展社区服务的工作要求，第一次将“社区”这一外来概念引入城市基层管理。1987 年 9 月，民政部在武汉召开“全国社区服务工作座谈会”，它标志着我国正式开展社区服务工作。1993 年，14 个部委联合制定《关于加快发展社区服务业的意见》，要求将社区服务业纳入第三产业的发展规划。随后，城市开始推进社区建设，在政府主导和规划下，动员社会力量参与社区事务，兴办社会服务事业。1998 年，民政部在原基层政权建设司的基础上设立基层政权和社区建设司，着力推动社区建设。2001 年 7 月，民政部印发《全国城市社区建设示范活动指导纲要》，提出全面增强和提高社区居民委员会和居民群众的自治意识和能力，发动和依靠群众，努力建立一批管理有序、服务完善、环境优美、治安良好、生活便利、人际关系和谐的新型现代化社区。

为厘清社区行政事务与居民自治事务，2005 年深圳市盐田区率先探索实施“居站分离”改革，即在居委会之外设立社区工作站，将其作为政府向社区延伸公共服务的工作平台，承接居委会原来承担的行政性事务。2006 年以后，这一制度模式在全国很多城市社区得到推广。在“居站分离”模式下，社区工作站负责行政性事务，受街道办事处垂直管理，社区居委会负责居民自治事务。从社区工作站与居委会的关系看，一部分城市社区采取彻底分离模式，两者在机构、人员和运作上彻底分开，工作人员不交叉任职。大多数城市社区采取机构分离、人员交叉模式，即社区工作站与居委会在组织机构上分开，但人员存在部分交叉任职的情况，也有的实行“两块牌子，一套人马”①。

经过多年的社区建设，我国已经形成政府主导、多方参与的城市社区服务体系。当前，城市社区服务由街道办事处主导，依靠社区工作站和居委会开展工作，引入物业公司、中介服务机构提供商业服务，并发动社区居民成立楼委会、兴趣爱好性组织、志愿者协会等自治性组织。其中，社区工作站主要承担行政性事务，提供政府服务；社区居委会具有半官半民属性，它依靠政府获取办公、人员、活动和设施建设经费，协助社区工作站开展工作，并组织居民开展自我服务；物业公司、商业服务机构实行企业化管理、市场化运作；楼委会、兴趣爱好类组织、志愿者协会等民间组织实行自我管理，提供公益性和互益性服务。

准社区制运作模式如图 3－3 所示。

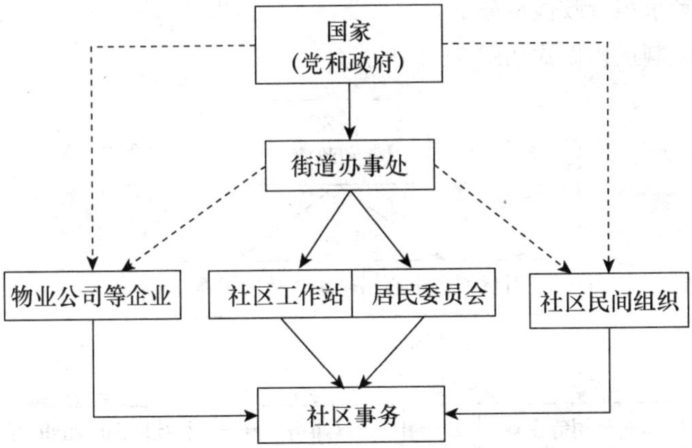


**图 3－3　准社区制运作模式**

注：⟶表示强作用流程；- - -➤表示弱作用流程。

在现行社区管理模式下，从政府、企业、社区组织的力量对比看，政府和企业的组织化程度更高，社区民间组织不论在经费筹集、组织结构上，还是在行动能力和规范化运作方面，均处于弱势地位。从这个意义上，我们将目前的城市基层社会管理模式界定为准社区制。与街居制

① 杨成虎. 居站分离的逻辑与改革向度. 公共管理与政策评论，2013 (3).

相比较，准社区制的特点是城市基层社会管理不再由街道办事处和居委会包办，物业公司、中介服务企业等经济实体也已成为社区服务的重要组织者。从实际运作看，由于大多数社区工作站与居委会并非彻底分离，社区居委会仍主要履行政府交办事项，而不是真正的居民自治组织。构建真正意义上的社区制管理模式，还有赖于推进政社分开，发展业主委员会、社区议事会、志愿者协会等民间社会组织。

## 四、社区制：探索去行政化

为扭转城市社区组织行政化问题，20 世纪 90 年代以来，一些城市探索撤销街道办事处，减少行政管理层级，由区政府直接向社区延伸公共服务。撤销街道办事处以后，原来由街道承担的社会管理和公共服务职能移交给区政府相关部门，区政府设置社区服务中心，为相关部门向社区延伸公共服务提供场所。在社区制模式下，政府不再给社区居委会安排工作任务，而是通过合同外包的方式，向社会组织购买服务。这样，双方通过协商达成一致，政府与社区居委会、物业公司等建立合作关系，委托后者承担行政性事务。

社区制运作模式如图 3 - 4 所示。

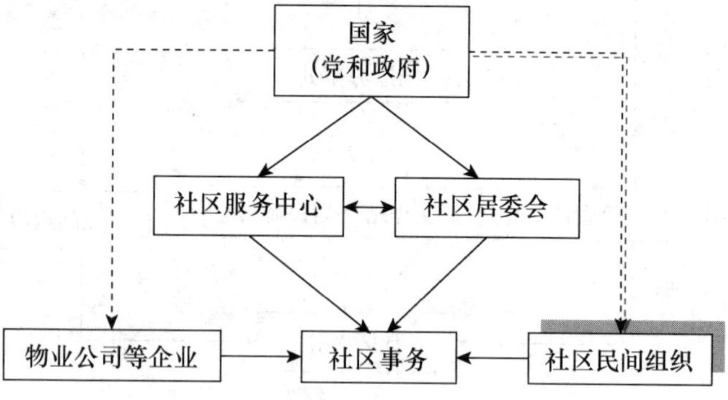


**图 3 - 4　社区制运作模式**

注：——▶ 表示强作用流程；- - -▶ 表示弱作用流程。

为理顺政府与社区居委会的关系，北京市石景山区、铜陵市、黄石市、贵阳市主动开展撤销街道办事处试点，探索由区政府直接对接社区服务中心，面向居民提供公共服务。撤销街道办事处以后，城市管理在形式上减少了一个行政层级，精简了行政机构和公务员编制。这一改革也遇到了难以克服的问题。撤销街道办事处以后，政府部门与社区服务中心对接，后者在事实上成为基层政府的派出机构。这样，原街道工作人员转身变成了社区服务中心人员，他们的工作任务没有大的区别，只是被取消了行政和事业编制，社会地位和待遇不如过去。可见，推进城市社区发展不能简单地理解为撤销街道办事处。在城市基层治理中，行政事务和居民自治事务往往融合在一起，难以明确区分开来。完善社区治理体系，既要推进政府向社会赋权，也要推进政府购买社会服务，支持社区组织发展。

## 第四节　城市治理主体的类型划分

中国城市政权的组织形式具有统一性，中共市委居于领导核心地位，市人大及其常委会为权力机关，市政府为行政机关，市法院、检察院为司法机关。市行政机关和司法机关都由市人大及其常委会产生，对它负责并受它监督。除政权组织外，城市治理也有赖于社会组织、企业和市民的参与。为厘清城市治理中的多元主体及其地位，有必要对城市治理主体进行类别划分。

### 一、权力主体和非权力主体

根据决策行为是否具有强制力，城市治理主体可分为权力主体和非权力主体。

#### （一）权力主体

权力主体包括中共市委员会（简称“市委”）和城市国家机关。市委统一领导城市国家机关和各项事业发展，研究制定城市发展战略规划和重要政策。市委实行集体领导和个人分工负责相结合的制度，凡属重大问题由市委集体讨论，做出决定，委员根据集体的决定和分工，分别履行各自的职责。市委的领导地位主要表现在：（1）依法确定城市国家机关之间的职权划分；（2）市委常委会讨论决定城市国家机关工作中的重大问题；（3）市委向市人大及其常委会推荐市政府、法院和检察院的领导干部候选人；（4）市委通过设在市人大常委会、市政府、市法院和检察院的党组，领导国家机关的日常工作；（5）市长兼任市委副书记，负责在政府层面贯彻执行市委决定；（6）市委设有若干工作委员会，分别对口领导相关行政部门的工作。

城市国家机关包括市人大及其常委会、市政府、市法院、市检察院。市人大选举产生市政府和市法院、市检察院。《立法法》规定："设区的市的人民代表大会及其常务委员会根据本市的具体情况和实际需要，在不同宪法、法律、行政法规和本省、自治区的地方性法规相抵触的前提下，可以对城乡建设与管理、环境保护、历史文化保护等方面的事项制定地方性法规"。市政府执行市人大及其常委会的决议，同时也要执行上级行政机关的决议和命令，并服从国务院的统一领导。市政府实行首长负责制。市法院代表国家独立行使审判权，市检察院是法律监督机关，代表国家独立行使检察权。

### （二）非权力主体

城市非权力主体既不属于国家机关，也不掌握公权力，它们参与城市政策过程，协助维护社会秩序，提供多元化的社会服务，并通过各自的利益表达和聚合机制，将自身的利益诉求传递给公权力组织。中国城市治理的非权力主体包括政治协商会议（简称"政协会议"）、民主党派、人民团体、事业单位，以及各类企业、社区居委会、社会组织及市民等。其中，政协会议、民主党派、人民团体分别联系一定的社会界别、社会群体，具有利益表达、利益聚合功能；事业单位负责提供公共服务，满足社会发展需求；企业以营利为目的，实行自主经营、自负盈亏、独立核算；社区居委会为基层群众性自治组织；社会组织是为了实现特定的目标而有意识地组织起来的社会群体；市民也是城市治理的行动主体，他们参与公共事务和社区活动。

## 二、政治组织、经济组织和社会组织

根据组织属性，城市治理主体可分为政治组织、经济组织、社会组织。

### （一）政治组织

政治组织是为了实现政治领导、公共管理或公众参与而建立起来的政党、国家机关、政治团体的总称。在中国治理制度下，城市政治组织主要有中共市委、城市国家机关（市人大及其常委会、市政府、市法院、市检察院）、市政协会议、民主党派、人民团体等，它们由公共财政提供经费支持。其中，市政协会议是市委领导的多党合作和政治协商机关，通过组织社会各界参政议政，履行政治协商和民主监督职能。政协会议由各党派、人民团体、社会各界的代表人物以及港澳台人士组成。政协委员通过对话、交流提出政策议题，向市委和城市国家机关提出提案和建议。设区的市普遍设有民主党派的分支机构，发达地区的县级市也设有民主党派基层组织，它们在中共市委领导下开展活动。人民团体是市委领导的群众组织，包括工会、共青团、妇联、科协、侨联、残联、台联、工商联、青联、文联等。这些组织不是国家机关，但具有一定的行政级别。人民团体的领导机关与市政府部门平行设置，具有正式的人事编制，在实际运作中承担一定的政治或行政职能。

**（二）经济组织**

经济组织是以盈利为目的，运用各种生产要素，向市场提供商品或服务的单位。其中，公司制企业是现代城市经济组织的主要组织形式。在计划经济时代，中国城市经济以国有经济和集体经济为主体，表现为公有制经济组织。随着市场化改革的推进，城市非公有制企业快速发展，包括私营企业、外商投资企业、港澳台投资企业、股份合作企业、民营科技企业、混合所有制企业等，它们也被称为“新经济组织”。各类经济组织运用土地、劳动力、资本、技术等生产要素进行生产、经营活动，实行自主经营、自负盈亏、独立核算。

**（三）社会组织**

社会组织是为了实现公益或互益目标而有意识地组织起来的非权力性、非营利性社会群体。在中国城市中，社会组织包括各类事业单位、社区居委会、业主委员会、民办社会组织等。其中，事业单位是为了增进社会福利，满足居民文化、教育、科技、医疗、卫生、宗教、慈善、体育、联谊、社会服务等需求而设置的公共机构。城市事业单位大多隶属于党政部门，不以营利为直接目的，所需经费由公共财政拨款，也有的自筹资金开展活动。社区居委会是基层自治组织，具有半官方、半民间的组织属性，既承担街道办事处交办的工作，也要组织居民进行自我管理①。业主委员会是由物业管理区域内业主代表组成的民间性组织，它代表业主的利益，向社会各方反映业主的意愿和要求，并监督物业管理公司运作。民办社会组织由社会力量利用非国有资产举办，定位为从事非营利性社会服务活动，包括民办学校、医院、文艺团体、科研院所、体育场馆、职业培训中心、福利机构等。

---

①　刘娅．居委会自治性质的重新探讨：居民委员会与业主委员会的自治性比较．中国行政管理，2005（5）．

## 三、财政拨款组织和自筹经费组织

根据组织运作的经费来源，城市治理主体可分为财政拨款组织和自筹经费组织。

### （一）财政拨款组织

财政拨款组织是指由政府无偿拨付资金的单位，在拨款时通常会明确规定资金的用途。财政拨款可进一步分为全额拨款、差额拨款两种情况。财政全额拨款单位由政府通过财政分配的形式提供全部经费支持，主要有执政党机关，国家机关（人大、政府、法院、检察院），政协机关，民主党派机关，人民团体，农、林、水利、气象、图书馆、党校等事业单位。财政差额拨款单位由公共财政提供部分经费支持，主要是具有收入又承担政府社会职能的事业单位，如医院、职业教育机构、科研院所、文化馆、收费公园等单位。

### （二）自筹经费组织

自筹经费组织通过依法经营或提供服务获取收入，包括自收自支事业单位、社会组织和各类企业。自收自支事业单位的收益归该单位所有，支出也由该单位负担，结余不用上交国家，有缺口公共财政也不给予弥补。自收自支的城市事业单位，主要有规划设计研究院、勘测设计研究院、地质调查中心、土地整理中心等。社会组织具有非营利属性，民办社会组织不依赖于财政获取收入，通过多种途径筹集经费。企业实行自主经营、自负盈亏、独立核算。

## 四、体制内单位和体制外组织

根据执政党对组织运作是否具有支配性，城市治理主体可分为体制内单位和体制外组织两大类别。

### （一）体制内单位

所谓体制内单位，即内部设有党组织，且党组织居于领导核心地位的各类组织，包括政党组织、国家机关、国有企业、国有事业单位、社区居委会等。在中国城市组织体系中，执政党的组织体系健全而系统化，网络分布极广，深入到城市运行的各个层面、各个领域。城市政治、行政和政策过程，包括利益表达、利益聚合、政策制定、政策执行等，都在中国共产党的领导下有序开展。概言之，凡是党组织在其中发挥领导核心作用的经济社会组织，都属于体制内单位，它们与权力体系具有制度性联系，并依赖于体制获取全部或部分资源。需要明辨的是，城市并非所有组织都属于体制内单位，也有些经济社会组织的运作中，党组织并不居于领导核心地位，此类组织不属于体制内单位。

**（二）体制外组织**

体制外组织是指运行管理、人事任免等重大决策不受执政党直接支配的非公有性组织，包括新经济组织、新社会组织、家庭等。其中，新经济组织包括私营企业、外商投资企业、港澳台商投资企业、股份合作企业、民营科技企业、个体工商户、混合所有制经济组织等非国有集体资本占主体的经济组织。新社会组织具有民间性质，包括社会团体和民办非企业单位，它们独立于政府体系之外①，不代表官方立场，也不依赖于体制内资源或财政经费进行运作。在中国城市中，新经济组织、新社会组织简称"两新"组织，有的建有党支部（委），但党组织并不居于领导核心地位，作用仅限于组织和教育党员，做好党的工作②。在开放社会中，家庭行动不受党组织直接支配。

---

① 俞可平. 中国公民社会：概念、分类与制度环境. 中国社会科学，2006（1）.

② 林立公. 试论两新组织党的建设. 政治学研究，2009（5）.

# 第四章 整合治理：一个解释性框架

## 第一节 城市管理的理论演进

城市管理主体包括政府、企业、社会组织、居民等多方行动者，其各自的行动逻辑和运作机制不同。其中，政府以公共价值为导向，主要通过自上而下的命令—服从机制进行运作；企业以利润为导向，在市场机制的引导下进行运作；社会组织以共同体利益为导向，通过自组织方式进行运作；居民既是个体参与者，也通过组织化形式发挥作用。研究者对上述行动主体在城市政策决策和公共服务提供中的地位和作用的理解存在差异性，提出了不同的理论模式。

### 一、精英主义理论

精英主义理论建立在社会分层的概念上，关注城市统治权问题，认为城市社会结构就像一个金字塔，拥有广泛支配权力的人站在顶端，没有权力的人处于金字塔的底端。精英主义的理论渊源可追溯到古希腊时期，现代精英理论的形成与意大利学派具有密切联系。G. 莫斯卡、V. 帕雷托等精英论者认为，人类的历史不是阶级斗争，而是组织起来的少数人统治未组织起来的大众①。

经典精英理论将国家作为分析的基本单元，逐渐地，一些学者将精英理论应用到城市政治分析中，并以城市为单位开展实证研究。美国学

① Gaetano Mosca. The Ruling Class. New York: McGraw-Hill Book Company, Inc., 1939; Vilfredo Pareto. The Mind and Society. London: Cope, 1935.

者弗洛伊德·亨特在这方面进行了开拓性研究，得出城市社会由精英掌握和控制的观点。在政策科学教科书中，政策制定被理解为民选代表将公众的期望转化为公共政策的过程，亨特对亚特兰大市的研究发现，这一观点不符合实际情况，现实中的政策制定更多地发生于政府系统的外部，工商精英对政策过程具有支配性影响力，如果不是工商精英的经济利益考虑发生改变，亚特兰大市的统治秩序就不会有所变化①。在此基础上，亨特得出结论：美国的地方代议制民主实际上只是占支配地位的经济利益的幌子而已。这一论断引发了精英主义与多元主义的理论之争。

多元主义论者指出，亨特运用的实证研究方法并不恰当，他对社区影响力人员的列表和定义的方式，对研究发现起着预先决定的作用。批评者还认为，没有有力证据证明那些拥有权力声望的人会在特定情形下使用支配权。多元主义者的决策研究大多关注于“具有争议”或利益冲突议题的政府决定。他们从大批政策领域中找出对决定最有影响力的个人，发现这些个人在不同案例中的作用有所不同。这一研究方法也受到新精英主义者攻击：真正拥有权力的人可能早在问题引起争论之前，就将其放到议题之外，从而避免这些问题被公开讨论②。

罗根和莫洛奇进而提出增长机器理论（growth machine theory），从城市增长的角度理解城市政治，进一步拓展了精英理论的研究视野。该理论将注意力集中于商界的权力，认为“企业家的行动主义一直以来都是形成城市系统的关键动力”，主导城市发展的是致力于促进经济增长的各种力量的联盟③。罗根和莫洛奇认为“食利者”（rentiers）处在城市发展的核心地位，他们经常通过强化财产（土地、建筑物）的使用或发展更高层次的使用价值来增加租金，使自身收益最大化。食利者不能仅靠

---

① 弗洛伊德·亨特将具有社会影响力的人分为商界、政府、社区和社会活动团体四类，将具有显著地位的人界定为拥有权力的社会精英。他根据个人知识、主要社会接触以及当地组织提供的名单，列出了一份集合这四个类别的精英人员名单，让受访者根据每个团体中人们所具有的权力声望，对他们进行排名。对排名前40位的人进行深度访谈，从而确认他们中谁被认为是最有权力的人。（Floyd Hunter. Community Power Structure：A Study of Decision Makers. Chapel Hill：University of North Carolina Press，1953.）

② 戴维·贾奇，格里·斯托克，哈罗德·沃尔曼. 城市政治学理论. 刘晔，译. 上海：上海世纪出版集团，2009：49.

③ J. Logan，H. Molotch. Urban Fortunes：The Political Economy of Place. Berkeley：University of California Press，1987：52.

自身力量达到目标，他们必须与其他致力于促进增长的行动者合作。例如，土地拥有者并不拥有技术、资源来建立开发公司，但他们可说服开发商来投资，并以土地租金的形式获取部分利润。在增长机器理论看来，城市政治的增长联盟包括核心成员、非核心成员、辅助支持者。核心成员直接从发展过程中获利，包括开发商、土地所有者、金融机构等；非核心成员通过为发展项目提供产品和服务而获利，如地方政治家、当地媒体、公用公司等；辅助成员与当地有联系，可以从当地发展中获得部分利益，如大学、文化机构、俱乐部、自主经营者和零售商等。

## 二、多元主义理论

多元主义理论认为，城市权力实际上是分割的、分散的，所有的团体都有一定的资源来表达自身诉求，即使政府不能遵照它们的要求行事。罗伯特·达尔在《谁统治：美国城市中的民主与权力》一书中对多元主义权力结构进行了经典阐述①。在对纽黑文市的一项研究中，尽管达尔同意决策权被限制在少数人手里，但他坚持选举政治并没有糟糕到弗洛伊德·亨特描述的那样，城市中的民选决策者仍对政策议题的形成起着关键作用，城市仍在民主信条下运行，并且仍受公众制约②。多元主义理论认为，在民主体制下，城市政治具有可渗透性，政策过程保持开放透明，有组织的、希望被听取诉求的社会团体能够通过一定途径对决策保持影响。

对于多元主义论者来讲，城市社会可以理解为数百个小型特殊利益团体的聚集体，这些团体有着不完全的人员重叠、广泛分散的权力基础，以及对重要决策施加影响的大量手段③。罗伯特·达尔认为，包括纽黑文在内的美国多数城市政治都具有这一特征，虽然它还远远达不到理想中的民主体系的要求。多元主义把自治性社会团体的存在，视为民主政治的根本，对于多元主体如何运行才能更好地促进公平与正义，它并没

---

① R. A. Dahl. Who Governs? Democracy and Power in an American City. New Haven: Yale University Press, 1961.

② R. A. Dahl. Rethinking Who Governs? New Haven Revisited//R. J. Waste. Community Power Directions for Future Research. Newbury Park, CA: Sage, 1986: 182-183.

③ N. W. Polsby. Community Power and Political Theory. New Haven: Yale University Press, 1980: 118.

有给出具体答案。从这个意义上讲，正如格兰特·乔丹所指出的，多元主义“只不过是一个反对理论，它所反对的要比它本身所建立的重要得多”①。

面对质疑者的批评，达尔也承认，“无论在何时何地，影响力的不平等几乎是所有政治体系的特征。这一点是不言而喻的。我们这群被叫作多元主义者的人，当然也包括我，从来不曾相信过一切团体在政治体系中都是平等的”②。多元主义者强调的是，在西方政治制度下，“由一群有凝聚力的领导集团统治的政治体系，已经让位于由许多拥有不同政治资源组合的多群领导共同统治的政治体系。简单地说，就是多元主体体系。如果多元主义体系离寡头政治已经很远了的话，那么它离民主哲学家所倡导的政治平等也还有很长一段距离”③。

20 世纪 80 年代以来，一些研究者提出城市机制理论（urban regime theory），认为“当代城市中大众控制的操作方法大致是政府与市场劳动分工的结果”④，它进一步拓展了多元主义的适用性，也被称为“新多元主义”。根据城市机制理论，城市中生产资料的所有权控制在私人部门手中，公共部门的官员与这些私人掌控者一起分担提高公民福利水平的责任，但这些官员不能命令经济绩效，只能进行诱导。在此过程中，政府必须考虑城市环境中的不同力量，在多元力量中建立联盟，推动有关力量做出决定。为此，政府、企业、社团之间需要建立协调、合作机制，一种机制就是一组“将这种劳动分工构架起来的安排”⑤。城市机制理论首先由费恩斯坦夫妇提出，他们概括了二战后美国三种比较典型的城市机制：管制型机制、授权型机制、保守型机制⑥。斯通对亚特兰大市进行

---

① G. Jodan. The Pluralism of Pluralism: An Anti-theory?. Political Studies, 38, 1990 (2): 286-301.

② R. A. Dahl. Rethinking Who Governs? New Haven Revisited// R. J. Waste. Community Power Directions for Future Research. Newbury Park, CA: Sage, 1986: 184.

③ R. A. Dahl. Who Governs? Democracy and Power in an American City. New Haven: Yale University Press, 1961: 86.

④ S. Elkin. City and Regime in the American Republic. Chicago, I. L.: Macmillan, 1987: 18.

⑤ C. Stone. Urban Regimes and the Capacity to Govern: A Political Economy Approach. Journal of Urban Affairs, 1993, 15 (1): 3.

⑥ N. Fainstein, S. Fainstein. Regime Strategies, Communal Resistance and Economic Forces//S. Fainstein, R. C. Hill, D. Judd, M. Smith. Restructuring the City: The Political Economy of Urban Redevelopment. New York: Longman, 1986.

研究，提出了四种城市机制类型：维持型、发展型、中产阶级改革型、低收入阶层机会扩展型①。在城市机制理论看来，政治组织、经济组织、社会组织分别掌握不同的资源，任何一方都无法独立地实现城市发展目标，多元主体之间的“联盟”就成为一种必然选择。

## 三、公共治理理论

公共治理理论的兴起，与政治与行政二分法面临的思想危机和现实挑战密切相关。威尔逊提出政治与行政二分法，为行政学发展奠定了学科基础。经典行政学基于政治与行政二分的思想，认为行政是国家意志的执行、政策的实施过程，强调公共行政的目的在于效率。早在20世纪40年代，沃尔多就指出，行政固然要追求效率，但这不是行政的核心价值，也不是终极目标，好的公共行政应通过沟通对话来促进政府与公众真诚互动②。20世纪60年代以来，在质疑经典公共行政理论的思想交锋中，公共治理研究不断发展并壮大起来。它基于民主或效率的价值追求，提出在公共行政中引入企业运作、社会组织或公众参与，运用多种治理工具，致力于实现善治（good governance）和良治（better governance）。

回顾公共治理研究的理论丛林，学者们从不同的制度环境和价值诉求出发，构建了多中心治理、新公共管理、新公共服务、自主治理、协同治理、整体治理、运动式治理等理论模式。

文森特·奥斯特罗姆基于民主行政的价值诉求，提出多中心治理理论（polycentric governance），发出了公共治理研究的先声。他以美国大都市地区的公共服务提供为例，论证了多中心体制的合理性③。那里存在许多相互独立的公共机构，包括联邦和州政府的机构，以及县、市、镇和特区，它们分别履行各自的职能，同时又展开竞争与合作。在多中心体制下，多个自治单位的管辖权互相交叠，它们通过多种制度安排进行协调，包括互利性交易和协议、竞争性对抗、裁定冲突以及有

① C. N. Stone. Regime Politics：Governing Atlanta：1946－1988. Lawrence，K. S.：University Press of Kansas，1989.

② D. Waldo. The Administrative State：The Study of the Political Theory of American Public Administration. New York：The Ronald Press Company，1948：69，203.

③ Vincent Ostrom，Charles M. Tiebout，Robert Warren. The Organization of Government in Metropolitan Areas：A Theoretical Inquiry. American Political Science Review，55，1961 (Dec.)：831-842.

限的命令权[①]。由于存在多个权威，每个机构的权力和能力都有限，同时又可能利用其他机构的权能，结果是，“协作生产”成为公共服务供给的一种制度安排[②]。

新公共管理理论（new public management）强调市场化、分权化、顾客导向、绩效评估，主张在公共服务领域引入市场机制和社会力量，提出“政府应多掌舵少划桨”，发展公私伙伴关系[③]。胡德总结了新公共管理的七个要点：专业化管理、绩效标准和测量、产出控制、公共部门内部的分化、公共服务竞争、私人部门管理方法、纪律和节约[④]。萨瓦斯通过区分“掌舵”与“划桨”、“提供”与“生产”职能，总结了公共服务提供的多元化制度安排，指出除政府生产外，还可通过政府间协议、合同外包、特许经营、政府补助、凭单制、志愿服务等途径提供[⑤]。

新公共服务理论（new public service）源自对新公共管理理论的批评，它将公共利益、公民权利、公共服务视为核心价值，认为城市政府不应像企业那样运作，而应民主化运作。登哈特认为，新公共管理过于强调执行部门的权力，但忽略了公民参与的价值，“行政官员负有倾听公民声音并对其话语做出回应的责任，在认真清楚的倾听中，行政官员在一种相互反射的关系中使自我与社会结合在一起”[⑥]。作为一种民主行政理论，新公共服务更强调治理过程的重要性，认为“公共利益就是通过一种允许利益得以集聚、平衡或调解的特定过程来实现的”[⑦]。

自主治理理论（self-governance）以公民权为价值导向，力求将公共行政纳入民主运作的轨道。埃莉诺·奥斯特罗姆基于大量案例研究，提出除了政府与市场机制之外，公共事物还存在第三种治理机制，即自主

---

① Vincent Ostrom. The Meaning of American Federalism：Constituting a Self-Governing Society. San Francisco，Calif.：Institute for Contemporary Studies Press，1991：225.

② 文森特·奥斯特罗姆. 美国公共行政的思想危机. 毛寿龙，译. 上海：上海三联书店，1999：78.

③ David Osborne，Ted Gaebler. Reinventing Government：How the Entrepreneurial Spirit Is Transforming the Public Sector. Reading，Mass.：Addison-Wesley，1992：1.

④ C. Hood. A Public Management for all Seasons?. Public Administration，1991，69(1)：3-19.

⑤ E. S. Savas. Privatization and Public-Private Partnership. Chatham House Publishers，2000：66.

⑥ 珍妮·V. 登哈特，罗伯特·B. 登哈特. 新公共服务：服务，而不是掌舵. 丁煌，译. 北京：中国人民大学出版社，2004：70.

⑦ 同⑥51.

组织和自主治理，并剖析了自主治理的制度设计原则①。理查德·博克斯提出公民治理理论，主张建立小规模的地方政府，将公共行政纳入民主和服务的轨道②。莱斯特·萨拉蒙对美国的非营利组织进行实证分析，提出了第三方治理理论，展示了活跃的非营利组织运作机制③。

协同治理理论（collaborative governance）针对跨越行政组织职能、能力边界的公共事务，提出将利益相关者纳入集体论坛，在"协商"和"一致同意"的基础上进行集体决策，以整合各方面的信息和知识，建立合作伙伴关系，提高治理绩效④。协同治理界定的利益相关者，可能是公共部门，也可能是私人部门、公民组织或个人。协同治理理论认为，在公共事务治理中，多元主体之间的合作不会自动形成，不论是部门间协作、区域协作还是公私伙伴关系，都需要构建一定的治理结构或机制⑤。

整体治理理论（holistic governance）是回应行政部门碎片化、分散化造成应对复杂问题效率低下，探寻公共部门整合机制而提出的一种理论建构。整体治理通过构建跨部门、跨领域、跨层级的协作机制，使公共机构更好地分享信息、协同作战，提供整体化的公共服务⑥。佩里·希克斯认为，整体治理是针对部门碎片化实施的治理创新，目的在于提升行动主体之间的相互依赖性⑦。整体治理理论主张通过机构重组、流程再造、技术应用等途径，构建政策网络，发展大部门体制，提供"一站式"服务⑧。

---

① 埃莉诺·奥斯特罗姆．公共事物的治理之道．余逊达，等译．上海：上海三联书店，2000：144.

② 理查德·C. 博克斯．公民治理：引领21世纪的美国社区．孙柏瑛，等译．北京：中国人民大学出版社，2005：18.

③ 莱斯特·M. 萨拉蒙．公共服务中的伙伴：现代福利国家中政府与非营利组织的关系．田凯，译．北京：商务印书馆，2008.

④ Chris Ansell，Alison Gash．Collaborative Governance in Theory and Practice．Journal of Public Administration Research and Theory，2007（18）：543－571.

⑤ Kirk Emerson，Tina Nabatchi，Stephen Balogh．An Integrative Framework for Collaborative Governance．Journal of Public Administration Research and Theory，2011，22（1）：1－29.

⑥ 史蒂芬·戈德史密斯，威廉·D. 埃格斯．网络化治理：公共部门的新形态．孙迎春，译．北京：北京大学出版社，2008：13.

⑦ Perri 6．Towards Holistic Governance：The New Reform Agenda．New York：Palgrave，2002.

⑧ 胡象明，唐波勇．整体性治理：公共管理的新范式．华中师范大学学报（人文社会科学版），2010（1）.

运动式治理理论（campaigning governance）是基于中国本土环境提出的具有较大影响力的一种公共治理模式，其突出特点是暂时打断、叫停官僚体制中各就其位、按部就班的常规运作过程，以自上而下的大规模动员方式来调动资源，集中各方力量和注意力完成某一特定任务①。公共行政主要依赖于官僚制的科层化运作机制，科层制度也会出现内在困难，导致组织失败和治理危机。作为应对工具，中国公共管理经常会采取运动式治理机制，它依赖于大规模组织动员，在一定程度上缓解常态治理面临的困境②。只要中央集权和行政主导的制度环境没有根本改变，运动式治理就会持续存在下去。

除上述学说外，城市治理研究还提出了网络化治理、电子治理、数字化治理、网格化治理等政策工具，它们主要关注于公共治理的技术、工具和手段，这里不再赘述。

梳理公共治理研究的相关文献，我们可以看到，对于政府在公共治理中发挥什么作用，如何看待效率与民主的关系，不同学者的价值诉求存在差异性。概括而言，公共治理存在民主和效率两种价值导向。前者强调开放性参与，主张通过直接民主、协商民主弥补代议制民主的缺陷；后者注重结果导向，主张有限参与，由政府主导决策过程并组织实施。

民主导向的治理理论认为，公共利益的内容远没有实现公共利益的方式更为重要，善治的基础来自公民参与和自治。在代议制民主下，对行政的控制主要来自政治机构，行政决策即使背离公共价值，公众也缺少手段予以纠正。为弥补这一缺陷，一些学者提出发展“对话式民主”③，建立开放论坛，促进平等参与和互动交流，在交换信息、辩论和协商中增进共识，运用协商民主改进公共治理。登哈特提出，“在一个民主政体中，需要做的正确事情恰恰是更多的参与”，更多的参与有助于强化政府责任，改进公共政策质量，提升政策执行成效，增加对政府的信任度，建立一种新型合作关系④。

效率取向的公共治理并不排斥公民参与，但它将公众参与限定在有

---

① 周雪光. 运动型治理机制：中国国家治理的制度逻辑再思考. 开放时代，2012(9).

② 唐贤兴. 政策工具的选择与政府的社会动员能力. 学习与探索，2009 (3).

③ J. S. Dryzek. Discursive Democracy：Politics，Policy and Political Science. Cambridge University Press，1990.

④ 珍妮·V. 登哈特，罗伯特·B. 登哈特. 新公共服务：服务，而不是掌舵. 丁煌，译. 北京：中国人民大学出版社，2004：51.

限和秩序的范围之内。公众总是既希望参与行政决策，又要求政府能够迅速采取行动。在高度复杂的社会环境下，公众也不具有足够的信息和知识来参与复杂问题的讨论。如果开放公众参与，政府决策就不得不花费大量时间和精力来集聚共识，这势必导致行动迟缓，还可能错失最佳时机。效率取向的研究者认为，政府治理必须平衡及时决策和公众参与的双重需要，形成一套规范对参与的范围、方式、时限进行限定①。对于跨界事务的冲突解决，效率导向主张应用必要的权威和司法裁决化解矛盾。

公共治理的理论图谱如图 4－1 所示。

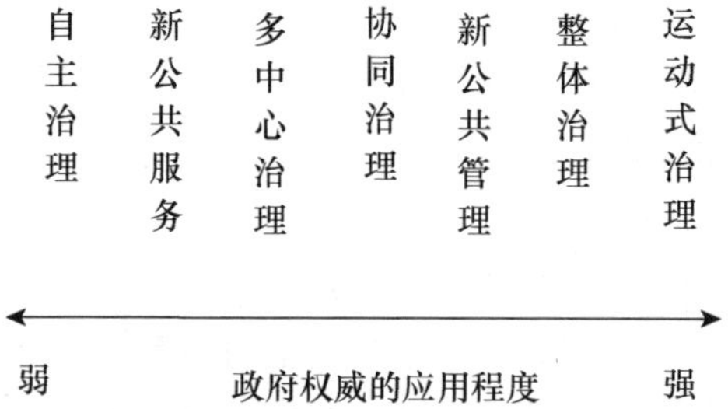


**图 4－1　公共治理的理论图谱**

# 第二节　城市治理的类型学划分

## 一、类型划分的两个维度

经典公共行政理论将行政部门看作落实政治决策、执行公共政策的唯一主体，政府既“掌舵”又“划桨”，通过自上而下的科层体系进行运作，社会力量作为相对方只能被动地接受公共行政的结果。然而，随着经济社会发展，公共事务越来越多，公共管理主体已经超出了公共部门，而扩展至私人部门和第三部门，包括企业、社会组织和志愿者在内的多元行动者，广泛参与到公共服务提供之中，在公共项目运作和公共服务生产中承担着重要角色②。

① B. 盖伊·彼得斯. 政府未来的治理模式. 吴爱明，夏宏图，译. 北京：中国人民大学出版社，2001：69.

② G. Stoker. Public Value Management：A New Narrative for Networked Governance?. American Review of Public Administration，2006，36（1）：41－57.

公共治理理论敏锐地把握了公共行政的这些新进展、新运作和新机制，基于不同国家的本土环境，为应对公共治理面临的突出矛盾和问题，提出了多样化的理论模式。在不同的政治经济制度下，政府在社会中发挥的作用不同，政府与社会合作的具体模式也具有差异性。前述代表性的公共治理理论中，多中心治理、新公共管理、新公共服务、自主治理、协同治理、整体治理理论均是立基于西方国家的背景环境和运作实践提炼形成的公共治理新模式。由于国家治理的基本制度安排不同，上述理论的一些前提预设（assumption）与中国的实际情况具有差异性，致使运用西方理论解释、预测中国城市治理变迁，经常存在“隔靴搔痒”问题。例如，奥斯特罗姆提出的多中心治理理论以联邦制和竞争性选举为理论前提，然而，中国公共治理的制度环境完全不同，这就使得运用该理论分析中国城市治理问题可能面临困境。

运动式治理是基于中国本土环境提出的一种理论，它通过区分常规运作和非常规动员两类机制，揭示了中国公共治理中存在的大规模组织动员机制，深化了对中国治理的整体认知[①]。该理论也有局限性，它难以对改革开放以来中国公共治理转型做出令人信服的解释。运动式治理不是改革开放以后公共治理的新特征，也不是新中国成立后的新实践。一些研究指出，运动式治理在中国古代就有之。清乾隆时期应对自然灾害的“荒政”，就是由皇帝直接干预推动，叫停官僚常规运作机制，以运动方式进行紧急动员[②]。乾隆时期的“叫魂”事件，于1768年初民间传出有人施行叫魂妖术的流言，短时间内迅速扩散，引起全国性大恐慌，被弘历皇帝定性为“叛乱”与“谋反”，亲自督导在全国范围内清查，历时大半年而控制住流言和恐慌局面，就是采用了紧急动员和运动式手段[③]。可见，运动式治理模式不能概括改革开放以来中国公共治理转型的新模式，也难以对公共治理变迁的基本趋向做出预测。

为厘清城市治理的模式演化，有必要基于一定的逻辑维度，对城市治理进行类型学分析，剖析每一类治理模式的制度环境和运作机制。这里从政府与社会关系的视角，试图对改革开放以来中国城市治理变迁提供一个理论分析模型。随着市场化改革的推进，中国城市治理的显著变

---

① 周飞舟. 锦标赛体制. 社会学研究，2009（3）.

② 魏丕信. 18世纪中国的官僚制度与荒政. 南京：江苏人民出版社，2003.

③ 周雪光. 运动型治理机制：中国国家治理的制度逻辑再思考. 开放时代，2012（9）；孔飞力. 叫魂：1768年中国妖术大恐慌. 上海：上海三联书店，1999.

化在于，政府掌握的经济社会资源在比重上明显下降。然而，政府仍承担全面责任，不仅负责提供基础设施和公共服务，还要保障经济增长和社会稳定。在复杂、变化的外部环境下，为提升回应性和公共服务能力，中国城市管理改变了过去的全能主义模式，政府不再垄断公共服务的生产职能，转而引入市场机制和社会力量，强调合作行动、综合应对。根据政府与社会的合作性、政府介入社会的协商性两个维度，可区分出四种不同的城市治理模式（见表 4－1）。

**表 4－1　　城市治理的四种模式**

| 政府与社会的合作性 | 政府介入社会的协商性 | |
|---|---|---|
| | 低 | 高 |
| 高 | 整合治理 | 协同治理 |
| 低 | 全能政府 | 自主治理 |

资料来源：杨宏山．整合治理：中国地方治理的一种理论模型．新视野，2015（3）．

其中，政府与社会的合作性是指在城市公共管理中，政府与社会之间开展跨界合作的广度和深度。这种合作既受制于国家治理对政府职能和角色的定位，也取决于社会力量的组织化程度。如果政府全面集权或干预社会，行政体制高度发达，社会成员对政府权力具有高度依附性，无法形成组织化的社会力量，就谈不上政府与社会合作了。如果社会成员具有自主组织管理自身事务的能力，不需要政府不介入，政府与社会合作也不会活跃。考察人类社会发展，在不同时代，政府的角色和职能边界不同，政府与社会的合作差异较大。在自然经济条件下，政府具有无限权力，社会成员受到高度管制，只能以家庭为基本单位进行生产劳动，彼此之间相互隔离，其与政府的合作有限。在自由资本主义时期，国家治理奉行“最好的政府是管事最少的政府”，政府管理的事务仅限于防止暴力、偷窃、欺骗和强制履行契约等，大量社会事务由社区和行业自治运作，政府与社会的合作性也很低。在计划经济环境下，政府权力全面介入经济社会领域，以公共部门取代了社会空间，也谈不上政府与社会合作。在市场经济体制下，随着政府与企业、社会组织相互分离，私人部门和第三部门快速兴起，政府与社会合作广泛发展。

政府介入社会的协商性是指政府与社会主体合作过程中，双方之间在权力和地位上的平等程度，以及协商对话的民主程度。对于涉及多元主体的城市治理行动，其运作存在民主和效率两种价值导向。民主导向强调公众参与和协商对话，主张赋予利益相关者平等的话语权，在沟通和协商中增进共识。而效率导向则要求将公众参与限制在一定范围之内，避免久议不决、行动迟缓、错失最佳时机。在城市跨界运作中，社会关注的重大事项的决策需要广泛听取各方意见，尽可能寻求最大公约数；而对于关注度较低的一般性事项，则更注重效率，以节约时间成本。在不同的政治制度下，政府介入社会的协商性也有差异性。一般而言，在地方自治和民主化环境下，政府介入社会更强调对话和共识决策；而在威权体制下，政府在公共治理中居于主导地位，可利用自身掌握的权力、权威和资源，对企业和社会形成潜在影响力，可通过一定的政治动员手段，促使社会力量采取合作行动。

## 二、城市治理的四种模式

从政府与社会关系看，政府代表了一种统合性力量，社会代表了一种自主性力量。根据政府与社会的合作性、政府介入社会的协商性两个维度，城市治理可分为全能政府、自主治理、整合治理和协同治理四种模式。

### （一）全能政府模式

全能政府模式由政府垄断经济社会资源，公共部门负责提供各类社会服务，其触角渗入到社会生活的每个角落，所有企业和社会组织都依附于公共部门而存在，它们实际上成为公共部门的延伸体系。在全能政府模式下，公共部门自上而下建立有严密的组织系统，统一调度人力、物力和财力以实现政府目标，政府与社会之间的界限被取消，一切都被纳入公共组织体系之中，所有组织都处于公权力的支配之下，私人空间被挤压到最小状态，形成一种典型的“强政府、弱社会”格局。于是，城市发展的所有决策和政策都由公共部门掌控。除家庭之外，社会几乎没有自组织空间。个人高度依赖于从公共组织获取资源，离开了公共组织，个人就无所立足。

1949 年新中国成立后，经过生产资料社会主义改造，我国城市建立了全能政府模式。在公有制和计划经济体制下，城市政权全面垄断经济社会资源，所有的社会组织，即通常所称的“单位”，不管是政治的、军事的、行政的、事业的或经济的，都由党和政府控制、管理，内设有党组织、行政系统，以及工会、共青团、妇联等群众组织。所有单位都被划分为全民所有制、集体所有制两种身份，都具有一定的行政隶属关系和行政级别，并从政府那里获得按计划分配的资源。几乎所有的城市就业者都被纳入各种单位之中，被划分为干部、工人、农民等社会身份。城市政权还通过意识形态、政治宣传、政治运动等方式，进行政治动员，控制社会舆论，改造个人思想意识。

在全能政府模式下，政府通过单位进行社会资源分配，单位集政治、经济、社会福利等职能于一身，社会成员依赖于单位获取资源。“工作单位往往对它内部的工作人员不仅付给工薪，而且提供住房、医疗、子女的幼儿园教育等服务。一些较大的工作单位甚至还提供食堂服务、商业服务、子女小学以至中学教育等。”① 在此制度下，个人社会地位、发展机会与工作单位密切相关，单位行政级别高，工作人员的社会地位也高。这样，政府控制单位，单位控制个人，整个社会被高度组织起来。同时，社会身份制度在城市户口与农村户口、干部身份和工人身份之间建立制度壁垒，使得社会流动面临困难。

### （二）自主治理模式

自主治理模式不依赖于政府介入或提供资源，由社会组织自行提供规则，通过自主选择、自主组织和集体行动来治理公共事务。在自主治理模式下，政府与社会之间的跨界行动欠发达。埃莉诺·奥斯特罗姆通过大量的实证案例研究，发现在政府与市场之外，公共事务还存在一种自主治理的运作模式，即相互依存的行动者自主组织起来，通过集体选择的途径组织集体行动②。这一治理模式尽管存在不确定性，在运作中可能出现问题，但自主治理的案例却广泛存在。一些自治组织已持续运作了数百年，历史最长的已超过 1 000 年③。实践表明，相互依存的个体之间可通过自主治理途径，解决集体行动所需要的制度供给、可信承诺和相互监督问题。

实际上，即使在计划经济时期，中国城市也存在自主治理的运作机制，如家庭治理，只是这种运作受到压制，不占主导地位而已。随着市场化改革，企业有了经营自主权，社会自主空间不断扩大，城市基层事务自主治理也在发展之中。1989 年制定的《城市居民委员会组织法》规定，“居民委员会是居民自我管理、自我教育、自我服务的基层群众性自治组织”。为扭转居委会行政化问题，一些城市在社区设立工作站，承接街道

---

① 李强．当代中国社会分层与流动．北京：中国经济出版社，1993：290.

② 埃莉诺·奥斯特罗姆．公共事物的治理之道．余逊达，等译．上海：上海三联书店，2000：86-87.

③ 同②93.

委托的行政管理事务，推进居委会和社区工作站分离，促进了社区自治发展①。除居民自治外，我国城市社区的业主委员会、志愿者协会、兴趣爱好类协会、邻里互助类协会等自治组织也呈蓬勃发展之势。

在我国城市治理中，也经常看到自主治理结果并不如意的情况。例如，2006 年北京市海淀区美丽园社区业主委员会谋求自主治理，与物业公司发生利益矛盾，导致物业公司突然撤离，居住小区停水停电，政府不得已介入，就是一个典型案例②。奥斯特罗姆指出，自主治理的可持续运作需要一些制度支持，主要涉及：清晰界定的边界；占有和供应规则与当地条件一致；集体选择的规则安排；监督机制；分级制裁机制；冲突解决机制；对组织权的最低限度的认可；相互嵌套的组织结构安排③。

**（三）整合治理模式**

整合治理以承认市场机制和社会组织的存在为前提，在公共部门与社会力量的关系上，政府占据主导地位，通过政策手段和工具对企业、社会组织进行跨界整合，调动多方资源，以实现政府目标，更好地提供公共服务。在此模式下，市场机制和社会自治获得了正当性和合法性，但政府权力的行动边界尚不清晰，跨界事务由政府主导，多元主体在协商合作中的话语权差异较大。政府利用自身权威，对企业和社会组织进行跨界整合。在实际运作中，政府不仅是跨界整合的发起者，也是跨界整合的策划者、参与者和主导者，其他行动主体只是作为整合的对象而存在④。整合治理模式把政府资源与社会力量掌握的资源结合起来，发挥了多元主体和多元机制的作用，有利于完成政府无法独自完成的任务。

改革开放以来，随着市场经济的发展，中国城市出现了整合治理的运作模式。市场化改革导致民营经济所占的份额越来越大，政府之外的经济社会资源越来越多。结果是，政府占有的资源比重下降，政府能力也由“全能”走向“有限”。在一党执政下，执政党负责解决一切经济社

① 李璐．利益分化时代的城市社区管理体制创新研究：以广州、深圳“居站分离”模式为例．理论导刊，2012（7）：23-25．

② 毛寿龙，陈建国．社区治理与可持续发展：由“美丽园事件”探讨自主治理的可持续之道．中国行政管理，2008（3）．

③ 埃莉诺·奥斯特罗姆．公共事物的治理之道．余逊达，等译．上海：上海三联书店，2000：144．

④ 康晓光，徐文文．权威式整合：以杭州市政府公共管理创新实践为例．中国人民大学学报，2014（3）．

会问题，承担全面的治理责任。这样，政府能力相对下降，而政府责任仍无所不包，就出现了“有限能力”与“无限责任”的悖论。为克服这一悖论，在实践中，城市政府探索出一系列新的运作机制，政府通过与社会建立合作关系，利用体制外资源来实现政府目标。在整合治理模式下，一方面，政府承认市场机制、社会组织的“他在性”，致力于与体制外力量建立合作关系；另一方面，政府与体制外力量在合作中的地位不平等，政府居于主导地位。整合治理不再谋求组织一体化，而是通过一定的强制、利益交换或互利互惠机制，对体制外组织形成隐形控制，确保政府具有强大的动员力、影响力和行动力。

**（四）协同治理模式**

协同治理以承认多元主体的自主权为前提，通过建立公共论坛或对话平台，将跨界行动涉及的利益相关者囊括进来，彼此在对话中增进共识，形成集体决策，各方采取协同行动。协同治理不再单纯追求政府目标，同时也要保障利益相关者的利益和目标诉求。推进协同治理，关键在于创设公共论坛、识别利益相关者、建立协商对话机制①。不同的行动主体存在利益冲突，通过平等协商和对话，可分享知识、信息和资源，增进信任和合作。协商对话并不必然能够消除不同意见，但协商能增进沟通。只要利益相关者拥有充分的话语权，并相互交流，集体讨论就可能产生更好的结果。

在制度主义理论看来，人类社会的制度可分为外在制度和内在制度两种类型②。一部分制度是人类社会内生的、社会博弈参与人之间策略互动从而最终自我实施的均衡结果③，也有一部分制度是外生的，是政府及其代理人精心设计的规则，并强加给社会，被自上而下地执行④。按照这一分类，自主治理模式、协同治理模式属于内在制度，它们是行动主体在互动中形成的规则体系；全能政府模式属于外在制度，它由政府所支配和设计，并通过自上而下的途径实施；而整合治理兼有内在制度和外在制度特征，它是政府主导下的一种制度安排，社会互动也在其中发挥作用。

随着市场经济的发展，私人部门（民营企业）和社会力量占有的资

---

① Chris Ansell, Alison Gash. Collaborative Governance in Theory and Practice. Journal of Public Administration Research and Theory, 2007 (18): 543-571.

② 李厚廷. 制度多样性及其动态关联. 社会科学研究，2010（3）.

③ 青木昌彦. 比较制度分析. 周黎安，译. 上海：上海远东出版社，2001：2.

④ 柯武刚，史漫飞. 制度经济学. 韩朝华，译. 北京：商务印书馆，2000：33.

源在比重上持续增长。在此背景下，城市治理有必要发挥私人部门和社会组织的作用，合理利用其拥有的资源，不断改进城市公共服务，提升配套性。在中国城市管理实践中，由于法治和民主制度尚不健全，城市政府利用自身在公共治理中的主导性地位，通过强制、互惠、说服等一系列跨界运作手段，对体制内和体制外的多元主体及其掌握的资源进行“整合”，形成了整合治理模式。这种“整合”既包括多元主体之间的跨界整合，也包括多元运作机制之间的整合，从而利用多主体、多渠道的资源，不断改进城市公共服务。在跨界整合中，政府不仅是一方参与者，而且是跨界协商的发动者、策划者和主导者，其他相关主体也参与协商，但只能在“合作”或“退出”之间做出选择，不能对政府构建的整合机制提出异议。这一治理模式不同于计划经济时期的全能政府模式，也不同于西方制度环境下政府与社会的分立合作模式，它是在特定政治经济环境下探索形成的一种新型城市治理模式。

## 第三节　整合治理：一种新理论

### 一、整合治理的发生背景

整合治理形成于国家治理从“总体性支配”转向“技术治理”的改革进程之中。新中国成立后，国家建立了全能主义政权，执政党和政府几乎垄断了所有重要资源，通过意识形态、组织制度、干部队伍和政治动员，对经济社会进行全面渗透和控制①。在这一体系下，国家权力的影响无处不在，党和政府通过单位制度、身份制度、户籍制度等全国性组织体系，动员各方面的人力、物力和财力资源，以实现国家目标，有研究者称之为“总体性支配”②。20 世纪 80 年代以来，随着党和政府工作转向以经济建设为中心，中央出台了一系列新政策，致力于培育市场机制，推进政企分开，支持民营经济、外资经济、社区组织发展，扩展其作用领域，赋予经济社会组织一定的自主权，逐渐扭转了全能主义运作模式。地方政府通过构建跨界运作机制，发展间接、隐形和技术化控

① 孙立平，王汉生，等. 改革以来中国社会结构的变迁. 中国社会科学，1994 (2).

② 渠敬东，周飞舟，应星. 从总体支配到技术治理：基于中国 30 年改革经验的社会学分析. 中国社会科学，2009 (6).

制手段，逐渐形成了公共治理的新形态——整合治理模式。

**（一）政府支配资源的比重下降**

20世纪80年代，中央通过试行承包制，推行“利改税”改革，允许税后利润由企业留存，扩大了国有企业的经营自主权①。在改革中，地方政府也有了一定的投资自主权。为追求经济增长和财政收入，地方政府采取“放水养鱼”的办法，投资兴办企业，创造税收和预算外收入。1992年，中共十四大确立了建立社会主义市场经济体制的目标。此后，政府逐步放开价格管制，经济运行开始由双轨制转而向市场并轨。1994年分税制改革不仅改变了中央与地方的财政关系，增加了中央收入占总财政收入的比重②，也改变了地方政府与企业的关系。分税制将增值税确立为中央与地方共享税，中央分成75%，但并不承担企业经营风险。对于地方政府来讲，兴办企业的收益减少，但风险却要独自承担。另外，增值税由国税系统负责征收，地方政府无权为保护地方企业而出台优惠政策，这也影响了地方政府投资办企业的积极性。分税制改革后，在“抓大放小”政策的推动下，地方政府开始大规模实施企业改制，将乡镇企业和一部分国有企业转变为股份制或私有企业。企业改制以后，地方政府与其“脱钩”，政府提供公共服务，并通过征税和收费的方式获取财政收入。随着改革的推进，企业产权走向多元化，地方政府直接支配的资源在比重上明显下降，政府管理也告别了“总体性控制”，走向有限支配、依法监管。对于非政府所有的经济资源，政府不再拥有直接支配权，只能依法监管，不能任意干预和征用。

**（二）体制外力量快速发展**

在计划经济年代，城市各类组织和个人都被纳入国家控制之中，国家通过单位、身份等组织体系，将城市居民纳入其中，形成独特的“单位制度”和“单位人”③。随着市场化改革的推进，单位原来承担的社会职能被不断地剥离出来，移交给城市基层政权承担责任。随着流动人口增多，基层政权无法满足这些人的社会福利和生活需求。在此背景下，

---

① 张卓元，郑海航．中国国有企业改革30年回顾与展望．北京：人民出版社，2008：33-34.

② 1993年中央财政占总财政收入的比重为22%，分税制改革后，1994年该比重迅速上升为55.7%。然而，改革后中央与地方财政支出的比重仍维持改革前的“三七开”格局。（李萍．中国政府间财政关系图解．北京：中国财政经济出版社，2006：12.）

③ 卢爱国．新中国成立以来社区建设的演进路径和基本经验．兰州学刊，2011（6）.

民政部提出在城市开展社区建设活动，要求将国家包办社会福利逐步转变为国家、集体和个人一起办，通过多种渠道和形式提供社区服务。在民政部推动下，街道办事处开始建设社区服务中心、活动站、便民利民网点，社区自身也各找门路，引入公司和外来务工者，提供多元化服务①。在社区建设中，社会服务主体从过去的体制内单位，扩展到新经济组织和各类社会组织。以北京市朝阳区亚运村街道安苑里社区为例。2013 年 8 月，该社区有居民 3 751 户，常住本市户籍人口 7 200 余人，流动人口 3 800 人。社区内有中国文联、国家奥林匹克体育中心、国家武术运动管理中心、国家兴奋剂检测中心、亚运村街道办事处、亚运村派出所等单位，还有超市、餐馆、生鲜菜场、房产中介、家电维修、家政服务等便民服务网点。社区还组建了多个兴趣爱好类社会组织，均未办理登记手续，有的在街道办事处有备案。其中，老年合唱团、社区舞蹈队、健身协会、书法协会较为活跃，经常组织活动。

### （三）城市治理的逻辑悖论

随着市场化改革的推进，城市政府掌握的财政和资源总量在增加，但市场化改革使得体制外组织拥有的经济社会资源不断增多，政府支配的资源在总资源中的比重明显减少。一方面，大量国有企业改制为股份制公司，或直接转变为民营企业，政府之外的经济社会资源越来越多；另一方面，各类企业依法自主经营，政府对企业的干预手段减少，社会力量也在壮大之中。这就是说，市场化改革降低了政府直接支配的经济社会资源比重，弱化了政府对社会的直接控制能力，城市政府越来越走向“有限能力”。在一党领导和执政环境下，尽管城市政府的资源支配能力和社会动员能力有所下降，但政府仍肩负着全面责任，需要应对一切经济社会问题，承担无限的治理责任。而且，在党政融合体系中，政党的权威性和公信力有赖于政府的“有效性”予以维持和巩固。于是，发展绩效成为政府治理的核心价值诉求，自上而下的政绩考评成为衡量政府工作的硬指标。康晓光指出，在中国政治背景下，民族复兴的伟大梦想、“父爱主义”的政治文化，也是支撑地方政府“无限责任”的重要意识形态资源②。面对“有限能力”和“无限责任”的悖论，城市政府不得

---

① 唐远雄，罗晓．多元共处，和而不同：论城市社区建设的多元化．城市发展研究，2013 (4).

② 康晓光，徐文文．权威式整合：以杭州市政府公共管理创新实践为例．中国人民大学学报，2014 (3).

不创新治理方式，在推进政企分开、政社分开的同时，大力发展公私合作和伙伴关系，提升跨界治理能力，以实现各项治理目标。

## 二、整合治理的运作方式

20世纪80年代以来，经济体制改革解放了市场机制。随着改革的推进，市场机制的作用领域不断扩展。结果是，政府之外的经济社会资源越来越多，党政主导一切的总体性控制局面被打破，非国有企业快速发展起来，社会力量也在成长壮大之中。尽管政府的能力相对下降，但是政府的责任仍无所不包，政府仍负责解决一切问题、承担无限责任。这样，地方政府就出现了“有限能力”和“无限责任”的行动悖论。既然仅靠政府拥有的资源无法实现宏大目标，就需要把政府之外的资源调动起来，为我所用①。由于法治和责任政府建设还在路上，市场和社会力量无力反向制约地方政府的过度干预。这使地方政府有能力主导跨界运作。

为应对市场化、社会化带来的挑战，地方政府探索了一系列新实践，形成了一种整合治理模式，即依托政府的主导地位，对社会中的多元主体及其掌握的资源进行整合，以实现地方发展和社会稳定。在实践中，整合治理的运作方式如图4-2所示。

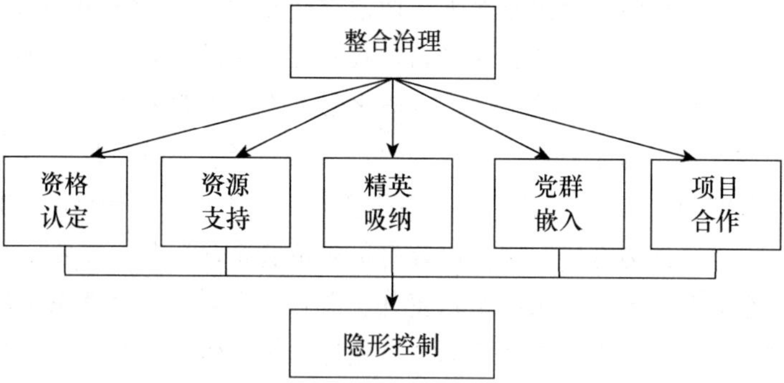


**图4-2 整合治理的运作方式**

### (一) 资格认定

资格认定由行政部门主导，通过对从事某些业务活动或职业应当具备的基本要求进行审核并予以认定，以增进市场主体、社会组织的责任感和配合政府工作意识。资格认定包括法人资格管理和个人从业资格认

① 康晓光，徐文文．权威式整合：以杭州市政府公共管理创新实践为例．中国人民大学学报，2014（3）.

证两个方面，其实质是对组织、个人赋予特定权利的一种管理活动。在经济领域，这一制度使民营企业在不同程度上依赖于政府支持，以获得特定行业的市场准入、从业资格，致使政商联盟成为一种常见的企业运作方式。在社会领域，政府通过登记管理进行认定，使社会组织具有较强的敏感性，能够配合政府开展工作，提供社会服务。2013 年实施“简政放权”改革以来，政府对社会组织的登记管理有所放松，但资格认定仍在发挥作用。除法人登记管理外，政府部门还对一些职业的个人从业资格进行认定。

但凡市场经济国家，政府都会对市场和社会主体进行资格认定。在健全的法治环境下，这类行为主要表现为发放资格证书，即依法对从事某一工作或活动所应具备的条件进行审查，对符合条件者发放资格证书。作为一种信用保证制度，资格认证由政府认可的认证机构进行评估或审核，达到规定的标准或强制性要求，则认定为具有从事该方面活动的资格或资质。

在我国地方治理中，这种资格认定表现出明显的行政主导特征。以北京市“门前三包”管理为例。在“两级政府、三级管理”体制下，街道办事处承担着环境卫生、市容维护、社会秩序维护、物业管理监督、外来人口协管、计划生育、民事调解等大量管理和服务事项。然而，街道办事处的人手有限，一些职责落实存在现实困境。20 世纪 80 年代初，北京市一些街道发动沿街单位参与管理市容环境和社会秩序，形成“门前三包”（包卫生、包绿化、包秩序）责任制运作机制①。该做法得到市政府肯定。1985 年，市政府发布《北京市“门前三包”责任制管理办法》。1999 年，北京市修订了该办法，扩大了“门前三包”责任主体，规定机关、团体、部队、企事业单位和集贸市场、建筑施工现场、停车场、存车处的管理单位以及个体工商户，都要实行“门前三包”责任制。在实践中，一些街道办事处将履行“门前三包”责任作为沿街单位、个体工商户进行资格管理的前提条件。

---

① 北京市“门前三包”最早由崇文区创建。20 世纪 80 年代初，随着市场的活跃和繁荣，前门大街机动车乱停放、无照商贩多问题突出。为搞好市容秩序，前门街道把沿街单位每 7 户编为一组，每组设 1 名监督员，共同参与市容卫生和交通秩序管理。该办法被称为“七户一岗”。1982 年，前门街道又试行“包卫生、包绿化、包秩序”活动。1983 年，北京市政府推广这一经验。1985 年，市政府制定《北京市“门前三包”责任制管理办法》。该做法很快引起其他城市学习，形成政策扩散效应。（蒋伟涛．“门前三包”责任制的发展历程．北京党史，2010（6）．）

我们在朝阳区亚运村街道调研了解到，街道办事处与社区物业管理公司签订“门前三包”责任书，划定责任区域，要求物业公司提供协助，对社区内集贸市场、便利店、餐馆、零散摊位等开展“门前三包”管理。物业管理公司又与责任区内的单位和经营者签约，要求经营者履行“门前三包”责任。为方便居民生活，亚运村街道很多社区都在路边设有一些固定摊位，由经营者承包摊位，面向居民销售生鲜菜果，提供修车、修鞋、回收废品等服务，经营者需履行“门前三包”责任，才能获得从业资格。在下一轮的资格认定中，经营者配合社区工作、履行社会责任情况，是予以考量的重要因素。在亚运村街道安慧里社区，一位外来务工者从物业公司那里承包了3栋居民楼的“废品”回收业务，双方约定拾荒者只能在垃圾桶捡拾“废品”，不得在小区收购“废品”，也不得进入居民楼。这一约定赋予了承包者特许经营资格，使其有权制止拾荒者进入居民楼，从而保障其获取收益。同时，承包者也承担维护秩序的责任，并具有内在的动力。经营者不仅要履行“门前三包”责任，在北京市承办重大活动期间，还要配合街道和社区维护环境秩序，暂停经营活动。亚运村街道毗邻北京奥运会主场馆区，在举办重大赛事或活动、60周年国庆、APEC领导人峰会、全国“两会”期间，很多社区就会通知路边摊位经营者暂停活动，确保环境美好、秩序井然。

**（二）资源支持**

企业、社会组织的发展，需要从政府那里获得土地使用权、优惠政策等必要的资源支持。在实践中，地方政府通过协商确定地价、提供活动场所、财政补贴、优惠政策等手段，对企业和社会组织开展活动给予一定支持，促使私人部门积极响应政府动员，主动承担社会责任。政府对企业的资源支持，突出表现为一种政企合作行为。以开发区建设为例，地方政府在土地价格、七通一平、办事流程、公共服务等方面提供优惠政策，吸引外部企业投资。这种优惠政策提供资源支持，等于变相补贴企业，帮助其降低生产经营成本，从而在竞争中占据优势地位。

在社会发展方面，地方政府通过提供活动经费、活动场地、活动道具等手段，对社会组织开展公益活动提供支持。以北京市丰台区社会组织建设为例。根据2012年8月的调查结果，丰台区共有登记和备案的社区社会组织1931个，其中社团类1917个，民办非企业14个；在民政部门正式登记注册的3个，占0.16%，在街道备案的920个，占47.6%，在社区备案的980个，占50.8%。为加强对社会组织的管理，丰台区委社会工作委员会于2012年认定区总工会、区委、妇联、科协、残联、侨联、红十字会7家人民团体为枢纽型社会组织，负责对不具备登记条件的社会组织进行业务联系和管理。地方政府通过购买社会服务，对枢纽型社会组织提供资金支持，由其负责联系一般社会组织，并在开展活动、经费和场地方面提供支持，实际上强化了对社区社会组织的隐形控制。

在社区服务提供中，为发挥市场主体和社会力量的作用，街道办事处通过财政补助、减免费用、提供活动场所、奖励等措施，对商业服务网点和社区组织提供支持。以朝阳区亚运村安慧里社区菜市场管理为例。该社区配建有一栋二层楼的菜市场，由街道办出租摊位给商户经营，销售蔬菜、水果、肉蛋等农副产品。该社区还设有20多处路边临时摊位，大多由外来人口承包经营。如果采取市场定价，菜市场的摊位租金要高于路边摊位，这样社区菜市场就难以持续下去。据我们了解到的信息，该菜市场一楼农产品摊位的租金，一直低于二楼的生活日用品摊位的租金。同样面积、位置的摊位，这实际上是对农产品摊位提供了部分补贴。

### （三）精英吸纳

精英吸纳机制通过提供一定的体制内身份或荣誉来吸纳社会精英，包括民营企业家、文化精英、慈善家、新媒体领袖、草根精英等。社会精英依靠自身努力和资源运作获得成功，为社会做出了贡献，在各自领域内产生了社会影响力。为了维护社会稳定，避免体制外精英出现过激行为，就要建立一定的精英吸纳机制，为体制外精英提供必要的活动平台，将他们纳入管理和控制之中。

在城市治理实践中，地方党委和政府通过吸纳社会精英进入人大、政协、工商联、人民团体等体制内单位，为其提供一定的身份、荣誉和参政议政机会，增进执政党、政府与社会精英的互动，在更大范围内集聚共识，化解和消除分歧，促进政府与社会合作。在基层治理中，政府还通过招聘社会工作者、大学生“村官”等途径，由财政提供专项资金，吸纳受过良好教育的年轻人进入社区工作，提升社区治理和服务能力。

### （四）党群嵌入

随着市场化改革的推进，民营企业、外资企业、股份制企业快速发展，社会流动性明显增强，非公企业的经济贡献率和就业人员持续增长①。随着社会化发展，新型社会组织也在快速增加，社会自主空间扩大。为巩固党的执政基础，增进对“两新”组织的影响力，整合治理出现了一种新形式，即将党群系统嵌入“两新”组织之中。20 世纪 90 年代，一些规模较大的非公企业开始推进党建工作，将党群组织嵌入企业治理结构之中②。近年来，在中央的部署下，大中城市都在推进“两新”组织党建，在规模较大的“两新”组织中成立党支部、团委、妇联、工会等，在非公企业集中的开发区和园区，设立企业党委③。在“两新”组织中，党组织不居于领导核心地位，不能支配其决策活动，党组织的作用仅限于组织和教育党员，发挥政治引领作用，协助和支持组织发展，向上级党组织报告重大事项信息。党群嵌入形成了对非公领域的整合手段，增强了政治动员能力，可更好地维护社会稳定。

“两新”组织的民有、民办、民营特征显著，与体制内单位不具有隶属关系，难以通过自上而下的途径进行整合。在实践中，城市基层政权通过党群嵌入，为“两新”组织发展提供必要的支持，同时也增强了对“两新”组织的隐形监管能力。近年来，很多城市还通过开展区域化党建，在外来人口集聚、流动党员较多的社区、楼宇商铺等成立党支部，由街道党工委负责联系这些党支部，组织党员开展活动。

### （五）项目合作

项目合作是指由政府掌舵并提供一定的财政资金，将一些企业和社会力量统合起来，由企业、社会组织负责具体运作。为发挥企业的效率优势，20 世纪 90 年代后期，一些城市出现了公私合作（PPP）运作模式，政府提供活动场地、必要设备和资金支持，引入企业运行公共服务项目。进入新世纪，政府与企业的项目合作快速发展，主要有合同外包、

① 据统计，1978 年，城镇非公有制经济就业人员的比重为 0.2%，到 2008 年，该比重已经增加到 74.8%。截至 2012 年底，全国共有民间组织 49.9 万个，比 2011 年增长 8.1%。我国社会团体数增加到 27.1 万个，民办非企业单位总数达到 22.5 万个，全国基金会数量发展到 3 029 个，增长率为 15.9%。（黄晓勇. 中国民间组织报告（2013 年）. 北京：社会科学文献出版社，2013：29.）

② 在 1992 年十四大确立建立市场经济体制的改革目标后，中央就开始部署“两新”组织党建工作。1994 年十四届三中全会通过《中共中央关于加强党的建设几个重大问题的决定》指出，“各种新建立的经济组织和社会组织日益增多，需要从实际出发建立党的组织，开展党的活动”。（十四大以来重要文献选编. 北京：中央文献出版社，1997：966.）

③ 中共中央办公厅. 关于加强和改进非公有制企业党的建设工作的意见（试行）. 人民日报，2012-05-24.

特许经营、财政补助等形式。其中，合同外包将公共服务的生产任务外包出去，企业是生产者，政府付费给生产者。特许经营通过投标竞争方式，赋予某个企业或社会组织特许经营权，让它在特定领域提供公共服务。政府还通过提供财政补助的方式，支持企业运营城市公共交通、公益演出、文化体育等项目。

近年来，在公共服务提供中，政府通过公开招标、定向委托、合同外包等形式，购买社会服务所占比重不断提高。政府购买社会服务有利于提高公共服务供给效率，提高财政资金使用效率，更好地满足公众需求。2014 年 12 月，北京市朝阳区亚运村街道辖区内有常住居民 11.4 万人，其中本市户籍人口 8.7 万人，外来常住人口 3.7 万人。根据第三次全国经济普查的数据，该街道有法人单位 3 520 个，产业活动单位 674 个，法人单位从业人员 70 096 人①。亚运村街道下设 10 个社区，均为新建社区，平均规模在 3 000 户左右。亚运村街道设有 12 个职能科室、6 个下属事业单位，共有公务员 98 人，事业编制 42 人。为完成任务，街道办和下属单位聘用社工和协管员 231 人。另外，街道办与保安公司合作聘有保安人员 100 人，下属事业单位、社区机构聘有临时工 130 人左右。通过政府购买服务，该街道办事处的社会聘用人员，是正式编制人员的两倍多。对于上级交办的任务，该街道办事处也注重推进政府与社会合作。以“老年餐桌”为例。为解决居家老年人用餐困难，北京市于 2010 年推出“老年餐桌”服务项目，要求社区提供“老年餐桌”服务。亚运村街道通过与社区餐饮企业签约、动员社会单位食堂对外开放等形式，采取“政府贴一点、企业让一点、老人掏一点”的方式，就近提供“老年餐桌”，很好地落实了这项工作。

进入新世纪以来，城市治理还出现了一种自上而下的“项目制”运作模式，政府通过国有土地使用权抵押、专项转移支付等项目手段，将社会各领域统合起来②。折晓叶发现，地方政府借助“土地项目平台”，形成“行政—政治—公司”三位一体统合机制，提升了地方政府的行动

① 这里所谓“法人单位”，是指有权拥有资产、承担负债，并独立从事社会经济活动的组织。“产业活动单位”是法人单位的组成部分，它同时具备以下三个条件：在一个场所从事或主要从事一种社会经济活动；相对独立组织生产经营或业务活动；能够掌握收入和支出等业务核算资料。数据引自朝阳区第三次全国经济普查主要数据公报（第 1 号），2015-01-21.

② 渠敬东. 项目制：一种新的国家治理体制. 中国社会科学，2012（5）.

能力①。项目运作有效化解了公共服务所需的资金、资源等问题，提升了公共服务能力，为城市发展提供了有力支撑，但也存在政府主导过多、单个项目实施效果有限、需要源源不断地提供后续项目的问题。一些城市急速推进的旧城改造、新城建设、开发区建设，已经成为引发社会问题的源头，加剧了社会矛盾和冲突。项目制本来坚持“专项专办”的原则，但由于单个项目实施的实际效果有限，还需要后续项目输入予以弥补和配套。这样，地方政府通过专项资金的分配权和管理权，集资本、信息和权力垄断于一身，将企业、社区和各种公共事业统合起来。

## 第四节　整合治理的成效与风险

### 一、整合治理的运作成效

整合治理立基于威权体制之下，城市政府依托其主导地位，对非公有制的多元主体及其掌握的资源实施跨界整合，调动多方资源加快经济社会发展，同时建立隐形控制机制，以维护社会稳定和秩序。在此过程中，政府是跨界行动的发起者、策划者和组织者，其他社会主体需要配合政府开展跨界运作。这一过程也伴随着社会参与行动，但政府占据主导地位，跨界运作不完全以其他主体的自愿同意为基础。从结果看，整合治理在基础设施建设、公共服务供给、社会治理和控制等方面效果显著。

第一，整合治理注重发挥市场机制和自主治理的作用，形成了政府主导、多方参与、多元共治体系。随着城市规模的扩展，城市事务趋于复杂化，单纯依靠政府管制难以有效应对，需要发挥多元主体及运作机制的作用，利用多方资源，促进城市良治。整合治理承认市场机制、社会组织的“他在性”，推进政企分开、政社分开，不再将社会力量纳入政府体系之中，让管制性事务归政府，竞争性事务归市场，自治性事务归社会组织，增进了经济和社会活力。

第二，整合治理推进跨界合作，提高了公共服务效率和供给能力。改革开放以来，随着市场化、民营化的发展，政府之外的资源越来越多，

① 折晓叶．县域政府治理模式的新变化．中国社会科学，2014 (1)．

社会自主性越来越大。相应地，城市政府也由垄断性支配变成了有限能力。为应对挑战，完成各种任务，城市政府不得不调整过去的全能模式，调动、利用、整合多元化的主体和资源，建立跨界运作方式。整合治理承认民营企业和社会组织的“他在性”，不改变其性质和运作方式，政府与其建立多样化的合作关系，包括项目外包、特许经营、政府补贴、凭单制、志愿服务等多种形式，促使体制外的行动主体采取配合行动，主动承担责任。这种合作把政府擅长的垂直运作与私人部门、社会组织擅长的协作运作结合起来，有利于完成单一主体无法独自完成的任务。例如，政府在基础设施建设中引入民营企业，采用公私合作（PPP）模式，通过建设—经营—转让（BOT）、建设—移交（BT）、建设—移交—经营（BTO）、重构—经营—移交（ROT）、建设—拥有—运营（BOO）、建设—经营—补助（BOG）等形式进行运作，显著提高了基础设施供给能力。通过推进政府购买服务，提高了公共服务供给效率和能力。

第三，政府与企业结盟促进了区域间竞争，加快了城市经济发展。在“晋升锦标赛”机制下，城市主政者具有强烈的政绩意识，政府手中掌握的资源有限，不得不争取和利用各种流动性资本。增长机器理论认为，“企业家的行动主义一直以来都是形成城市系统的关键动力”，主导城市发展的是致力于促进经济增长的各种力量的联盟①。为了吸引企业投资，各城市争相出台优惠政策，采取提供财政补贴、协商决定地价、改进基础设施等手段，支持企业发展，形成了对域外投资企业的补贴效应。在特许开发权、优惠政策和利润诱导下，企业也愿意对政府决策和发展规划采取配合行动。政府与企业结盟促进了区域间竞争，加快了地方经济发展。为了招商引资，城市政府普遍对规模以上投资企业创设绿色通道，设置“一站式”办事大厅，优化行政流程，采取并联审批等手段，减少行政审批环节和时限。一些城市提出“亲商”“安商”“富商”“稳商”等口号，甚至设立了“马上就办”办公室。

第四，整合治理创新运作手段，形成了一系列隐形控制机制。城市社会的异质性特征显著，不同年龄、职业、阶层、行业的居民，各自的偏好和价值取向不同，对公共服务的诉求具有差异性。整合治理在政府主导下，构建了资格认定、资源支持、财政补助、精英吸纳、党团嵌

---

① J. Logan，H. Molotch. Urban Fortunes：The Political Economy of Place. Berkeley：University of California Press，1987：52.

入、项目合作等跨界运作手段，形成了一种隐形控制机制。政府通过与社会力量合作组建法人单位，或提供政策、资金、资源、组织、项目支持，与体制外企业、社会组织建立合作关系。通过嵌入隐形控制手段，可更好地应对各种矛盾和挑战，维护社会稳定，抑制和化解群体性事件。

## 二、整合治理的社会风险

整合治理发生于市场化、民营化改革过程中。随着国有企业改革的推进，城市政府不再直接经办一般性经济实体，民营企业进入建筑、制造、园林、医疗、培训、餐饮、销售等领域。整合治理依托政府的权威性和主导地位，利用行政审批权以及对稀缺资源的权威性分配权，发展公私合作（PPP）关系，利用多方资源和运作机制推进城市发展，改进公共服务供给，提升了城市治理能力，也成为引发社会问题的源头。

第一，整合治理过于强调政府主导，容易带来寻租行为和腐败。在政府主导下，城市发展热衷于制定产业政策，对不同产业在市场准入、税收和补贴、融资和信贷、土地优惠、进出口许可等方面区别对待，对政府鼓励发展的产业提供政策优惠。由于有利可图，企业家也热衷于跟政府官员套近乎，争取优惠政策，甚至通过共谋或造假手段，骗取政府补贴。由于法治和监管不到位，在行政主导下，城市公共服务项目在合同外包、特许经营、PPP运营中，存在着权钱交易问题。

第二，整合治理形成的政商联盟格局，容易对公众利益造成侵害。市场经济需要一个自由和公平竞争的法治环境，为企业和社会组织发展提供平等的发展权利和机会。整合治理促成的政商联盟，很容易异化为企业追求某种特权。现在，很多大企业向城市政府争取的，往往不是企业应有的平等权利，而是谋求特权，要求政府采取有利于自己的行动，甚至不惜违反国家法律，天津塘沽瑞海危险化学品仓库特大爆炸事件就是一个典型例证。政府追求财政收益最大化，企业追求利润最大化，两者之间建立联盟机制，如果没有刚性的外部问责约束，势必会对社会利益、公民权益造成侵害。

第三，整合治理对体制外行动主体进行资格认定，社会组织发展受到很多限制。整合治理对民间组织的成立实行登记许可制度，门槛过高在一定程度上限制了民间组织发展。有研究发现，我国每万人平均拥有民间组织数量远低于发达国家，也低于巴西、印度、埃及等发展中国家①。在整合治理运作下，政府常通过强制性手段，对社会组织进行责任附加，致使社会组织存在行政化问题。很多社会组织在人员、经费、办公场所等基本资源方面，对政府部门的依赖程度较高。

第四，整合治理的跨界协商不够，容易引发社会矛盾，导致群体性事件增多。整合治理由政府主导，政府不仅是跨界整合的发起者，也是跨界整合的策划者、参与者和主导者，其他行动主体只是作为整合的对象而存在。一些官员为加快推进重大项目，常以强制手段做后盾，迫使相对方采取配合行动。城市管理中，经常出现的“强制拆迁”“强行征地”“强行上马”“打压上访”事件，已经成为群体性事件的重要诱因。一般来讲，群体性事件有一个不满情绪积累的过程，如果公民参与不能维护正当权益，社会不满情绪得不到疏导，在突发事件的触发下，就可能引起“社会燃烧”，导致社会抗争②。近年来，诸如“四川汉源抗争事件”“浙江海宁事件”等，表明一味地压制不同意见，容易激发群体性事件。

整合治理之所以出现大量问题，甚至引发激烈的社会冲突和群体性抗争，根本原因在于缺少集体对话的制度平台，跨界行动即使背离了公共价值，利益相关者也无法矫正。在整合治理模式下，政府与社会的边界较为模糊，人们习惯性地将所有问题的治理责任都寄托在政府身上，而政府运作又寄托在执政党身上。为弥补这一缺陷，跨界治理需要建立协商平台，发展“对话式民主”，通过沟通、讨论和辩论来约束行政权③。登哈特认为，“在一个民主政体中，需要做的正确事情恰恰是更多的参与”，更多的参与有助于强化政府责任，改进公共政策质量，提升政策执行成效，增加对政府的信任度，建立一种新型合作关系④。在“对话式民主”中，跨界合作以利益相关者的同意为前提，而不是运用政府权威强加于对方。在多元主体对话过程中，政府可能发挥更大的作用，如发起和策划跨界行动、组织集体论坛，但不再是跨界行动的统一掌控者，利

① 王名，刘国翰，何建宇．中国社团改革：从政府选择到社会选择．北京：社会科学文献出版社，2001：105.

② 解瑞卿，武婷婷．论防控“社会燃烧”的宪政机理：以群体性事件的预防为视角．求实，2011（5）.

③ J. S. Dryzek. Discursive Democracy：Politics，Policy and Political Science. Cambridge University Press，1990.

④ 珍妮·V. 登哈特，罗伯特·B. 登哈特．新公共服务：服务，而不是掌舵．丁煌，译．北京：中国人民大学出版社，2004：70.

益相关者有权参与跨界协商，有权自主决定是否参与集体行动。

## 三、化解风险的基本思路

西蒙关于决策中事实与价值的区分，为理解中国城市治理存在的问题，提供了一个有解释力的分析维度。每一项公共决策都包含着“事实”要素和“价值”要素，决策中对价值要素和事实要素“正确性”的评判标准不同，价值要素的“正确度”只有在人的主观价值上才有意义，而事实论断的“准确性”却存在客观的经验真理。西蒙指出，“民主机构存在的主要理由是它可以作为证实价值判断的程序。由于不存在任何价值判断的‘科学’法或‘专家’法，因此无论具备何种专业技能和知识的专家都没有资格执行价值判断的职能”①。

现代政治通过代议制的制度安排，将价值判断的权力交给公民选举出来的少数政治精英。作为民意代表，这些政治精英在立法机关（议会）中进行协商和公共辩论，以集体决策的形式行使价值判断权，制定普遍性的法律规则约束行政权。随着公共事务的复杂化，政府管制的范围不断扩大，行政事务也越来越专业化和技术化。为减少决策失误，立法机关往往希望避免制定明确的政策，而把具体政策的制定工作交给行政部门来做。自 20 世纪以来，随着行政国家的兴起，政府制定的规章越来越多，行政管制与其说是“法律的统治”，还不如说是“规章的统治”②。

问题在于，行政人员并非像官僚制理论所描述的那样，是个完全中立理性的人，他们也有个人的价值观，而且希望行政组织按照自己的意愿运作，甚至可能抵制立法机关制定的公共政策。于是，行政民主问题也就提上了议事日程，并且日益受到关注。在行政决策过程中，公众参与已被认为是必不可少的因素。民主行政的支持者提出，政府的核心职能不是“掌舵”，而是提供服务，尤其是提供民主，“公共利益就是通过一种允许利益得以集聚、平衡或调解的特定过程来实现的”，“行政官员负有倾听公民声音并对其话语做出回应的责任，在认真清楚的倾听中，行政官员在一种相互反射的关系中使自我与社会结合在一起”③。基于这

① 赫伯特·A. 西蒙. 管理行为. 詹正茂，译. 北京：机械工业出版社，2013：56.

② 王锡锌，章永乐. 专家、大众与知识的运用：行政规则制定过程的一个分析框架. 中国社会科学，2003（3）.

③ 珍妮·V. 登哈特，罗伯特·B. 登哈特. 新公共服务：服务，而不是掌舵. 丁煌，译. 北京：中国人民大学出版社，2004：51，70.

一逻辑定位，公共服务外包不能仅限于公共部门与承包方的生产合作，还要将公共服务的接受者纳入进来，在发包者、承包者和公众之间建立常态化、制度化的集体论坛。同样，跨界行动也要以利益相关者的参与和同意为前提。

基于上述，城市治理有必要打破政府本位主义，发展协商民主，在政府与社会之间构建协同治理的运作模式。在主体多元条件下，城市治理最为重要的是改变"中心—边缘"治理结构，"根除行政傲慢"①。这一诉求就是要承认、尊重经济社会主体的自主治理权，跨界合作以多元主体的同意为基础，不能单纯依靠政治权威强行推动，不能一味地强调政府超然于其他主体之上。

从概念上讲，协同治理包括四个层面的含义：一是协商；二是同意；三是集体规则；四是合作行动。"协商"是用来解决问题的有目的对话，也是在既定条件下探寻问题解决办法的一种途径，在此过程中，各种偏好都得到表达，个人在试图说服他人的同时，也可能会转换自身的价值偏好；"同意"是协商的结果，各方在商讨、谈判的基础上增进共识，致力于达成一致同意决策；"集体规则"是集体决策的结果，它为集体行动提供了共同规则；"合作行动"是多元主体基于集体规则所采取的一致行动。

城市治理既是贯彻落实国家意志的过程，也是在管辖区内对公共价值进行权威性分配的过程。政府决策面临着大量的价值偏好和利益诉求，决策者在做出价值判断之前，必须要对多元化的社会价值做出响应。城市治理以维护公共利益、提供公共服务为依归，公共利益只有在多元利益诉求充分表达和协商的过程中，才能清晰地界定并集聚成型。因此，没有充分的利益表达和互动协商，城市治理就会因利益聚合不充分而迷失方向。没有讨论和协商的环节，城市治理就可能受狭隘的偏见左右而偏离理性的轨道。所以，讨论、协商不仅是城市治理的有效方式，也是让跨界合作更富有理性的根本保障。

在城市跨界行动中发展协同治理机制，就是要承认利益多元化，跨界治理不再由政府单方面拍板，而是在多元主体协商的基础上组织集体行动。协同治理需要建立集体论坛，以协商、对话的方式寻求跨界行动的规则。集体协商并不必然能够消除不同意见，但协商能使多样化的价值诉求都得到表达，协商带来了新的信息和知识，能够帮助人们找到形

① 张康之．论主体多元化条件下的社会治理．中国人民大学学报，2014（2）．

成不同意见的基础，有时还能使人们达成共识①。只要利益相关者拥有充分的话语权，并相互交流，集体讨论就可能产生更好的结果。

在城市跨界行动中引入对话、协商，目的在于促使政府部门和利益相关者在做出决定的时候能够思考更为周全、选择更为慎重。这种通过协商寻求共识的治理思路，与近年来兴起的协商民主理论具有共同的价值诉求，即以公民参与决策作为善治的核心价值。协商民主理论认为，“一个民主政府是建立在说理和辩论的基础上的，而不仅仅是建立在投票和权力的基础上的”，“协商民主人士拒绝接受政府应当在全民公决基础上运行的观点。他们寻求的是一些能够创造真正共和而非直接民主的宪政结构。他们希望创设制度，确保人们了解许多主题和观点，包括他们拒绝接受的观点以及他们已经表示没有多少兴趣的主题”②。协商民主的价值在于，它将民主治理的重心从选举环节扩展至决策和监督环节，凸显了公众参与对于善治的重要性，为政府与社会合作提供了新的理论基础。

## 第五节　走向协同治理的制度需求

### 一、协同治理的运作机制

鉴于整合治理存在的社会风险，城市跨界运作有必要打破政府本位主义，发展协商民主，在政府与市场主体、社会主体之间构建协同决策机制。协同治理承认市场主体、社会主体的自主权，跨界治理通过包容利益相关者的协作平台进行运作，有关各方在对话、协商、承诺和共识的基础上进行集体决策，各方依据合约采取协同行动（见图 4－3）。与整合治理相比较，协同治理的参与者处于平等地位，彼此通过平等协商和对话，协调立场和利益诉求，致力于达成一致，形成集体规则，采取集体行动。通过考察跨界行动的实践发展，迈克尔·麦奎尔认为，协同治理不是应用多年的老传统，而是一种新的公共管理模式，它对于组织间的成功协作具有重要价值③。

---

① 燕继荣．协商民主的价值和意义．科学社会主义，2006（6）．

② 凯斯·R．孙斯坦．设计民主：论宪法的作用．金朝武，刘会春，译．北京：法律出版社，2006：6．

③ Michael McGuire．Collaborative Public Management：Assessing What We Know and How We Know It．Public Administration Review，2006，66（s1）：33－43．

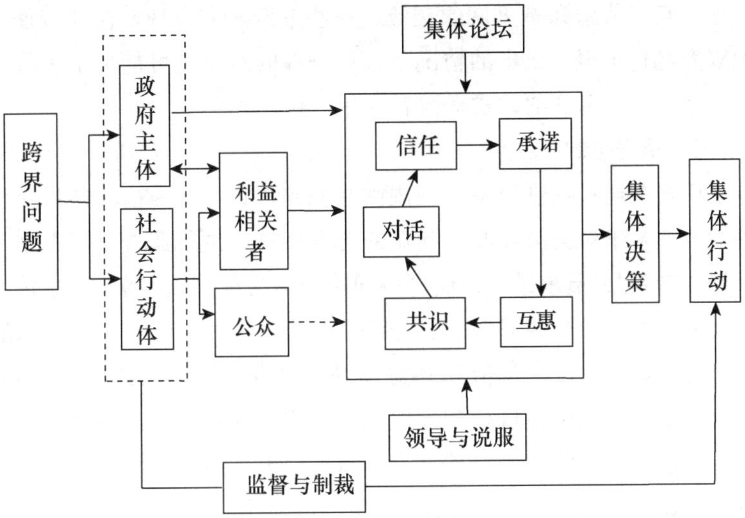


**图 4-3　协同治理的运行结构图**

协同治理的运作机制主要有：

**（一）对话机制**

在任何治理模式下，公共管理都要建立一定的协商、对话机制，促进信息交流和社会互动。与宽泛的社会协商和对话不同，协同治理将对话主体界定为直接的利益相关者，清晰地规定了参与者的边界。尽管一般民众也有机会参与集体论坛，但决策程序并不以一般民众的同意为基础。这一界定赋予了对话机制新的内涵，并形成了新的话语系统，也使“对话式民主”更具操作性。协同治理要求识别利益相关者，将他们纳入集体论坛之中，通过面对面的对话机制，以突破阻碍双向交流和寻求双赢结果的制约因素，保障跨界决策更加审慎、透明和负责。

**（二）信任机制**

对于涉及多方行动体的跨界问题，在一方提出协同行动的动议之初，利益相关者之间缺少信任也是一种常见现象。协同治理既要通过协商谈判促进一致意见，也要在利益相关者之间构建信任机制。帕特南对意大利不同地区民主制度绩效的对比研究证明，社会资本是民主进步的一种重要的决定性因素①。过去的成功合作将会积累社会资本，增进相互信任，促成进一步的协作行动。相反，以往的冲突和僵局则会降低信任水

① 罗伯特·D. 帕特南. 使民主运转起来. 王列，赖海榕，译. 南昌：江西人民出版社，2001：213-216.

平，导致互相猜忌和不真诚的交流。一些案例研究发现，在政策僵局使争论双方都付出很大成本的情况下，竞争性的对手也可能坐下来寻求替代性方案，以更温和的方式来调节各自的不同立场①。

### （三）承诺机制

承诺机制通过提供最基本的规则和原则性约定，为达成共识提供互惠性规范。基于对美国和澳大利亚的合作型群体进行调查，理查德·马杰勒姆发现，"成员承诺"是促进协同治理最为重要的因素②。集体论坛的参与者可能涉及公共部门、私人部门、社会组织、个人等多方行动体，各方具有不同的态度、价值和利益偏好，也带来了不同的信息和知识，各自的价值偏好和选择可能相差很大。为增进共识，就需要做出一些承诺或原则性约定。柯克·埃莫森等指出，承诺机制的形成是一个协同学习（collaborative learning）的过程，它大体经历发现、定义、审议、决定四个阶段，在利益相关者之间就跨界合作的目的形成一些共同接受的认知，包括公平的话语权、开放和包容的交流、相关利益的平衡代表性、对问题性质的理解、集体行动的规模等③。

### （四）互惠机制

在任何环境中，互惠都是促进社会信任的重要途径。普遍的互惠是一种具有高度生产性的社会资本，它可以更有效地约束投机、解决集体行动的问题④。奥斯特罗姆对小规模公共资源治理的研究发现，大多数占有者具有互惠意识是集体行动的前提条件之一⑤。如果人们确认彼此信任能够得到回报，而不会被人利用，多元主体的集体行动就更有可能发生。多元主体之间不断重复的博弈，也会鼓励互惠性规则的发展。

---

① Edward P. Weber. Bringing Society Back in: Grassroots Ecosystem Management, Accountability, and Sustainable Communities. Cambridge, MA: MIT Press, 2003: 59.

② Richard A. Margerum. Collaborative Planning: Building Consensus and Building a Distinct Model for Practice. Journal of Planning Education and Research, 2002 (21): 237-253.

③ Kirk Emerson, Tina Nabatchi, Stephen Balogh. An Integrative Framework for Collaborative Governance. Journal of Public Administration Research and Theory, 2011, 22 (1): 1-29.

④ 罗伯特·D. 帕特南. 使民主运转起来. 王列，赖海榕，译. 南昌：江西人民出版社，2001：202.

⑤ 埃莉诺·奥斯特罗姆. 公共事物的治理之道. 余逊达，等译. 上海：上海三联书店，2000：306.

### （五）共识机制

政府与利益相关者之间建立对话机制，目的在于就可能的集体行动达成共识。共识的形成不是在集体协商中对规则进行机械计算的过程，而是对不确定的收益和成本进行评估的过程。通过集体对话和讨论，当大多数参与者都认为，如果不采取集体行动，自身利益将受到损害，并且对集体行动的具体方案达成共识时，就会形成集体决策，并组织集体行动来提高共同福利。这种共识可能表现为一种共同愿景、共同使命，也可能是更为清晰的共同目标或行动方案。

在协同治理的政策议程中，领导力也是促成跨界行动的关键因素之一。协同治理并不必然由政府策划或发起，但组织跨界行动离不开卓有成效的领导力和说服工作，包括正式和非正式的领导机制。不论是确立基本规则、构建信任、促进对话，还是整合各方意见、探索共赢方案，都有赖于卓越的领导能力。拉斯克和维斯提出，协同治理要求领导者具有以下技能：（1）推动广泛、积极的参与；（2）确保广泛的影响和控制；（3）促进有效的群体性动力；（4）扩展对话进程的规模①。权力和资源的不平衡配置越显著，利益相关者之间的不信任感越强烈，协同治理就越是依赖于领导者的动员、协调和说服作用。领导力还意味着形成一种权力平衡，授权或代表处于弱势地位的利益相关者表达诉求。

## 二、协同治理的制度建设

从社会的立场看，政府的意义在于协助社会治理，弥补社会自治的缺陷，而不是要取代社会共同体，将社会纳入政府体系之中。推进协同治理，需要将协商民主引入跨界事务治理，使多元主体在对话中增进理解，在承诺、信任和共识的基础上采取协同行动。这一运作机制至少涉及以下四个方面的制度建设：

### （一）推进政府向社会赋权

协同治理以社会自治为前提条件，大多数社会问题通过自主治理方式予以解决，只有在社会失灵的情况下，才会依靠政府部门。在政府主导的制度环境下，人们习惯性地将跨界治理责任寄托在政府身上，而政府运作又寄托在执政党身上。这种观念模糊了政府与社会的边界，甚至

---

① Roz D. Lasker，Elisa S. Weiss，Rebecca Miller. Partnership Synergy：A Practical Framework for Studying and Strengthening the Collaborative Advantage. The Milbank Quarterly，2001，79（2）：179-205.

把社会治理等同于社会管理。社会管理与社会治理属于不同的范畴，社会管理通过行政决策和项目执行落实国家意志；而社会治理属于自主治理的范畴，反映了社会的自我组织和管理能力①。过于强调社会管理，就会造成公权力扩张，挤压社会自主空间，损害社会自治权利。真正的社会治理应以社会成员的自主治理为前提，而不是将社会和社区组织纳入国家结构之中，成为政府体系的末梢。从整合治理走向协同治理，首要的任务是政府向社会赋权，允许和支持社会自治。社会自治需要有活动空间、自主权利、可支配的资源作为保障。为此，需要改革社会组织登记制度，放松准入管理，降低登记门槛，强化过程监管，引入竞争机制，培育壮大社会力量，让社会自治运转起来。

### （二）建立多层次的协商平台

由于政府失灵、市场失灵和社会失灵，人们越来越依赖于通过多元主体的合作行动来解决问题。随着行动主体数量的增多，不同主体之间的利益诉求和意见存在不一致。为增进共同利益、促成协同行动，就要建立集体协商机制，保障利益相关者的参与权利，提供基础性的议事规则，倾听各方意见和诉求。集体论坛存在多种形式，例如听证会、座谈会、议事会、理事会等，参与者拥有平等的话语权，彼此面对面交流，在沟通和对话中协调立场。协同治理要求将利益相关者纳入协商过程，公共利益就是通过利益表达、利益集聚、利益协调的过程来实现的。当跨界合作的行动主体数量较少时，组织集体协商相对容易。随着行动主体的增多，就要推选代表，建立代表议事制度，提升集体协商的议事效率。

### （三）发展互惠性的基本规则

在公私合作过程中，各种相互矛盾的利益诉求，往往会使利益相关者陷入无休止的争议之中。奥尔森指出："除非一个群体中人数很少，或者除非存在强制或其他特殊手段以使个人按照他们的共同利益行事，有理性的、寻求自我利益的个人不会采取行动以实现他们共同的或集团的利益。"② 如果跨界行动涉及的利益相关者数量众多，各种相互冲突的利益诉求，往往会使集体讨论陷入没有休止的争议之中。为化解集体行动的困境，需要合理应用政府权威，发挥其领导和说服的作用，为集体协

---

① 燕继荣．协同治理：社会管理创新之道．中国行政管理，2013（2）．

② 曼库尔·奥尔森．集体行动的逻辑．陈郁，等译．上海：上海人民出版社，1995：2．

商提供互惠性的基本规则。尽管参与者之间存在利益冲突，但基础性规则提供的认知模式，会使大多数人更容易认识到，不采取合作行动会损害自身利益，采取合作行动有利于增进自身利益，从而改变态度、修正立场。

**（四）建立集体监督和制裁制度**

通过集体论坛制定了集体规则之后，并不能保证所有的参与者都自觉遵守这些规则。在对话和协商中，参与者可能会承诺遵守规则，但事后能否履行承诺却是一个现实问题。为确保跨界合作的参与者遵守规则，就要建立监督和制裁机制，检查参与者是否按照集体约定履行了相关责任，对违反契约和规则的行动者，则要根据违约的内容和严重程度，给予相应的制裁或惩罚。这种监督和制裁可能由多元行动者自行实施，也可能引入外部权威予以实施。

总之，协同治理以相对方参与决策作为公共治理的核心价值，把多元行动主体之间的平等协商、一致同意作为促成跨界合作的主要手段，为理解公共治理提供了更为完善的理论模式。它打破了公共治理目标的单一性，不再单纯追求政府目标，而是谋求多元主体互惠共赢。构建协同治理模式，关键在于创设集体论坛、识别利益相关者、建立协商对话机制。不同的行动主体虽然存在利益冲突，但通过平等赋权和参与对话，应用最低限度的权威，可以增进信任和合作，最终达成集体决策。对于我国城市治理来说，应对跨界行动存在的问题和风险，一条可行的思路是发展协商民主，完善协同治理的制度安排。

# 第五章
# 市县关系：市县分治还是混合模式

## 第一节　城乡关系的理论维度

近年来，城乡关系一直是国内学术界的热点议题之一，包括公共管理学、经济学、社会学、地理学在内的多个学科都积极参与讨论。城乡关系的实际格局受制于一定的经济社会发展水平，同时也是政府干预和一系列制度安排的结果。

### 一、城乡关系的代表性理论

根据对政府干预的态度以及对效率与公平的价值取向，可以区分出几种代表性的城乡关系理论（见表 5-1）。

**表 5-1　　城乡关系的理论流派**

| 政府不干预 | 政府干预 |
| --- | --- |
| 自然发展论（基于分工和市场） | 城市偏向论（效率优先） |
| | 乡村偏向论（公平优先） |
| | 协调发展论（兼顾效率与公平） |

资料来源：杨宏山．城乡关系与地方治理改革．北京行政学院学报，2012（5）．

#### （一）自然发展论

这是一种去除政府干预和制度因素的城乡关系理论，它强调分工的作用，认为城乡关系是市场力量自发形成的一种自然秩序。亚当·斯密在《国民财富的性质和原因的研究》中最早论述了城乡关系的自然秩序。他认为，“设使人为制度不扰乱事物的自然倾向，那就无论在什么政治社会里，城镇财富的增长与规模的扩大，都是乡村耕作及改良事业发展的结果，而且按照乡村耕作及改良事业发展的比例而增长扩大”①。斯密提出，“按照事物的自然趋势，进步社会的资本，首先是大部分投在农业上，其次投在工业上，最后投在国外贸易上。这种顺序是极自然的”②。

继斯密之后，冯·杜能的区位理论③、阿尔弗雷德·韦伯的工业区位理论④、瓦尔特·克里斯泰勒的中心地理论⑤，进一步论述了城乡产业和城镇布局的规律。自然发展论者认为，城乡关系存在着不以人的意志为转移的客观规律，即城镇发展取决于农业生产的盈余，同时，城镇为农业地区提供零售和服务职能。如果人们认识到这种自然秩序，并按其准则来制定城乡秩序，城乡关系就处于健康状态；反之，如果人为秩序违背了自然秩序，城乡关系就处于疾病状态。基于自然发展模型，城乡发展需要遵循自然秩序并保持一定的比例关系，城镇的增设应与乡村和农业发展成比例。

**（二）城市偏向论**

该理论在城乡发展中引入政府和制度因素，主要关注于如何通过制度安排和政策手段促进经济增长、提升经济效率。城市偏向论的代表性理论主要有增长极理论和中心—边缘理论。基于对经济增长最初普遍集中于一个或几个中心城市的现实观察，法国经济学家弗朗索瓦·佩鲁提出“增长极”（growth pole）概念，他认为，经济增长通常是由一个或数个“增长中心”带动，并逐渐向其他地区传导⑥。“增长极”概念提出后，经过地理学家布代维尔及经济学家缪尔达尔、赫希曼等学者的发展和完善，逐渐形成影响广泛的增长极理论⑦。该理论认为，区域经济增长并非同时出现在所有地方，而是首先出现于一些增长极上，区域经济发展可分为离散、极化、扩散和一体化等阶段。在工业化初期，区域经济以极化效应为主、扩散效应为辅，经济发展主要表现为资金、技术、人才

① 亚当·斯密. 国民财富的性质和原因的研究（上卷）. 北京：商务印书馆，2002：347.

② 同①349.

③ 约翰·冯·杜能. 孤立国同农业和国民经济的关系. 吴衡康，译. 北京：商务印书馆，1986：325.

④ 阿尔弗雷德·韦伯. 工业区位论. 李刚剑，译. 北京：商务印书馆，2010.

⑤ Edwin von Böventer. Walter Christaller's Central Places and Peripheral Areas：The Central Place Theory in Retrospect. Journal of Regional Science，1969，9（1）：17-124.

⑥ 弗朗索瓦·佩鲁. 略论增长极概念. 经济学译丛，1988（9）.

⑦ 王华，陈烈. 西方城乡发展理论研究进展. 经济地理，2006（3）：464.

等生产要素向城市聚集；到工业化后期，经济增长的扩散效应增强，生产要素开始从增长极向外围转移。根据增长极理论，发展中国家可通过自上而下途径，加大对城市的投资，促进增长极发展。

在增长极理论的基础上，美国经济学家约翰·弗里德曼于1966年提出核心—边缘理论，进一步论述了城乡关系的不对等状态①。弗里德曼提出，发展可以看作是不连续的、逐步累积的创新过程，它通常起源于区域内少量的"核心区"，创新由核心区向外围的边缘地区扩张，边缘地区依附于核心区获得发展。弗里德曼认为，核心区在空间系统中发挥着至关重要的作用，其创新活动比较活跃，并由此成为区域发展的源头，核心区还具有使边缘区服从和依附的物质资源和权威资源。弗里德曼也指出，随着核心区的成长和成熟，核心区和边缘区之间的经济差距不断扩大，如果不加控制，两者之间在文化、心理、政治等方面的矛盾会尖锐化。

**（三）乡村偏向论**

与城市偏向论一样，乡村偏向论也强调政府介入城乡发展；不同的是，乡村偏向论将乡村发展置于优先考虑地位。城市偏向论在促进经济增长上具有显著优势，但它将乡村置于依附地位，导致城乡发展地位不平等。为批判这种以城市为中心的发展战略，美国学者迈克尔·利普顿提出"城市偏向"（urban bias）概念②，试图阐明贫困国家的最主要冲突是发生在乡村与城市之间的城乡冲突。他认为，城乡关系的不平等是乡村贫困的根源，发展中国家城乡关系的实质在于城市人利用自己的政治权力，通过政策手段使社会资源不合理地流入城市。

20世纪70年代以来，由于城市导向发展战略导致激烈的城乡冲突，一些学者提出了乡村偏向的空间发展理论，主要有乡村城市发展战略、选择性空间封闭战略等。乡村城市发展战略（agropolitan development）主张政府增加对乡村的投资，改进乡村物质基础设施和公共服务设施，完善交通通信条件，加强乡村自然资源开发，引入城镇化生活方式，把乡村聚落转型为乡村城镇或"田野中的城市"（city-in-the-fields）③。20

① John Friedmann. Regional Development Policy: A Case Study of Venezuela. Cambridge: The MIT Press, 1966.

② Michael Lipton. Why Poor People Stay Poor: Urban Bias in World Development. Harvard University Press, 1977.

③ John Friedmann, Mike Douglass. Agropolitan Development: Towards a New Strategy for Regional Planning in Asia. Los Angeles: University of California, 1975.

世纪 80 年代，由于受依附论的影响，施特尔和泰勒提出了“选择性空间封闭”（selective spatial closure）战略①。他们反对“自上而下”发展模式，提倡“自下而上”发展模式，即以满足基本需求和反贫困为目标，以农业为中心，主要利用区域内部资源，着力发展小规模的劳动密集型技术。乡村偏向发展战略虽可化解城市掠夺农村问题，但却阻断了城市对农村的辐射和带动作用，它只能满足乡村居民的基本需求，难以从根本上提高其需求满足水平。

**（四）协调发展论**

这是一种兼顾效率与公平的城乡关系理论。市场机制和自然秩序在效率上具有优势，但却会导致城乡差距。为维护社会公平，一些研究者提出统筹城乡经济社会发展的协调发展思路，即通过政策手段对城乡差距进行调节和干预，既发挥城市经济的效率优势，同时也对农村发展给予必要的支持，促进城乡生产要素平等交换，优化城镇空间布局，支持小城镇发展，改进小城镇基本公共服务体系，形成以工促农、以城带乡的新型城乡关系，使全体居民都能共享城镇化与工业化、信息化的成果。城乡协调发展的根本在于，优化城镇布局和形态，对小城镇发展给予必要支持，完善基础设施和公共服务，发挥其作为连接城乡的支点和平台的作用，以小城镇为依托，为农村居民就近获取基本公共服务提供便利。

自工业革命以来，城乡协调发展一直是人类发展的一种美好诉求。圣西门、傅里叶、欧文等空想社会主义者提出的理想社会，就反映了城乡协调发展的制度构想。一些早期的城市研究者也很重视城乡一体发展。例如，城市规划理论的奠基者埃比尼泽·霍华德在 19 世纪末提出“田园城市”理念，实质就是追求城乡融合，使城市与乡村互相嵌入②。城市学家刘易斯·芒福德从保护人居环境出发，提出城与乡不应对立起来，而应有机结合在一起③。这些研究提出了城乡协调发展的美好愿景，但未能找到有效的制度安排和政策工具。

以“田园城市”实践为例，霍华德设想的田园城市包括城市和乡村两个部分，城市规模受到限制，四周为农业用地所围绕，居民可以方便

---

① Walter B. Stöhr，D. R. Fraser Taylor. Development from Above or Below? The Dialectics of Regional Planning in Developing Countries. Wiley，Chichester，1981.

② 埃比尼泽·霍华德. 明日的田园城市. 金经元，译. 北京：商务印书馆，2000.

③ 刘易斯·芒福德. 城市发展史：起源、演变与前景. 宋俊岭，倪文彦，译. 北京：中国建筑工业出版社，2005.

地接近自然环境，就近得到新鲜产品供应，农产品就近进入市场。田园城市设想提出后，迅速引起社会的重视，欧洲各地纷纷效法，但很多大城市在郊区规划建设的新城，多数只是使用“田园城市”的名称，实质上是附属型卫星城或大型居住区，它们与中心城在经济上具有紧密联系。

丹尼斯·朗迪勒里提出的次级城市发展战略，迈克·道格拉斯提出的区域网络发展模型，为城乡协调发展提供了可资借鉴的政策工具。朗迪勒里认为，政府需要分散投资，建立分散的次级城市（secondary cities）体系，以小城镇作为增进城乡联系、促进城乡协调发展的中介；发挥小城市在城乡发展中必不可少的经济和行政功能，特别是增强农村和小城市、较小城市和较大城市之间的联系①。针对城乡分割和发展失衡问题，道格拉斯从城乡相互依赖角度提出了区域网络发展模型②。他认为，乡村发展需要通过人员、生产、商品、资金、信息五种“流”（flows）与城市相联系；促进城乡协调发展，政府要通过政策干预改善乡村基础设施和公共服务条件，增进城乡之间在人员、生产、商品、资金和信息方面的流动性。

## 二、城乡协调发展的路径选择

### （一）城乡关系的现实问题

一般而言，城乡差距的影响因素主要有市场机制、地理区位、资源条件、制度安排四大因素。其中，市场机制和地理区位促使生产要素向城市集聚，导致城乡差距扩大化；资源条件导致城乡之间的发展起点不同；制度安排既可能对城乡差距产生矫正作用，也可能导致城乡差距进一步扩大化。

改革开放以来，我国对经济发展的强烈期求，致使地方治理在制度安排上选择了城市偏向发展战略。它通过行政体制、公共政策和公共服务三大制度安排，优先满足城市和市民的发展需求，导致城乡差距不断扩大。

首先，在行政体制上，市领导县体制将市与县置于不平等地位，对县域发展具有抑制效应。为加快城市发展步伐，自 1982 年以来，我国开

① Dennis A. Rondinelli. Dynamics of Growth of Secondary Cities in Developing Countries. Geographical Review，1983，73（1）：42-57.

② Mike Douglass. A Regional Network Strategy for Reciprocal Rural-urban Linkages：An Agenda for Policy Research with Reference to Indonesia. Third World Planning Review，1998，20（1）.

始推行市领导县体制。当时，一种普遍的预期是，城市发展会通过“辐射效应”扩散到县域和乡村地区。到1994年底，除海南省实行省领导县体制、西部部分地区继续实行地区行署体制外，全国已经普遍建立起市领导县体制。该体制对于培育区域增长极核、提升经济效率、促进经济增长具有显著贡献，但其负面效应也很明显。城市发展以城区为中心，县域发展以建制镇为中心，两者既有合作，也存在竞争关系。在市领导县体制下，市政府对下辖的县拥有支配权，为提升政绩尤其是促进经济增长，市政府普遍利用行政手段影响资源配置，在城乡规划、基础设施建设、园区建设、招商引资等方面，优先满足城市发展需求。这样一来，县域经济发展就会因行政地位不平等而遭遇“天花板”。为保障市级财政预算最大化，地级市还截留、挪用中央和省对县的转移支付资金，形成对县级财政的抽取效应。社会舆论将这种现象形象地称为“市压县”“市卡县”“市挤县”“市刮县”。

实施市领导县体制的初衷之一是利用中心城市的资源集聚和经济辐射效应，带动和促进县域经济共同发展。然而，在城市化和工业化前期和中期阶段，经济增长主要表现为生产要素向城市集聚，地级市对县域经济的辐射能力十分有限。在中西部地区，一些省辖市规模不大、产业集聚有限，行政辖区却相当辽阔，这种“小马拉大车”现象不仅无力带动县域经济发展，反而要截留上级政府对县的转移支付，以充实市级财政。市领导县体制不仅未能矫正城乡差距，反而挤占了县域发展资源，导致城乡差距进一步扩大化。

其次，在公共政策上，国家治理区分城市与农村生产要素，分别适用于不同的公共政策体系，导致城乡发展权利不平等。例如，城市土地属于国有土地，其使用权可以出让，农村土地属于集体土地，法律禁止农业用地入市交易。农村土地只有经过政府征收转为国有土地，才能进入土地市场。通过拍卖国有土地使用权，城市政府可获得巨额预算外收入。城乡居民由于户籍性质不同，在教育、就业、住房、医疗、社保、养老等方面的基本福利和权利也存在明显差异性。随着城市化发展，目前全国有2亿多农民工进城务工经商，但不能与当地户籍居民享受平等的发展机会和权益保障，农民工子女受教育权经常遭受政策歧视。城乡二元公共政策安排，在不同地域、不同群体之间构筑了刚性的制度壁垒，共同保障了城市和市民的优先发展权，同时将农村和农民置于依附地位，马丁·金·怀特将这种状况称为“一个国家、两种社会”①。

最后，在公共服务上，城市与乡村的基本公共服务标准差距过大。在城乡二元公共政策安排下，区域治理区分城市与农村地区，政府优先满足城市发展和市民的公共服务需求，农村地区的底线标准和问责约束较为模糊，一些地区的道路交通、农田水利、学校医院等基础建设“欠账”很多，一些农村地区还面临缺少清洁水源、基本医疗保障等问题。

### (二) 城乡协调发展的政策导向

由于具有地理区位和资源集聚优势，城市发展在经济效率上显著优于农村地区，城市的基础设施和公共服务体系也更为优质。在市场机制的作用下，城乡差距不仅无法消除，而且会逐渐扩大。如果不对城乡差距进行干预，不对农村地区发展给予必要的政策支持，城乡之间的鸿沟会不断扩大。

近年来，随着中国经济实力的增强，中央政府提出统筹城乡发展战略，其目的不是要消除城乡差别，而是要通过一定的政策手段，辅助和支持农村地区发展，把城乡差距控制在一定幅度之内。促进城乡协调发展，可从以下几个方面入手：

第一，扭转城市偏向的制度安排，推进城乡平等赋权。目前，国家治理区别城市与农村地区，在土地利用、产业发展、居民户口、教育、就业、住房、医疗、社会保障等方面，分别适用于不同的公共政策体系。随着城市化和工业化发展，社会流动性越来越强，有必要推进城乡市场一体化，构建城乡统一的公共政策体系，保障城乡居民拥有平等的基本权利、自由和机会，促进城乡生产要素自由流动、公平交易。

第二，优化城镇体系布局，完善城乡之间的网络节点。我国正处于快速城镇化阶段，推进新型城镇化，既要发挥大中城市的效率优势，提升中心城市的竞争力，也要增加城市数量，加快发展小城镇，优化城镇体系和公共服务项目布局②。为此，可通过政策手段引导高等院校、优质教育和医疗机构在中小城市设置分支机构，把有条件的县城和重点镇发展成为中小城市；对于远离城市的小城镇和林场、农场等，需要改进基础设施和公共服务，将其发展成为服务农村、带动周边的特色小镇。

第三，推进小城镇建设，方便农村居民就近获取基本公共服务。基

---

① Martin K. Whyte. One Country, Two Societies: Rural-Urban Inequality in contemporary China. Harvard University Press, 2010.

② 杨宏山. 依托次级城市建设，推进城乡协调发展. 国家治理，2016 (18).

本公共服务是保障个人和地方发展必不可少的基础性公共品，是维护人的尊严和社会公平的基本要求，有必要列为缩小城乡差距的优先政策目标①。农村地区由于人口居住分散，不可能将各种公共服务资源均等地配置到每个自然村落。借鉴“次级城市”和“区域网络”发展战略，同时也基于规模效益考虑，可依托小城镇提供基本公共服务。一般说来，城市要素向农村的扩散需要经历由城市到小城镇再到乡村的梯度过程。农村居民主要依托小城镇获取交通、教育、医疗、广播、电信等公共服务，当前，小城镇的基础设施和基本公共服务供给还比较薄弱。借鉴成都、重庆等地的统筹城乡发展经验，可区分重点镇、一般镇、村民集中居住点，分别制定相应的基本公共服务标准。

## 第二节　市县关系：一种新解释

市县关系是近年来中国地方行政改革研究关注的热点问题之一。针对“市管县”体制存在的问题，各省通过实施“扩权强县”、财政“省管县”等改革措施，不同程度地扩大了县一级的行政自主权。目前，市县关系仍存在不少矛盾：一方面，财政“省管县”以后，县在行政上继续由地级市管理，需要同时面对两个“婆婆”，行政沟通任务加重；另一方面，市财政在资源配置上优先满足城市及周边地区发展需求，致使城乡差距进一步扩大化。

### 一、市县关系的理论之争

促进县域发展的一项重要改革是探索省直接管理县的体制。近年来，学界对“省管县”的讨论很多。推进“省管县”体制改革，摆在我们面前的一个现实问题是，市、县之间到底是竞争关系还是一体化关系？根据对公平与效率的不同价值偏好，可以区分出两种不同的市县关系理论。

#### （一）市县竞争论

“市县竞争论”认为，市与县属于两种不同性质的地方政府单位，市是为了满足城市化地区居民的需求而设立的，县主要是为了满足非城市化地区居民的需求而设立的，两者都直接面向辖区居民提供公共服务，

① 洪银兴. 城乡差距和缩小城乡差距的优先次序. 经济理论与经济管理，2008（2）.

并形成一定的竞争关系；为了维护竞争的公平性，市与县之间应当采取分治模式。查尔斯·蒂博特认为，如果存在多个分立的地方政府的话，居民可通过自由迁徙来选择提供满足自身偏好的公共服务的地方政府，这会使地方政府产生改进公共服务的动机，从而实现资源配置的效率性①。

中国学术界对“市管县”体制的批评，大多以“市县竞争论”为基本逻辑。浦善新提出，“市管县”体制用行政手段把市县强行捆在一起，行政上的上下级关系与经济上的竞争关系必然产生矛盾②。何显明认为，“省管县”体制改革的核心就是实行“市县分治”，即以市县脱钩的方式，“解除市县之间的行政隶属关系，使市县能够遵循市场经济的规律，通过辖区内市场主体的自由选择，来确定市县之间的竞争与合作关系”③。薄贵利认为，“省直管县”体制的根本在于恢复市、县的本来属性，市是城市型的政区，县是农村区域的行政建制，市县分治有利于发挥各自的优势④。

**（二）市县一体论**

也有学者从区域经济发展的角度提出发挥城市的增长极作用，实现以城带乡、以市带县，即“市县一体论”。区域经济学的增长极理论为“市县一体论”提供了逻辑支持。增长极理论认为，“增长并非同时出现在所有的地方，它以不同的强度出现于一些增长点或增长极上，然后通过不同的渠道向外扩散，并对整个区域的经济产生不同的最终影响”⑤。根据增长极理论，区域经济需要采取非均衡发展战略，把具有一定规模的城市培育成经济增长极，然后再利用增长极的扩散效应带动周边落后地区发展。在市县关系上，增长极理论主张以一体化的政治结构促进区域经济一体化，即整合行政区划，形成由中心城市主导的“市管县”结构。

20世纪美国大都市地区的政府改革运动中，就出现了“一个地区，一个政府”的改革主张。这一运动的推动者认为，大城市与周边地区具

---

① Charles M. Tiebout. A Pure Theory of Local Expenditures. The Journal of Political Economy，1956，64（5）：416-424.

② 浦善新. 中国行政区划改革研究. 北京：商务印书馆，2006.

③ 何显明. 从“强县扩权”到“扩权强县”：浙江“省管县”改革的演进逻辑. 中共浙江省委党校学报，2009（4）.

④ 薄贵利. 稳步推进省直管县体制. 中国行政管理，2006（12）.

⑤ 弗朗索瓦·佩鲁. 略论增长极概念. 经济学译丛，1988（9）.

有很强的一体化发展需求，但却被划分为很多地方政府单元，众多地方政府的集体行动无法满足一体化的公共利益，甚至会导致混乱和崩溃。罗伯特·沃伦提出，“大都市地区的福利只有通过一体化的政治结构才能实现，在这一结构中，市政决策被集中在单一的管辖范围之内”①。

20世纪80年代初，中国推行“市管县”体制的初衷也在于培育区域经济增长极。近年来，在国内学界对“市管县”体制的一片批评声中，一些学者也分析了“省管县”的潜在风险。刘尚希、李成威指出，随着工业化、市场化程度的不断提高，市与县之间的经济联系将会不断增强，区域经济一体化要求推进行政区划整合，只有当行政区与经济区相吻合的时候，区域经济才可能得到顺畅的发展，而“省管县”使中心城市与周边县之间的天然联系被截断，中心城市对周边县的经济扩散将被抑制②。陆军也认为，“省管县”体制在区域性共同市场建设、区域性公共物品生产、跨行政区政策协调等方面存在一系列隐性问题③。

**（三）两种理论的比较**

“市县竞争论”将市、县看作平等的竞争主体，而“市县一体论”认为市与县之间存在相互依存关系。两者提出的政策主张截然相反，前者主张市县分治，后者主张建立区域一体化的政治结构。“市县竞争论”将注意力集中于财政支出及公共服务供给的公平性，主张县与市拥有同样的行政自主权，两者分别面向各自区域内的居民提供公共服务，这样，市县分治与区域发展的一体化要求就会产生冲突；“市县一体论”将注意力集中于经济效率，主要关注区域经济增长，着力于发挥中心城市的增长极效应，实行城市偏向发展战略，优先满足城市发展在基础设施和公共服务方面的需求，这对远离中心城市的县域发展具有抑制作用。

可以看出，上述两种理论都具有片面性。“市县竞争论”关注地方发展、公共投资和公共服务的公平性，市县分治不利于发挥区域经济一体化的效率优势；“市县一体论”关注区域经济的效率性，但它将县置于行政上依附于市的地位，对县域发展存在不利影响。我们知道，任何一项

① Robert Warren. Government in Metropolitan Regions: A Reappraisal of Fractionated Political Organization. Davis: University of California, Institute of Governmental Affairs, 1966: 5.

② 刘尚希，李成威. 财政“省直管县”改革的风险分析. 当代经济管理，2010（10）.

③ 陆军. 省直管县：一项地方政府分权实践中的隐性问题. 国家行政学院学报，2010（3）.

行政改革的目的都在于寻求帕累托改进，即不断提高公共治理的公平性与效率性。如果一项改革能够使一方的境况得到改善，而其他方的状况不至于变坏，那么这一改革行动就具有付诸实施的必要性。

## 二、市县关系：一种混合模型

在讨论市县关系时，我们有必要将公平与效率结合起来考虑，探寻有利于促进帕累托改进的制度安排。合理的市县关系不仅要发挥城市对区域经济增长的带动作用，也要考虑中心城市对外围地区发展的消极作用。增长极对外围地区既具有积极影响，也存在消极影响。积极影响表现为城市的基础设施、生产技术、管理方式、价值观念和行为方式等向周边地区扩散，并刺激周边地区发展；消极影响表现为增长极从外围地区吸引净人口流入、资本流入和贸易活动，从而加快城市发展，并使外围地区发展速度降低。艾伯特·赫希曼将增长极对外围地区的积极影响称为“涓滴效应”，而将其消极影响称为“极化效应”①。赫希曼认为，在发展的前期阶段，区域经济的极化效应显著，随着时间的推移，增长极对落后地区的涓滴效应不断加强。

从增长极对外围地区的影响看，随着空间距离的变化，中心城市对县的涓滴效应和极化效应也存在此消彼长的变化。一般而言，中心城市对毗邻城区的县的涓滴效应更为显著，对远离城区的县的涓滴效应则要小得多。这一特征使我们有可能提出市县关系的一种混合模型，即区分周边县和外围县，周边县与中心城市实行一体化管理，而外围县与中心城市实行分治，转而由上一级政府直接管理。这样，市与县的管辖区就存在相互交叠和相互分离两种情况，市县关系也存在“市县竞争”和“市县一体化”两种形式。在混合形态下，城市财政主要来源于城市及其周边地区的工商业发展，公共投资也集中于城市及其周边地区；国家和省的公共投资具有二元性，既要考虑经济效率需要，也要努力促进落后地区发展。

基于对极化效应和涓滴效应的比较分析，赫希曼指出，“一个试图开发其落后地区的国家，应该向这些地区提供‘与自治权相当’的手段”②。从市县关系看，这种“自治权”就是要将外围县从依附于市的地位中解

---

① 艾伯特·赫希曼. 经济发展战略. 曹征海，潘照东，译. 北京：经济科学出版社，1991：169-170.

② 同①181.

脱出来，以消除其被边缘化的沮丧感，并通过省对县的转移支付和项目投资调动其发展的活力。赋予落后县更大的自主权，加大对外围县的公共投资，不仅可为落后地区提供不可或缺的基础设施，在更大范围内推进基本公共服务均等化，也有助于在经济落后地区培育新的增长极。

## 第三节　市县关系的国际比较

由于宪政体制和历史传统不同，各国市与县的法律地位具有较大差异性。这里选择美国、德国、日本和韩国，对四国的市县关系进行比较，以检验市县关系是否存在混合形态。其中，美国和德国是联邦制国家，日本、韩国是单一制国家。在上述四国中，市是在城市化地区设置的行政区划单位，而县（郡）属于广域性行政区划单位，在各类地方政府中的包容性最强。概括而言，这四个国家的市县关系主要存在以下三种类型：

### 一、市县分离模式

即市与县在地理空间上互相分离，各自的管辖区不存在交叠关系。市、县管辖区完全分离的情况，在世界上并不常见。美国设有县或类似于县的州中，只有弗吉尼亚州实行市县分离，即县与自治市的管辖区互不交叠，自治市承担了本来由县政府承担的州的委托职能①。日本和德国在一级行政区之下，都不存在市县分离的情况。韩国在一级行政区中，只有道实行市郡分离模式。目前，韩国 8 个道共设有 74 个市、80 个郡（见表 5－2）。

**表 5－2　　　　韩国道的二级行政区划情况**

| 道名称 | 市/个 | 郡/个 | 道名称 | 市/个 | 郡/个 |
|---|---|---|---|---|---|
| 京畿道 | 27 | 4 | 江原道 | 7 | 11 |
| 忠清北道 | 3 | 8 | 忠清南道 | 6 | 9 |
| 全罗北道 | 6 | 8 | 全罗南道 | 5 | 17 |
| 庆尚北道 | 10 | 13 | 庆尚南道 | 10 | 10 |

① 文森特·奥斯特罗姆，罗伯特·比什，埃莉诺·奥斯特罗姆．美国地方政府．井敏，陈幽泓，等译．北京：北京大学出版社，2004：4.

在市县分离模式下，市政府面向城市化地区提供公共服务，县政府面向乡镇和村庄提供公共服务。两者的管辖区互相分离，各自的公共服务对象不存在交叠问题。这一体制可针对城市化地区和非城市化地区的各自特点，有针对性地提供专门化服务，但对于跨区域的基础设施和公共服务供给，多个地方政府开展集体行动常常面临困难，往往需要上一层级的政府进行协调。

## 二、市县分工模式

即市与县的管辖区存在交叠，市位于县的管辖区之内，主要面向城市化地区提供公共服务，而县提供公共服务的对象既包括城市化地区，也包括乡村地区。美国和日本的市县关系主要采用这一模式。美国设有县的州中，除了弗吉尼亚外，其他各州都采取市县分工模式。其中，县是州政府的行政管理分支，负责州政府授权的事务，如出生、死亡、结婚登记，法院、选举的组织和实施，法律执行、公共保健的实施等；作为地方政府单位，县也要响应居民的各种服务需求。自治市是满足人口稠密的城市化地区的特殊需求而设立的，并面向城市居民和就业者征税。大多数自治市的管辖区不大，履行的职能也很有限。

日本的县属于一级地方自治体，县之下设有市町村，市与县在职责上存在分工关系，市为基础性地方自治体，县为上一层次的地方自治体。截至 2007 年 4 月 1 日，日本设有 782 个市、827 个町、195 个村①。市分为政令指定都市、核心市、特例市和一般市。其中，政令指定都市由中央政府行政命令指定，基本条件是全市人口达到 50 万以上；核心市的基本条件是人口在 30 万以上、面积在 100 平方公里以上；特例市的基本条件是城市人口超过 20 万。除上述三类城市外，其他建制市为一般市。截至 2007 年 4 月，日本共有 20 个政令指定都市、35 个核心市、44 个特例市、600 多个一般市。这四类城市分别从都道府县那里转移出来一定的自治权。其中，政令指定都市的自治权最大，而一般市的权限较小。

## 三、市县一体化模式

这种模式通过市县合并，在大城市及其周边地区形成一体化的政

① 礒崎初仁，金井利之，伊藤正次. 日本地方自治. 张青松，译. 北京：社会科学文献出版社，2010：3.

治权力结构。美国、德国、日本和韩国的大都市地区都存在这一发展趋势。在美国，为满足大都市地区的一体化发展需求，纽约、丹佛、檀香山、费城、旧金山、圣路易斯、印第安纳波利斯等大城市通过实施市县合并、市县联合等方式，构建了单一的政府结构。在德国，地方政府由县和乡镇两个层次的自治体组成，乡镇为最基层的政府单位，县是在乡镇之上的地方政府单元。乡镇的组织、人事和财力有限，当地方事务超出乡镇的能力范围，县政府就有责任和义务介入。对于达到一定规模的市，其治理则呈现出单一结构特征，即将市的职能与县的职能融于一体，德国称之为“城市县”。“城市县”同时承担市和县的职能。德国地方政府中，总共有 323 个县，14 500 个乡镇，116 个城市县①。除城市县外，德国还有柏林、不来梅和汉堡 3 个城市州，其辖区内并不设有县或乡镇。可见，除了城市州之外，德国的市与县采取一体化的政治结构，市不仅负责城市自治，同时也承担着县的职能。

日本由于县为一级地方行政区划单位，不存在市县一体化问题。为适应城市及其周边地区的一体化发展要求，日本主要通过市町村合并来扩大城市管辖区。韩国的一级行政区有特别市、广域市、道和特别道四种类型。除首尔特别市之外，全国设有 6 个广域市、8 个道和 1 个特别道（济州）。韩国在广域市之下设有区和郡，由市政府统筹安排城区和郡的发展规划、公共服务。这种在广域市之下设郡的模式，类似于中国的“市管县”体制。两者的区别在于，韩国广域市设的郡数量少，而中国地级市领导的县数量较多。目前，韩国 6 个广域市内共设有 44 个区、5 个郡（见表 5－3）。

**表 5－3　　　　韩国广域市的二级行政区划情况**

| 广域市名称 | 区/个 | 郡/个 | 广域市名称 | 区/个 | 郡/个 |
|---|---|---|---|---|---|
| 釜山 | 15 | 1 | 光州 | 5 | 0 |
| 大邱 | 7 | 1 | 大田 | 5 | 0 |
| 仁川 | 8 | 2 | 蔚山 | 4 | 1 |

通过对四国的市县关系进行比较，可以得出一些基本结论：（1）市县关系的制度安排具有多样性特征。美国市县关系既存在市县分权模式，

---

① 赫尔穆特·沃尔曼．德国地方政府．陈伟，段德敏，译．北京：北京大学出版社，2005：27.

也存在市县合并和市县分离的情况。韩国的市郡关系也存在市郡分离和市郡一体化两种情况。（2）市县分治并非一种普遍性制度安排。相反，市与县的管辖区互相交叠、市县职责异构倒是地方治理的一种常见现象。（3）多样化的市县关系既可满足城市化地区的自主治理需求，也为区域性公共事务提供了一种跨越基层自治体的协调机制。（4）为满足大城市及其周边的一体化发展需求，可通过地方政府间合并建立一体化的政治结构。

## 第四节 “省管县”改革的政策思考

为发挥中心城市在区域经济发展中的带动作用，20 世纪 80 年代初，中国政府决定改革地区体制，实行“市管县”体制。这一制度安排对加快中心城市发展、培育区域经济增长极起到了重要作用。问题在于，除了省会城市和工业基础较好的大城市外，大多数地级市的经济实力不强，其发展对外围地区产生的“极化效应”远强于“涓滴效应”，市与县之间存在较为明显的利益冲突。

统筹城乡发展既要发挥中心城市的效率优势，也要对距离中心城市较远的外围县及区位优势明显的县给予必要的支持，致力于培育新的经济增长极。基于这一思路，我们认为，中国市县关系的理想状态是一种混合模式，即“市管县”与“省管县”两种形式并存。这里对“省管县”改革提出如下建议：

### 一、外围大县推进“省管县”改革

“省管县”改革的目的在于矫正地级市对县域发展的抑制作用，促进县域经济增长，提升县级财政能力，改进县一级的公共服务状况。经过 30 多年的发展，地级市的经济实力明显增强，增长极的扩散效应逐渐呈现出来，中心城市对邻近地区发展的带动作用日益显著。在这种情况下，“市管县”体制对周边县的积极影响要大于消极影响。但对于远离中心城市的外围县来讲，其与中心城市的经济联系较为松散，“市管县”体制通过行政手段将两者整合在一起，而地级市的公共投资主要集中于中心城市及周边地区，这显然不利于外围县的经济发展。鉴于此，推进“省管县”改革有必要首先考虑外围县（市），尤其是以农业为主的人口大县的发展需求。为确保试点取得成效，可选择发展潜力大的地理和人口大县，支持其发展成为新兴城市。同时，也要考虑区位优势突出、经济集聚效应显著的县的发展需求。

## 二、周边地区延续“市管县”体制

“省管县”体制改革不仅要调动县的积极性，同时也要有利于中心城市发展。随着市场化、工业化和城市化的发展，地级市与周边县的经济联系日益密切。随着这种联系进一步深化，就会形成产业扩散效应。如果说在改革开放初期这种效应还不明显，经过几十年发展，中心城市对周边县的扩散效应已呈强化趋势，一些中心城市与邻近县之间已形成了产业布局分工。为支持中心城市发展，对其邻近县可延续市县一体化的制度安排，继续采用“市管县”体制。这一制度安排既能满足城市及其周边地区的一体化发展要求，也不至于抑制邻近县的经济发展。更重要的是，中心城市继续领导周边县，有利于减少“省管县”改革可能遇到的阻力。

## 三、城市近郊区推进撤县设区

随着城市人口的增加和城市产业集聚程度的不断提高，有必要在城区与近郊地区进行统一规划，提升基础设施和产业布局的经济效率。2009 年，经国务院批准，上海市撤销南汇区，将其行政区域并入浦东新区，就是为了打破行政区壁垒，在更大空间内进行统一区域规划和基础设施建设。同年，天津市撤销塘沽区、汉沽区、大港区，设立滨海新区，其目的也是要解决长期困扰的区域规划难以统一实施、整体优势难以发挥问题。为推进城市与近郊地区一体化发展，大城市可在近郊地区撤县设区，这样既可加快城市化步伐，也可拓展城市发展空间。

## 四、加强市县统筹规划和协调

一部分县改由省直接管理后，市政府不再对这些县的发展规划、公共投资和基础设施建设负责。对于跨行政区的基础设施项目和公共政策协同，需要省政府更多地进行协调。市与外围县分离以后，为促进生产要素合理配置和流动，促进市县资源集约利用和城镇有序发展，避免市县之间恶性竞争和行政干预市场，省政府需要对市县发展规划进行指导。为平衡多方利益，有必要搭建区域治理的多方协同机制，建立利益相关方参与的协商决策制度。一种可行的办法是：在省内划分行政区域，成立区域发展委员会，市、省管县、省政府职能部门均为委员会成员，共同就区域发展规划、基础设施建设等问题进行协商，并协调各方采取协同行动。

# 第六章 美国城市跨界治理的制度发展

## 第一节 美国城市治理的政体类型

### 一、城市的法律地位

在美国联邦制度下，城市由各州设立，是地方政府的一种类型。美国实行地方自治，地方政府分为县、市、镇、特区和学区等类型，总数达到 87 000 多个①。地方政府之间没有行政隶属关系，其中，特区和学区履行相对单一的行政管理功能，它们与其他类型地方政府的管辖区域相互交叠。根据美国统计局 2012 年发布的数据，全美总共有 19 519 个城市，其中超过 10 万人口的城市有 279 个（见表 6－1）。美国城市的辖区面积都不大，大都市地区存在多个市镇，区域治理具有典型的“碎片化”特征。

表 6－1　　美国城市人口规模分布表

| 人口 | 城市数量/个 |
|---|---|
| 100 万及以上 | 9 |
| 30 万～<100 万 | 53 |
| 20 万～<30 万 | 45 |
| 10 万～<20 万 | 172 |
| 5 万～<10 万 | 438 |

① 在美国地方政府中，95%的城市人口低于 2.5 万人，74%的县人口少于 5 万人。(James M. Banovetz. Managing Small Cities and Counties: A Practical Guide. Washington D. C.: ICMA Press, 1994: 6.)

续前表

| 人口 | 城市数量/个 |
| --- | --- |
| 5万以下 | 18 802 |
| 总计 | 19 519 |

资料来源：U. S. Bureau of the Census. 2012 Census of Governments. http://factfinder. census. gov/faces/tableservices/jsf/pages/productview. xhtml? src=bkmk.

美国各州在遵守联邦法律的前提下，对城市设置享有自主权。各州设置城市的标准不一样。例如，在俄亥俄州，人口超过5 000人的一体化社区就是城市，人口低于5 000人的社区则为村镇。有的州规定人口在1 000人以上的一体化社区就可以申请设市。设市申请须由社区居民提出，并经地方公决获得多数居民同意，由州政府通过立法或特许状的形式，授予自治权。根据人口规模，大城市具有更大的特许权，小城市的特许权要小得多。

## 二、城市政体的类型

美国城市政体可分为市长议会制（强市长制）、议会市长制（弱市长制）、委员会制和议会经理制四种类型。其中，实行市长议会制和议会市长制的占43%，实行委员会制的占2%，实行城市经理制的占51%，还有少数城市采用乡镇大会制①。

### （一）市长议会制

这一政体也称“强市长制”，其议事机构与行政机构分设，市长权力较大，掌握全部行政权，而市议会权力较小，只具有立法和代议职能。市长和市议员分别由市民选举产生，市长和政府部门负责人不得兼任市议员。市长有权任免政府部门负责人，他们对市长负责。美国大城市普遍实行此制，市长和市议员均为全职并有薪金，如纽约、底特律、波士顿等。随着城市规模的扩大，该制的运用越来越广泛。

强市长制要求市长既是出色的政治领导者，又是精明的行政管理者，但市长并不都同时具备这两方面的素质。而且，市长与议会之间经常会出现冲突，市长需要花精力协调与议员之间的关系。为保证城市行政高效运行，一些实行强市长制的大城市在实践中演化出一种“首席行政官

① 戴维·R. 摩根，罗伯特·E. 英格兰，约翰·P. 佩利塞罗. 城市管理学：美国视角. 杨宏山，陈建国，译. 北京：中国人民大学出版社，2016：65.

强市长制”，即由市长任命一位首席行政官（chief administrative officer，CAO），首席行政官根据市长授权，领导政府日常行政工作①。在首席行政官的协助下，市长能够集中精力处理重大问题，从事竞选连任、协调议会关系等。市长议会制由市长统一指挥，有利于提高行政效率，市议会的制约力较弱。

**（二）议会市长制**

这一政体也称“弱市长制”，其议事机构和行政机构分设，市议会在与市长的关系中处于优势地位。一些中小城市和少数大城市采用此制，如芝加哥、洛杉矶。弱市长制是杰斐逊式民主的产物。杰斐逊对政府有一种天然的警惕感，认为政府是一种“必要的恶”，必须透过分权制衡和地方自治来约束政府，防止政府权力侵害公民自由②。美国早期城市普遍实行弱市长制，当时城市规模小，市政管理比较简单，市议会占据主导地位③。随着城市成长和公共事务复杂化，市长获得了越来越多的权力。

今天，弱市长制主要应用于只有几万人口，甚至不到一万人的中小城市。在弱市长制下，市议会是决策性机构，重要部门负责人由市议会直接任命，其他部门负责人由市长提名，经市议会表决同意后，再由市长任免，行政部门对市长和市议会双重负责。市长的权力是礼节性的，如出席礼仪活动、会见重要宾客等。在此政体下，很多市长是兼职工作，领取部分薪水，有的甚至不领薪水④。在自我介绍时，一些市长更愿意谈及自己的全职职业，如教授、律师、医生、企业家等。

**（三）委员会制**

城市委员会制将城市分成几个区域，每个区域选出一个代表进入市委员会，该委员会集议决权和执行权于一身，实行集体负责制。委员会成员并非都由市民直接选举产生，也可能由上层（州、县）政府任命。美国有2%的城市采用这种体制，大多为小城市。人口在25万～50万的城市中只有3个采用此制，分别为俄勒冈州的波特兰市、明尼苏达州的圣

① David R. Morgan，Robert E. England，John P. Pelissero. Managing Urban America. Washington，D. C.：CQ Press，2007：70.

② 杰斐逊在《独立宣言》中提出：“我们认为下面这些真理是不言而喻的：人人生而平等，造物者赋予他们若干不可剥夺的权利，其中包括生命权、自由权和追求幸福的权利。为了保障这些权利，人类才在他们之间建立政府。”

③ 同①68-69.

④ 2005年，在美国密歇根州的希尔斯代尔市，就出现一名18岁高中生参加竞选并当选市长的情况。（李经. 18岁少年市长初露锋芒. 新京报，2005-12-01.）

保罗市、俄克拉何马州的特尔塞市，人口超过 50 万的城市均未采用此制。

在委员会制下，市长从委员会成员中推选产生，是委员会主席和市政府的代表。市长的地位是礼仪性的，在立法和行政方面不享有特殊权力。委员会成员兼任一个或几个行政部门的负责人。每位委员就本部门工作对委员会负责，并享有指挥权。委员会任免行政高官，他们直接对市委员会负责。

委员会制的优点是有利于精简机构和人员，有利于决策权和执行权相统一，缺点是缺少统一指挥。近年来，美国采取委员会制的城市数量呈减少趋势，除承担单一功能的特区（供水、社区发展、卫生、医院、学校、机场、污水处理、公共交通、图书馆、高速公路、自然资源、工业区等）外，很多曾采用此制的城市修改了市宪章，转而采用其他城市政体。

**（四）议会经理制**

议会经理制起源于弗吉尼亚州的斯汤顿（Staunton）市，1908 年该市议会制定一项法案，决定设立“总经理”一职①。1913 年俄亥俄州的代顿（Dayton）市为处理特大洪灾，也采用了议会经理制，成为第一个采用该制的美国大城市。议会经理制是 20 世纪发展最快的城市政体。目前，美国人口超过 2 500 人的城市，已经有一半实行这种政体②。该制在治理结构上类似于公司，由市议会聘任一位专业人士担任城市经理，把行政权授予城市经理行使，由城市经理进行专业化管理。美国部分中等城市和多数小城市实行这种市政体制。

议会经理制由市民选举市议员组成市议会，市议会人数不多，一般为 5～7 人，而且党派色彩很弱。市议会负责制定政策、通过法令、财政拨款、监督行政。城市经理拥有广泛的行政权，包括任免政府部门负责人，执行市议会通过的法规和决议，指挥和协调各部门的工作，编制预算草案，执行财政预算，向市议会提交议案等。城市经理直接对市议会负责，各部门负责人对城市经理负责③。市议员个人无权对城市经理发号施令，也无权越过城市经理干预政府部门的具体事务。在议会经理制

① Charldean Newell. The Effective Local Government Manager：2nd ed. ICMA，1993：2.

② 戴维·H. 罗森布鲁姆，罗伯特·S. 克拉夫丘克. 公共行政学：管理、政治和法律的途径. 张成福，等译. 北京：中国人民大学出版社，2002：123.

③ John P. Pelissero. Cities，Politics and Policy：A Comparative Analysis. Washington，D. C.：CQ Press，2003：16.

下，市长由市议会选举产生或议长兼任，也有的由选民选举产生，市长只是荣誉性职务。

议会经理制实际上是把企业管理制度运用于市政管理，它将城市公共事务的管理权集中于城市经理，市议会和市长并不履行具体管理职能，可去除政治因素对行政的影响，实行专业化管理，有利于节约财政资金，减少纳税人支出，提高城市管理效率和效益。当城市政治的各种矛盾交织在一起，市议会不能有效聚合多元利益诉求时，城市经理往往也会无能为力。城市经理拥有广泛的执行权，但不直接对选民负责，也引来一些批评意见。

## 三、市议会的组成情况

美国城市议会大多由 5～7 人组成，少数大城市的议会人数超过 10 人。其中，纽约和芝加哥拥有全美规模最大的城市议会。纽约市议会人数是 51 人，芝加哥为 50 人。洛杉矶是美国的第二大城市，市议会却只有 14 人。统计数据显示，大城市议会的平均人数为 7 人。其中，弱市长制的议会一般为 3～9 人，强市长制的议会一般为 3～7 人，委员会制的委员会一般为 5～7 人，议会经理制的议会一般为 5～9 人。

除大城市外，绝大多数城市议会的成员都是兼职的。人口在 25 万～50 万的城市，大约有 2/3 的市议会实行议员专职制。专职议会大多实行市长议会制或议会市长制。在议会经理制下，只有 10%的城市实行议员专职制。

市议员选举有三种方式：

第一种是分区选举，即划分选区，每个选区选出一个议员。美国约有 15%的市议会实行分区选举①。其优点是各选区都有代表进入市议会，有利于促使市政府更贴近市民，能够减少选民的被疏远感；缺点是所有议员都会追求本选区利益，市议会对城市整体发展和总体利益缺少关注。

第二种是不分区选举，即在全市范围内选举议员。大约 65%的城市实行不分区选举。其优点是有利于超越选区利益关注整个城市的问题，限制投票交易和互投赞成票，减少政治集团的控制机会，能选举产生更高素质的市议员。这种方式的问题是：有可能多数议员都出自一个选区，

---

① David R. Morgan, Robert E. England, John P. Pelissero. Managing Urban America. Washington, D. C.: CQ Press, 2007: 76.

从而出现强者集团独占城市利益现象。

第三种是混合选举，即部分议员由分区选举产生，部分议员由不分区选举产生。由于分区选举和不分区选举各有利弊，混合选举就产生了。美国有20%左右的市议会实行这种选举方式①。一般是，2/3的议员来自分区选举，1/3的议员来自不分区选举②。混合选举也存在问题，那些在全市范围内不分区选举产生的议员，往往认为自己比各分区选举产生的议员更加重要，甚至将自己视为可与市长相匹敌③。

## 第二节　大都市地区的跨界治理改革

### 一、大都市地区的形成

随着城市化的发展，美国一些大城市不断地向周边扩展，与周边城镇融合成为一体化地区，形成了大都市地区（metropolitan region）。大都市地区通常包括一个中心城市，以及周边的大量自治市、镇，彼此之间具有密切的经济和社会联系。1910年，美国在人口统计中首次使用“大都市地区”这一概念，当时界定的标准是：人口在20万以上的城市及其周边10英里范围内的郊区人口，或者人口在10万～20万之间的城市及其周边10英里内的郊区人口，均可合计为大都市地区人口④。此后，联邦政府预算局多次对大都市地区的统计标准进行修改。1940年，美国大都市地区人口占全国总人口的47.6%，接近全国总人口的一半，成为世界上第一个大都市区化的国家。

大都市地区是城市化、科技进步和交通发展的结果。一方面，城市

---

① David R. Morgan, Robert E. England, John P. Pelissero. Managing Urban America. Washington, D.C.: CQ Press, 2007: 77.

② 例如，印第安纳波利斯市议会由29名议员组成，其中25人由分区选举产生，4人由不分区选举产生，参见印第安纳波利斯市议会网站（http://www.indygov.org/eGov/council/home.htm）；印第安纳州的布鲁明顿市议会由9人组成，其中6人由各选区选举产生，3人由全市范围内不分区选举产生，参见布鲁明顿市议会网站（http://bloomington.in.gov/council）。

③ William J. D. Boyd. Local Electoral Systems: Is There a Best Way?. National Civic Review, 1976 (March), 65: 139.

④ Donald J. Bogue. The Population of the United States: Historical Trends and Future Projection. The Free Press, 1984: 140.

化和科技发展导致人口、资金和技术向大城市及其周边地区集聚；另一方面，随着城乡之间交通体系发达，城市发展模式由长期的中心集聚转而向多中心和郊区化发展。大城市的周边地区交通便捷、自然环境优美，成为住宅建设首选地区，高收入家庭纷纷迁往郊区居住。为了减轻中心城区的人口、环境和就业压力，一些特大城市也有意识地在郊区规划建设新城。随着郊区住宅区的形成，工业和零售业就会向外围扩散，造成郊区急剧扩张和市镇化，大城市的边缘地带涌现出许多新城镇。

这种城市集聚和扩散的双向运动，推动着大城市地域迅速扩张和膨胀，与周边的市镇在建筑空间上融为一体。同时，由于外迁人口仍在中心城市上班，周边市镇与中心城市之间形成了稳定的社会经济联系。这样，中心城市与外围地区就形成了具有内部关联、空间层次、地域分工和连带景观的巨型地域综合体，形成了以大城市为核心的大都市地区，见表 6－2。

**表 6－2　　　　美国大都市地区的政治单元**

| 大都市地区 | 县 | 自治市或镇 | 地方政府总数 | 地方政府数量（每 10 万居民） |
|---|---|---|---|---|
| 匹兹堡 | 6 | 412 | 418 | 17.7 |
| 明尼阿波利斯—圣保罗 | 13 | 331 | 344 | 12.3 |
| 圣路易斯 | 12 | 300 | 312 | 12.2 |
| 辛辛那提 | 13 | 222 | 235 | 12.2 |
| 堪萨斯城 | 11 | 171 | 182 | 10.6 |
| 克里夫兰 | 8 | 259 | 267 | 9.2 |
| 费城 | 14 | 428 | 442 | 7.4 |
| 密尔沃基 | 5 | 108 | 113 | 6.9 |
| 芝加哥 | 13 | 554 | 567 | 6.6 |
| 底特律 | 10 | 325 | 335 | 6.2 |
| 波士顿 | 14 | 282 | 296 | 5.1 |
| 达拉斯 | 12 | 184 | 196 | 4.2 |
| 波特兰（俄勒冈州） | 8 | 79 | 87 | 4.1 |
| 纽约 | 27 | 729 | 756 | 3.8 |
| 亚特兰大 | 20 | 107 | 127 | 3.5 |
| 丹佛 | 7 | 67 | 74 | 3.2 |
| 休斯敦 | 8 | 115 | 123 | 2.8 |
| 西雅图 | 6 | 88 | 94 | 2.8 |
| 坦帕 | 4 | 35 | 39 | 1.8 |
| 旧金山 | 10 | 104 | 114 | 1.7 |
| 迈阿密 | 2 | 55 | 57 | 1.6 |

续前表

| 大都市地区 | 县 | 自治市或镇 | 地方政府总数 | 地方政府数量（每10万居民） |
|---|---|---|---|---|
| 凤凰城 | 2 | 32 | 34 | 1.2 |
| 洛杉矶 | 5 | 177 | 183 | 1.2 |
| 圣迭戈 | 1 | 18 | 19 | 0.7 |
| 华盛顿—巴尔的摩 | 33 | 125 | 158 | 2.2 |

资料来源：Myron Orfield. American Metropolitics：The New Suburban Reality. Washington，D. C.：Brookings Institution Press，2003.

大都市地区在区域发展中具有独特作用：

第一，与传统城市体系相比，大都市地区的经济活动在地理上更加集中，一体化程度更强。这种经济集聚环境有利于促进新兴工业发展，加速信息传播和知识交流，推动科技发明和革新，增加产业门类和产品数量，非常有利于产业群发展。产业群由相关行业组成，彼此之间具有稳固的联系性，能够以更快的速度进行专门研究、技术革新、产品生产和配套服务。以美国的硅谷为例，在那里，计算机硬件、软件、咨询公司紧密联系，形成了美国发展最快、盈利最多的产业群。

第二，与非大都市地区相比，大都市地区产业发展具有成本优势和规模经济效应。大都市地区的企业数量和集中程度远远超出非大都市地区。有统计发现，美国大都市地区每平方英里的平均企业数量，是非大都市地区的16倍①。企业高度集中分布，降低了储存、交通、通信和市政公用服务费用。大都市地区市场多样化，企业可发挥自身优势生产专业化产品，提供专业化服务。大都市地区人口密集，基础设施、市政公用设施投资的规模经济效应显著。

第三，大都市地区经济已经成为经济增长的发动机。大都市地区人口集聚、产业发达、市场多样化，消费能力和购买力很强，是推动国家经济增长的主导力量。在美国东北部大西洋沿岸、五大湖地区、西部太平洋沿岸，一些大都市地区彼此相连，形成大都市连绵地带，其中包括大中小城市体系，在全国经济中占据重要地位。

## 二、大都市地区的整合治理努力

美国大都市地区的改革运动，就是针对地方治理“碎片化”（frag-

---

① 王旭．美国城市化的历史解读．长沙：岳麓书社，2003：20.

mentation）问题而提出来的。美国实行城乡分治，自治市主要负责城市管理，管辖区范围不大。由于根深蒂固的地方自治和民主传统，大城市的外围地区存在很多自治市、镇。随着大都市化发展，中心城市与周边的市、镇连为一体。然而，这些自治市、镇不愿意被中心城市兼并，它们彼此独立，互不隶属，形成“碎片化”或“马赛克”式政治格局。在美国东北部、中西部地区，这种现象尤为显著。

为适应区域一体化发展需求，在美国市政改革运动中，一直存在着削减地方政府数量、组建统一的大都市政府的动议。在19世纪，一些城市通过地方合并减少了大城市周边的地方政治单元。1854年，费城市吞并了整个费城县。1889年，芝加哥市的面积扩大了四倍。1898年，纽约市与布鲁克林（Brooklyn）、昆斯（Queens）、斯塔腾岛（Staten Island）以及今天的布朗克斯（Bronx）的大部分地区合并，形成了大纽约市①。例如，1889年，伊利诺伊州议会通过设立芝加哥卫生行政区的议案，授权芝加哥和郊区市可采取联合行动，解决污水处理问题。在1889—1895年间，马萨诸塞州议会创设大都市地区的水供应、污水处理和公园行政区，服务于波士顿市及其周边地区。

随着郊区吸引了越来越多的居民和投资，在郊区市生活同样能够获得很好的市政服务。到20世纪早期，郊区居民不再热心于与中心城市合并的提案。郊区市的数量迅速增加。这一情形让那些致力于提高政府效率的改革者感到吃惊，他们深恶痛绝于大都市地区重复设立的政府机构，以及自治市林立导致的冲突，对“碎片化”持激烈批评态度。全国城市联盟（National Municipal League）、女性选民联盟（League of Women Voters）等机构以及一些政治学者也支持大都市改革。出于对中心城市经济衰落的担心，许多商业领袖也支持大都市改革。

1920—1930年间，在圣路易斯、匹兹堡和克里夫兰，市政改革者和商业领袖致力于建立双层联盟结构（two-tier federative structure）的大都市治理体系，即由大都市政府行使一些地区性职能，而各个自治市保留本地行政职能。但选民反对这种双层联盟治理结构，他们不断通过投票否决这种联盟计划。这一拉锯战一直持续到二战之后。1957年，迈阿密地区的选民批准了一项提案，将迈阿密市政府的一些职能转移给大都市

① Jon C. Teaford. City and Suburb: The Political Fragmentation of Metropolitan America, 1850-1970. Baltimore: Johns Hopkins University Press, 1979.

地区的县政府。到60年代后期，印第安纳州议会为印第安纳波利斯市创设了一种新体制，即市县合一结构，印第安纳波利斯市的辖区就是县的辖区。同期，明尼苏达州立法机构批准设立双城（Twin Cities）大都市区议会，统一负责区域性规划和协调。上述整合碎片化的努力，只是少数成功案例，不是普遍情况。

20世纪60年代以后，很多公共选择学者反对大都市地区的地方政府兼并运动。他们声称“多中心”秩序具有优越性，认为在“用脚投票”机制下，多个市镇并立，使市民能够根据自身状况找到合适的就业和居住地方，也促使地方政府在公共物品和服务供给上展开竞争。从实际情况看，中心城市周边地区的居民不愿意自治市并入大城市，他们通过投票行为反对兼并运动。这种反对可能出于地方自治权考虑，也可能出于经济利益和行政效率考虑。大城市的公共支出更大，居民的税负水平往往更高。小规模的自治市被中心城市合并后，在更大辖区内，政府效率和回应性也会降低。

面对居民反对被大城市兼并的声音，各自治市也只能在“碎片化”结构的基础上，与其他自治单位开展跨域合作。到了20世纪90年代，在新区域主义的呼声下，新一代市政改革者重整旗鼓，他们从规模效益出发，提出构建大都市政府的政策倡议。戴维·腊斯克提出，大都市地区的政治碎片化程度越高，在经济上和种族上的隔离就越严重，要在改进公共服务方面做得更好，就要成立具有更强协调性的“大都市政府”①。由于选民不支持中心城市的兼并运动，即使是新区域主义者也意识到组建统一的大都市政府，在很大程度上只是期望和梦想而已②。

## 三、大都市地区的协同治理行动

美国是世界上大都市地区发展水平最高的国家，全国共有200多个大都市地区。大都市地区的“碎片化”政治版图与地区一体化发展需求存在矛盾。一方面，基础设施和公用事业具有规模经济效应，需要跨越单一城市的辖区边界提供服务；另一方面，各个城市在环境保护、公共安全、应急管理等方面也存在共同问题，需要开展政府间合作。随着大都市地区的扩大，地方自治与跨界合作需求的矛盾十分突出。

---

① David Rusk. Cities without Suburbs. Woodrow Wilson Press，1993：88.

② David K. Hamilton. Governing Metropolitan Areas：Response to Growth and Change. Routledge，1999.

为适应一体化发展趋势，美国公共行政学界一直存在支持构建统一的大都市地区政府的声音，即通过地方政府间合并和兼并运动，减少大都市地区的地方政府数量。然而，这种政府合并运动推进得很不顺利，周边市、镇居民不断用投票行动拒绝并入大城市的动议。

组建大都市区政府的动议面临阻力，根本原因在于居民不愿意放弃地方自治权。为了适应一体化发展需求，同时兼顾居民的利益诉求，改革者在中心城市与周边市镇分立的基础上，通过构建协同治理平台，建立联盟、委员会、理事会、伙伴关系等组织体系，推进平等协商、一致同意，组织合作行动。具体措施主要有：

**（一）大城市与郊区市建立联盟实体**

中心城市与周边的自治市彼此分立，分别独立运作，同时建立跨区性质的联盟实体，形成双层治理结构。这样，自治市面向辖区居民提供公共服务，联盟实体提供跨区域性公共服务项目，如应急管理、机场、码头、环境保护、污水处理、固体废弃物处理等。例如，1957 年，美国佛罗里达州迈阿密大都市区内 35 个自治市通过选民投票，批准了一项提案，将自治市的部分职能转移给戴德县（Dade County）政府，形成双层联盟性质的治理结构①。市县联盟后，除了联盟实体外，原来的迈阿密市政府仍然继续运作②。

**（二）成立跨行政区的特区委员会**

在地方政府合并难以推动的情况下，为了提高公共服务效率和规模，特殊功能服务区（special service districts，简称“特区”）得到了广泛运用③。它在“碎片化”治理结构下，由相关自治市、镇通过专门授权，将某一方面的服务项目交由特区委员会统一提供。这样，各市、镇保留自治权力，只把某一项公共服务交由特区负责运作，如供水、供电、供气、垃圾回收与处理、道路建设、图书馆、基础教育等。结果是，大都市地区设立有大量特区，提供各种专门化服务。例如，美国加利福尼亚州法律授权大城市议会与周边市镇议会进行协商，建立特殊功能服务区，凡是被列入特殊功能的服务事项，均由各类特区委员会进行管理。这些特

---

① Leonard I. Rechelman. Cities in the Third Wave：The Technological Transformation of Urban America. Rowman & Littlefield Publishers，Inc.，2007：104.

② http://en.wikipedia.org/wiki/Miami-Dadi_county，_florida.

③ Ralph W. Conant，Daniel J. Myers. Toward a More Perfect Union：The Governance of Metropolitan America. Chandler & Sharp Publishers，Inc.，2002：36.

区委员会履行单一服务功能，有的跨越多个地方政府辖区。

**（三）签订地方政府间合作协议**

在构建联盟实体、特区委员会都不具备条件的情况下，地方政府之间还可通过签订政府间协议，就具体项目建立信息共享、数据互换、协作生产、防灾支援等合作机制。一些市镇通过协议的形式，把必须提供的一些服务项目转移给大城市政府统一提供。为增进地方政府间沟通和交流，大都市地区还会成立都市政府联合会，有关各方就共同问题定期开会，设置常设机构协调各方行动。

## 第三节　关于多中心体制的讨论

### 一、大都市地区改革的两种声音

美国大都市地区存在一些严重问题，需要各个独立的政府单位采取集体行动，然而，“碎片化”的政治结构却对统一行动构成制约。围绕大都市地区改革，美国学术界形成了对立的两种声音。

**（一）主张建立单一的政府体系**

在20世纪美国市政改革运动中，改革者的一个基本诉求是通过政府合并运动，减少大都市地区的地方政治单元，建立单一、全功能、覆盖整个地区的大都市区政府①。在20世纪50年代，一本城市政府教科书将大都市地区的多个地方政治单位，描述为“由地方集团无总体规划地零碎拼凑而成，以满足暂时的需要，地方政府的管辖边界参差不齐，大多是混乱地散布着”，作者提出“在每一个大都市地区，应尽可能只有一个地方政府”，“行政应该根据等级制原则，组成一个单一的一体化体系，向上呈尖塔形，最高点是行政首长”②。

一些改革者还提出，大都市地区建立单一政府体系，有利于公平地分配城市服务的成本。改革者认为，在中心城市的周边，自治市分立，这使富裕的郊区居民不必为中心城市提供的集聚性公共服务支付成本。

---

① Robert C. Wood, Metropolitan Government, 1975: An Extrapolation of Trends the New Metropolises: Green Belt, Grass Roots or Gargantua?. American Political Science Review, 1958, 52 (1): 108-122.

② William Anderson, Edward W. Weidner. American City Government. New York: Henry Holt and Company, 1950: 169, 609-610.

郊区人口居住在中心城市之外的城市化地区，可进入中心城市就业，享受公共服务资源，中心城市无法向他们征收财产税（主要针对不动产征税），这等于是中心城市提供公共服务产生溢出效应，使居住在周边地区的人口免费受益。基于以上考虑，改革者主张大都市地区的所有居民都应平均承担公共服务成本①。

改革者主张推进自治市合并，这些建议不仅发表在大量著作和论文之中，还被写入各种报告之中，提交给选民进行表决。从结果看，这样的改革建议绝大多数都在投票面前遭受失败。1962 年，美国府际关系顾问委员会提交的一份报告中，描述了 18 个大都市地区的政府重组努力被居民投票否决②。事实上，美国大都市地区的地方政府数量一直呈增长趋势。由于在居民投票面前缺少成功，20 世纪 70 年代以后，城市合并的倡导者也减少了改革激情。一些改革者将建议遭到否决，归因于投票者缺少理性，更多地受“低税率、贴近人民、没有腐败的政府”等承诺影响，不太愿意接受“纠正不适当的公共服务”以及“经济且效率地提供公共服务”主张③。

### （二）倡导维护多中心秩序

与市政改革者的建议不同，公共选择学者提出了截然相反的改革思路，主张在大都市地区维持多中心的政治秩序，在适当的约束之内维持竞争，以提高公共物品和公共服务供给效率，对于多个地方政治单位之间的冲突，可通过协作、协商的制度安排，建立包容性的政治社群加以解决，也可通过较高层次的政府予以处理④。

奥斯特罗姆通过区分公共物品的属性，指出有些公共服务的生产“在大层次比小层次更有效”，有些服务的生产“在小层次比在大层次更有效”⑤。在城市治理中，政府提供的有些服务是“用户导向”的，如警

---

① Robert L. Lineberry. Reforming Metropolitan Governance: Requiem or Reality. The Georgetown Law Journal，1958（58）：675-718.

② Advisory Commission on Intergovernmental Relations. Factors Affecting Voter Reaction to Governmental Reorganization in Metropolitan Areas，Washington，D. C.，1962.

③ Joseph F. Zimmerman. Metropolitan Reform in the U. S.: An Overview. Public Administration Review，1970（30）：531-543.

④ 文森特·奥斯特罗姆，查尔斯·蒂博特，罗伯特·瓦伦. 大城市地区的政府组织//迈克尔·麦金尼斯. 多中心体制与地方公共经济. 毛寿龙，李梅，译. 上海：上海三联书店，2000：41-67.

⑤ 埃莉诺·奥斯特罗姆. 大城市改革的两个传统//迈克尔·麦金尼斯. 多中心体制与地方公共经济. 毛寿龙，李梅，译. 上海：上海三联书店，2000：191.

察、消防、教育等，它们不可能“远距离地有效提供”。用户导向的服务大多是劳动密集型的，不如资本密集型服务那样具有规模经济效应。基于这一分析，在大都市地区，存在多个相互交叠的地方管辖单位，可以根据公共服务的属性特征，使某些公共服务在较大范围内运作，而“用户导向”的服务则在较小范围内有效提供①。

在公共选择学者看来，大都市地区存在多个公共服务的生产者，可以使公民更有效地选择自己所偏好的服务组合，这比依靠投票机制和单一生产者还要有效。城市规模较小，政府能够更有效地回应各种服务需求。查尔斯·蒂博特认为，存在于大都市地区的多个政府，能够使公民“用脚投票”②。公共选择学者认为，这些自治单元之间也不是没有秩序，相反，它们通过沟通、协商、联盟、制定标准等途径，形成了丰富且复杂的横向联系机制。在多中心秩序之上，还存在着较高层次政府提供的秩序，如果多中心秩序不能解决存在的冲突，就可求助于更高层次的秩序。

## 二、多中心体制的启示意义

美国是个高度城市化的国家，城市数量将近 2 万个，而城市辖区规模不大，94%的城市人口规模在 2.5 万人以下。大都市地区存在多个自治市，尽管市政改革者和商界领袖主张创设单一政府，但民众不断地用投票行为予以否决。在多中心秩序下，美国大都市地区发展出多样化的协同治理安排，如设立特区、自治市联盟、政府间协议等。这种协同治理以相关方的同意为基础，通过联盟或协议的形式，在更大范围内提供具有规模效应的公共服务项目，既提高了经济效率，又不会影响地方政府的自治权。

与美国不同，我国区域治理实行“市管县”体制，由市政府统一管理城市及其周边地区，形成“单中心”秩序。这一制度安排可以利用多方主体和资源，推进整合治理，具有效率优势。改革开放以来，我国城市基础设施建设、旧城改造、新城建设、开发区建设成效显著，这与整合治理模式具有密切关系。在市场经济体制下，市政府可运用自身的主

---

① Werner Z. Hirsch. Local Versus Areawide Urban Government Services. National Tax Journal，1964 (Dec.)，17：331-339.

② Charles Tiebout. A Pure Theory of Local Expenditure. Journal of Political Economy，1956，64 (5)：416-424.

导地位，制定区域发展规划，调动市场主体、社会主体参与城市建设，还可通过土地储备手段，低价获得土地资源为城市发展所用。比较而言，中国城市发展的规划和协调成本比美国要低得多。但整合治理模式也存在问题，它过于强调层级管理和上级主导，地方和居民利益容易受到损害。

对于美国大都市地区的"多中心"秩序，我们不能出于整体利益或经济效率考虑，简单地予以否定。这种多中心秩序下的协同治理模式，既保障了地方自治和公民权利，又通过发展跨域治理机制，满足区域一体化的发展需求。这种鱼与熊掌两者兼得的制度安排，值得深入探究。20 世纪 70 年代以来，随着公共选择理论的传播，这种多中心秩序已经得到更多认同。对于我国城市治理来讲，多中心秩序具有以下启示意义[①]：

首先，城市治理既要考虑整体利益，也要尊重居民意愿。在区域一体化与居民的自治选择发生矛盾的情况下，城市治理不能简单地采取强制措施，不能让民意屈从于发展需要，需要兼顾经济利益和民意诉求。当前，我国城市治理过于注重经济增长，而对民意尤其是弱势群体的利益诉求不够重视。在城市规划、旧城改造、城市拆迁和城管执法中，政府部门和开发商处于强势地位，个体利益容易受到损害。如何保障每一个人的正当权利，这是城市治理绕不开的一个问题。

其次，相对于整合治理来讲，跨界治理更有利于包容性发展。为了发挥部分城市服务生产的规模经济效益，同时又不损害地方自治，美国大都市地区形成了复杂的横向合作机制。在我国城市治理实践中，当跨界发展遇到障碍时，主政者的第一反应是运用政治权威，由上级介入进行运作。例如，调整行政区划，推进地方合并，实行强制拆迁，等等。实际上，跨域治理并不必然要求实施组织合并，行政区划调整也不是唯一手段。城市发展涉及多元利益主体，促进包容性发展需要尊重多元化的利益诉求。

再次，公共机构所服务的人口规模较小，可以更好地回应公众需求。在多中心秩序下，美国地方政府管辖区的面积较小，服务的人口规模不大，可为市民提供更多的参与机会，更好地回应公众需求。相对于人口规模大的辖区来讲，人口规模较小的辖区，地方政府与居民的互动更多，公共服务也更具回应性。在我国城市治理体系下，区政府的辖区很大，

---

① 杨宏山．美国城市治理结构及府际关系发展．中国行政管理，2010（5）．

居民很少与区政府部门接触。相对来讲，居民与街道办事处的互动要多得多。从政府与社会互动的角度看，街道办事处扮演着更多的政府角色，而区政府倒更类似于上级政府的派出机构。

总之，美国大都市地区治理的制度基础是地方自治，它有利于促使地方政府贴近居民、贴近社会。在“多中心”秩序下，自治市辖区很小，人口规模不大，可以更好地回应居民需求。对于区域性的共同事务，则通过互动协商，在自治市之间达成一致意见，构建协同治理的制度安排。这种多中心基础上的协同行动，既保障了地方的自治权，又提升了大规模公共服务的供给效率。比较而言，中国城市在政府主导下的整合治理模式，有利于统一规划、高效协调和整体推进，但容易忽视不同地区的特殊性、社群利益诉求的多样性，在实践中可能使部分地区或人群的正当利益受损。鉴于此，城市治理需要构建协商平台，发展协同治理的制度安排。

# 第七章
# 城市跨部门协同的制度发展

## 第一节 城市跨部门运作面临的困境

### 一、地方治理的条块结构

中国地方治理立基于单一制和中央集权的制度安排之下，中央部委和上级部门可通过政策手段，直接指挥或指导地方政府各部门运作，形成一种“蜂窝状”治理结构。现行宪法、地方组织法规定，地方各级政府负责执行“上级国家行政机关的决定和命令”，“办理上级国家行政机关交办的其他事项”。为了有效履行职责，地方政府的机构设置自然地倾向于上下对口、左右对齐，结果是，上下级政府之间形成“职责同构”格局①。

在“职责同构”体系中，地方各级政府的职权、职责和机构设置呈现出高度统一性，上下级政府之间对口设置机构，上级政府直接领导下级政府开展工作，上级部门也可通过自上而下的途径来监管或指导下级部门。在部门主导下，中央政府各部门对地方政策制定具有很大话语权。出于部门利益考虑，各部门在政策导向、治理目标上难免存在矛盾，甚至存在利益冲突。在部门利益的指引下，各部门也倾向于通过“条条”的途径来影响地方政府运作，支持有利于本部门利益的政策倡议，阻止有损于本部门利益的政策倡议。

### 二、城市跨部门运作的悖论

改革开放以来，中国政府经历了多次改革，地方政府在基础设施建

① 朱光磊，张志红.“职责同构”批判. 北京大学学报（哲学社会科学版），2005（1）.

设、招商引资、公共服务领域有了较大自主权，但上下对口、职责同构的制度安排并没有实质性变化。城市政府的机构设置与上级政府基本相同，上下级机构的权责配置也很类似。这种上下对口、纵向贯通的“蜂窝状”治理结构，有利于快速落实上级部门的决策部署，但横向运作的壁垒较多。

首先，城市事务的整体治理需求与“条条”运作存在矛盾。城市是优质公共服务资源高度集聚的人居空间，与农村相比较，城市拥有更多更好的公共服务资源。与小城市相比，大城市不仅公共服务质量更好，种类也更丰富。城市治理要求各类基础设施和公共服务相互衔接，形成整体效应。考察纽约、巴黎、东京等顶级城市管理，市政府在辖区内统一规划基础设施和公共服务体系，推进基本公共服务均衡布局，市政府实行高度集中的管理体制，对各部门拥有全面指挥权，各部门面向社区设立分支机构。然而，在中央集权和“蜂窝状”治理结构下，中央部委和上级部门可直接指挥市政府对口部门，各部门既对本级政府负责，也要对上级部门负责。随着城镇化发展，跨部门问题和事务增多，需要相关部门联合起来，采取整体行动。“蜂窝状”结构主要通过条条运作，进行整体应对经常会遇到制度壁垒。例如，在城乡规划中，规划部门与国土部门之间就容易出现冲突；在街头执法中，城管、公安、交管、环保、质检、卫生、水务等部门之间也容易出现争议。

其次，城市政府的协同运作需求与部门主义之间存在冲突。作为地方政府的一种类型，市政府负责管理城市化地区的公共事务。在行政主导体制下，中央行政部门对相关领域的政策制定具有主导权，国家层面的立法活动也受其主导。出于部门利益考虑，各部门在政策制定中，都会为本系统争取行政审批权或价值再分配权。结果是，在上位法规定中，行政部门分别被赋予一定的法定权力，不同部门的管辖权存在相互交叉问题。人们经常看到，一些部门遇到好处就争着管，遇到坏事则推诿扯皮。面对街头执法不力问题，一些城市成立综合行政执法局，承接城建、规划、环保、交管、工商、水务、食药监管等部门的执法事项，相应的职责权限划分、人员编制、行政经费等却不能到位。化解部门主义、多头管理和职能交叉问题，有必要以问题为导向，推进城市综合管理、综合执法，推进大部门制改革。

再次，市民对公共服务的便捷性需求与政府信息碎片化之间存在矛盾。城市人口密集，社会分工高度专业化，市民的工作和生活节奏快，对公共服务的时效要求也更高。随着信息技术进步，市民不仅要求公共服务更快捷，而且要求各项服务相互配套，尽可能做到无缝衔接。这就要求打破政府内部的信息孤岛，更快捷地集成各部门信息，促进信息资源共享，提高政府运行信息化水平。过去，城市各行政部门基于专业化分工，分别承担公共服务项目，向市领导负责并报告工作。市民投诉由信访部门受理，通过内部流程转给主责部门处理。这样，遇到突发或危机事件，市政府可处置完毕后，再向社会发布信息。在信息化时代，政府直接面对市民，遇到危机事件，需及时做出回应，以扭转局面，否则自身的公信力、有效性就会受到质疑，甚至引发群体性事件。

## 第二节　国外城市跨部门治理的新趋势

城市治理立基于一定的国家制度和社会环境之中，随着社会环境的变化而提出新理念，进而推进制度发展。这里以美国和英国为例，考察20世纪90年代以来的城市治理改革实践。两国的制度环境不同，城市治理改革面临的问题有所不同。观察两国城市治理制度演进，可以看到一种趋同趋势，即推进公共机构间协作，构建跨部门治理机制。

### 一、美国大都市治理：走向协同治理

美国市政改革经历了从“碎片化”结构走向协同治理的发展历程。在联邦制、地方自治、行政民主的制度安排下，美国地方政府的规模较小，数量众多，各自为政，聚焦于自身利益，不太关注更大空间的区域发展。面对城市及周边地区的“碎片化”结构，在20世纪早期，市政改革运动者就提出“一个区域，一个政府”口号，主张建立权力集中统一的大政府（gargantuan government），形成覆盖整个大都市地区的区域性政府，维护更大区域内的共同利益①。罗伯特·沃伦提出，“大都市地区的福利只有通过一体化的政治结构才能实现，在这一结构中，市政决策被集中在单一的管辖范围之内”②。市政改革的倡导者认为，大都市地区

① Victor Jones. Metropolitan Govern-ment. Chicago：University of Chicago Press，1942：108－110.

② Robert Warren. Government in Metropolitan Regions：A Reappraisal of Fractionated Political Organization. Davis：University of California，Institute of Governmental Affairs，1966：5.

要发展成为工商业和公共服务业中心，必须克服整个地区在政治上的“碎片化”问题，提供更多更好的公共设施、更全面的城市规划、更好的教育和救助体系①。

在美国宪政制度下，构建区域性政府（包含中心城市及周边地区）的困境在于，联邦宪法保障公民权利，公众崇尚地方自治、家乡自治（home rule），他们反对大城市兼并周边地区，不断用投票行为否决相关议案，大城市兼并周边市县的动议常常遭受失败。观察自19世纪以来大都市地区的兼并运动，尽管有少数案例取得了成功，但多数案例都以失败告终，大都市地区政治结构的“碎片化”特征仍十分显著。

20世纪60年代以后，随着公共选择理论的兴起，形成了蔚为壮观的新思想运动，为反对地方政府间合并运动提供了有力的思想支持，构建统一的地区性政府的努力走向衰落。公共选择理论基于地方自治的价值诉求，强调地方政府间竞争的重要性，主张缩小地方政府规模、提升政府回应性。公共选择学者提出，民主行政是政府良治的制度基础，认为小规模的地方政府更有效能和效率，更有利于改进公共服务②。查尔斯·蒂伯特认为，相对于联邦支出而言，地方公共支出的模式更好地反映了居民的利益偏好，这是因为地方政治领导权以自主组织为基础，需要维持适宜的规模，以保证“每一个地方都有一个反映了居民愿望的收入和支出模式”③。文森特·奥斯特罗姆等学者论证了多中心体制的合理性④。美国大都市地区存在着多个公共机构，包括联邦和州政府的机构、县、市、镇和特区，它们分别履行各自的职能，同时又展开竞争与合作⑤。由于存在多个权威，每个机构的权力和能力都有限，同时又可能利用其他机构的权能，结果是，“协作生产”成为公共服务供给的一种制

---

① Chester Maxey. The Political Integration of Metropolitan Communities. National Municipal Review，1922，11（8）：229－253.

② 尼古拉斯·亨利. 公共行政与公共事务：第八版. 张昕，等译. 北京：中国人民大学出版社，2002：667.

③ Charles Tiebout. A Pure Theory of Local Expenditures. The Journal of Political Economy，1956，64（5）：416－424.

④ Vincent Ostrom，Charles M. Tiebout，Robert Warren. The Organization of Government in Metropolitan Areas：A Theoretical Inquiry. American Political Science Review，55，1961（Dec.）：831－842.

⑤ Vincent Ostrom. The Meaning of American Federalism：Constituting a Self-Governing Society. San Francisco，Calif.：Institute for Contemporary Studies Press，1991：225.

度安排①。

面对地方政府间兼并运动困难重重的现状，20 世纪 90 年代以来，致力于跨域治理的学者提出了新的理论学说，如协同治理（collaborative governance）、新区域主义（new regionalism）等。这些理论尊重地方自治的价值诉求，不再追求建立统一的区域性政府，转而主张在多中心秩序的基础上，针对跨界公共事务，发展"对话式民主"，在平等参与和互动交流中增进共识，运用协商机制组织跨域行动。协同治理通过建立协商机制，在对话和互动的基础上达成一致同意，形成集体规则，采取协同行动。协同治理论者倡导在公共部门之间推进横向合作，发展地方联盟和网络型治理结构，建立合作伙伴关系，提高跨界、跨管辖区问题的治理绩效②。

在美国地方自治制度下，市政府与其他地方自治体之间推进协同治理，有组织创新和机制创新两种制度安排。其中，组织创新通过组织再造，建立新型组织形态，基于民主协商进行集体决策，促使各方采取协同行动，主要有以下几种形式：一是建立地方政府联盟，即市政府与周边的自治体（市、县、镇）建立联盟关系，各个自治体继续存在，由新成立的联盟机构统一负责约定的公共服务项目；二是成立特别功能服务区（简称"特区"），它跨越多个地方政府的管辖区，提供某一专项公共服务，如垃圾收集、污水处理、图书馆、环境治理、水资源管理等；三是成立地方政府联合会，美国多数大都市地区设有地方政府联合会，大家就共同关注的问题定期召开会议，有的有常设机构负责日常管理。与地方政府联盟、特区相比，地方政府联合会的组织形式更为松散，不能强制成员执行某一任务，主要依靠成员单位的自愿合作。

机制创新不设组织机构，依靠工具性手段促使各方采取协同行动。主要有以下几种运作形式：一是签订政府间、部门间合作协议。包括购买服务、行政协作、信息共享、防灾支援等，一些自治市通过合作协议，把自身承担的某些职能转移给周边的大城市，由其统一提供某些公共服务项目，并向大城市支付费用。二是集中服务窗口，提供"一站式"服务。即将多个部门的服务窗口进行物理集中，设立"一站式"办公场所，

---

① 文森特·奥斯特罗姆．美国公共行政的思想危机．毛寿龙，译．上海：上海三联书店，1999：78.

② Anthony Downs. New Visions for Metropolitan America. Washington D. C.：The Brookings Institution，1994.

方便市民和企业办事。三是优化内部行政流程，提升行政效率。例如，整合各部门的服务热线，提供统一的“911”紧急救助热线、“311”非紧急救助热线。四是利用信息技术，集成政务信息，推进跨部门治理。例如，纽约市推出 CPR 项目、巴尔的摩市实施 CitiStat 项目、旧金山市推出 SFStat 项目，通过持续收集和分析各部门的绩效数据，开展市政绩效评估，促使各部门提升回应性、责任性和公共服务绩效。

## 二、英国城市治理：走向整体治理

英国具有深厚的地方自治传统，其自由主义思想渊源、参与型政治文化，以及植根于经验主义的法治意识，使地方自治很好地延续下来①。英国地方政府包括郡（郡级市）、自治市镇、教区或社区议会三个层次。地方议会由本地居民选举产生，对其负责。同时，英国又是典型的单一制国家，地方政府受中央立法和行政指令支配。中央政府可通过议会立法来创设、废除、重塑或修订地方政府权力；中央政府部门也可发布通告和指令，对地方政府履行职责提出建议或指导。这种双重责任机制使地方议员既要顾及本地选民利益，也要考虑中央指示和要求。

二战结束后，在凯恩斯主义的影响下，英国曾致力于建设“从摇篮到坟墓”的福利国家体系，政府主导社会资源分配，公共财政支出不断增大，导致财政赤字扩张，公共服务效率低下。20 世纪 70 年代末撒切尔夫人上台后，英国开始“缩小政府边界、限制政府权力”，大规模削减公共福利开支，降低中央对地方政府的财政补贴，并限制地方政府征税税额。结果是，地方政府的角色、治理结构、职能定位、权力流程发生了很大变化。

20 世纪 80 年代，在新自由主义经济学思想影响下，撒切尔夫人领导的保守党政府着力于重塑政府与市场的边界，推进新公共管理改革运动，推进市场化和竞争化。当时，影响很大的改革措施有“雷纳评审”“绩效管理”“下一节计划”“财政管理革新”等。城市公共服务供给引入了强制性竞标制度，市政部门需要与私人机构、非营利组织竞争公共服务项目，如垃圾收集与处理，道路保洁，学校，公共交通和车辆维护，运动、休闲和娱乐设施等。

随着新公共管理运动的推进，城市政策执行的行动主体走向多元化，

① 孙宏伟. 英国地方自治的发展及其理论渊源. 北京行政学院学报，2013（2）.

公共服务出现了"碎片化"问题①。1988年，在撒切尔夫人的主持下，罗宾爵士推出《改善政府管理——下一节计划》报告，建议实行决策与执行相分离，设立不同的执行机构，并授权非政府部门分担公共服务职能。结果是，社会保障、商业监管、环境保护、卫生监管、交通、农业、移民、公共安全、知识产权、土地注册、建筑标准等领域，设立了很多单一目的的执行机构（single-purpose organization）。一方面，中央政府直接控制着很多执行机构，它们取代了原来由地方承担的一些职能或服务项目；另一方面，地方政府与企业、社会组织合作，也形成了多元化的执行机制。"非选举产生的（部分是中央委任）、私营的、单一目的的服务提供者，已在很大程度上不断扩展"②，地方居民不得不面对复杂的公共服务供给体系。不同执行机构及合作机制的价值导向存在冲突，各自的运作程序也有矛盾，经常搞得地方居民无所适从。

为应对新公共管理导致的"碎片化"问题，20世纪90年代后期以来，英国城市治理出现了构建整体政府（whole-of-government approach，WGA）③、推进整体治理（holistic governance）④的改革运动。1997年布莱尔执政后，提出以最优价值（best value）模式代替强制性竞标制度，加强地方居民对地方政府的民主监督，试图建立注重政府整体价值和绩效的行政文化，重塑地方政府结构，强调部门间合作与协调，以提升政府效能，更好地满足公众需求。针对政策执行遭到部门主义的阻滞问题，布莱尔政府设立了直接对首相负责的机构，包括公共服务改革办公室、首相执行中心、未来策略中心等。这些机构直接向首相汇报，负责监控各部门落实首相优先考虑政策的情况，努力提升政策执行力。

在城市层面，改革者认识到任何单方面的政策和措施，都不能完全解决犯罪、贫困、失学、社会排斥、就业、社区服务等社会问题，必须采取多部门协作和整体运作（joined-up government）方式来解决问题。不同部门具有各自的目标、任务和政策工具，整体治理需要发展出新机制，在不同行动者之间增进知识和信息交流，推进部门间合作，聚合各

---

① 宋雄伟．英国地方政府治理：中央集权主义的分析视角．北京行政学院学报．2013（5）．

② 赫尔穆特·沃尔曼．四国地方政府比较研究．经济社会体制比较，2007（1）．

③ Tom Christensen，Per Lægreid．The Whole-of-Government Approach to Public Sector Reform．Public Administration Review，2007，67（6）：1059-1066．

④ Perri 6．Towards Holistic Governance：The New Reform Agenda．New York：Palgrave，2002：34．

方资源和能力，形成综合性任务体系，提升政府行动的一致性和有效性①。

英国城市推进整体治理主要采取以下运作机制：（1）构建政府与市民互动平台。互动平台以信息技术尤其是互联网为支撑，不再依赖纸质形式，促使政府机构关注公众需求和偏好的变化，及时做出回应。（2）提供“一站式”服务。对各部门的公共服务功能和项目进行整合，建立“一站式”窗口，方便顾客与政府部门进行面对面交往，减少重复询问和信息搜集环节，形成“只问一次”运作机制②。（3）推进部门信息共享。建设政府信息数据库，提高部门信息利用效率。（4）增进机构间协作。包括中央与地方机构间协作及地方机构间合作③。（5）推进大部门制运作。开展机构重组，将几个机构整合为一个大部门，减少横向协调成本。

## 第三节　中国城市跨部门运作的改革创新

当前，我国正处于快速城镇化阶段，每年新增进城人口达到1 300万～1 500万人。随着人口规模快速增长，“城市病”问题也日益凸显，大中城市都面临着交通拥堵、环境污染、“上学难”、“就医难”、“住房难”、安全隐患多、群体性事件高发等问题。治理和化解这些问题，涉及多个部门，需要统筹规划、协同推进。近年来，一些先锋城市积极探索跨部门运作机制，有些政策试验和创新取得了很好效果。这里以北京市近年来的改革实践为例，展现推进整体治理的行动及成效。

### 一、应用信息技术，推进跨部门运作

斯蒂芬·戈德史密斯等指出，“信息技术可以有助于推倒组织之间的壁垒，赋予政府及其合作伙伴各种工具，以跨越组织界限进行有效的合作”④。现代信息技术尤其是互联网的应用，为集成部门信息资源、挖掘

---

① Andrea Baumann. Whole of Government: Integration and Demarcation. CSS Analysis in Security Policy, 2013 (March), No. 129: 1-4.

② 竺乾威. 从新公共管理到整体性治理. 中国行政管理，2008（10）.

③ 翁士洪. 整体性治理模式的兴起：整体性治理在英国政府治理中的理论与实践. 上海行政学院学报，2010（2）.

④ 斯蒂芬·戈德史密斯，威廉·D. 埃格斯. 网络化治理：公共部门的新形态. 孙迎春，译. 北京：北京大学出版社，2008：103.

和利用数据、增进信息共享，提供了重要途径和手段。近年来，北京市利用信息技术推进跨部门运作，以下领域的进展较为显著：

**（一）发展电子政务，促进信息共享**

近年来，中国很多城市都在利用互联网技术，构建政府、部门与市民沟通的信息平台，提供在线咨询和接受投诉服务，为市民在线办事提供方便。北京市也集成了各部门网站和数据库系统，构建统一的“首都之窗——北京市政务门户网站”，包括市区两级政务服务平台，分别设有网上政务服务大厅，包括各部门及其审批事项，大多具有在线查询、预约和申报功能。

**（二）整合政府热线，增进政府与公众互动**

为方便公众参与，北京市一些区从实际需要出发，向信息化主管部门申请了电信服务短号码，设置统一的非紧急救助政府热线。其中，朝阳区于2004年设立了“96105”政府热线，之后不断拓展受理范围，逐步将工商登记注册、投资服务、房管办证、民政服务等咨询业务都纳入进来。2007年，该热线挂牌成立“非紧急救助服务中心”，凡是与政府业务沾边的事情，该中心都受理①。目前，该中心聘有160名工作人员，24小时接听居民电话。“96015”热线负责受理公众咨询、投诉等来电。即应用现代信息技术，形成跨部门沟通机制，在公共部门之间增进交流、对话和磋商，增进理解和信任，推进跨部门运作。北京市西城区整合了社区服务、医保、社保、工商、食药、卫计等多个部门的热线，于2013年8月开通“12341”非紧急救助热线，实行政企合作、外包运营。该热线聘有130名工作人员，致力于提升公众需求的响应能力。通过集成政府热线反映的问题信息，不仅可识别各部门工作绩效，还可对城市整体运行情况做出判断。

**（三）应用物联网等技术，及时识别城市问题**

现代信息技术不仅可提升对市民需求的感知能力，还可集成多方面的信息源，提升对城市运行存在问题的识别能力。2004年，北京市东城区应用地理信息系统、物联网等信息技术，创建了网格化城市管理系统，依靠监督员巡查上报，及时发现、识别各类城市问题，及时向主责单位提供问题信息，并启动立案监督程序。2005年，北京市在城八区范围内

---

① 杨宏山，皮定均. 合作治理与社会服务管理创新：朝阳模式研究. 北京：中国经济出版社，2012：116.

推广这一系统①。2006年，朝阳、西城、海淀等城区分别建成了网格化管理系统。目前，该系统已经覆盖北京市16个区。通过对城市部件、街头事件进行编码，监督员发现问题及时上报，立案后形成在线闭环管理流程，各区提升了对城市问题的回应和处置能力。

**（四）集成规划信息，推进“多规合一”**

中国城市空间规划由经济社会发展规划、主体功能区规划、城乡规划、土地利用规划等多类规划组成，各规划的主体不同、技术标准不一致，致使空间规划容易出现不协调问题，甚至存在冲突。为化解这一问题，广州、厦门等城市率先探索统一空间规划，推进经济社会发展、国土和城乡规划“三规合一”②。将多部门规划整合为一张“蓝图”，各部门共享空间规划基础信息，分别开展行政审批活动，从串联审批走向并联审批，可精简行政流程，提高行政效率。在中央城市工作会议的推动下，北京市于2016年启动了“多规合一”改革，着力于构建统一的空间规划技术平台，统一空间规划坐标、技术和标准，继承多个部门的空间规划信息，形成“一张图”、“一张表”和“一套指标”管理体系。

## 二、再造行政流程，促进部门协作

在部门主导下，行政管理以方便机关及公务员为导向，公众办事经常会遇到门难进、脸难看、事难办的问题。所谓再造行政流程，促进部门协作，即以满足市民需求、方便市民办事为导向，对各部门的行政流程进行优化整合，尽可能精简行政程序，缩短审批时限，改进服务质量。近年来，北京市为推进服务型政府建设，在机构改革的同时，也致力于优化行政流程。在实践中，这方面的改革行动主要有：

**（一）建设行政服务中心，提供“一站式”服务**

20世纪90年代，一些先锋城市率先将“一站式”服务理念应用于招商引资活动，建设综合性行政服务中心，将多个部门的审批服务窗口集中在一起③。2001年，国务院推进行政审批制度改革后，很多城市都设

---

① 杨宏山，齐建宗．数字化城市管理模式．北京：中国人民大学出版社，2009：31.

② 赖寿华，黄惠明，陈嘉平．从技术创新到制度创新：河源、云浮、广州“三规合一”实践与思考．城市规划学刊，2013（5）；翁芳玲，赵燕菁．厦门市“三规合一”规划审批改革．规划师，2015（8）.

③ 1995年，深圳市率先将外商投资审批涉及的18个部门集中起来，成立外商投资服务中心。随后，很多城市借鉴这一经验，设置“一站式”行政服务中心。（沈荣华，王荣庆．从机制到体制：地方政府创新逻辑：以行政服务中心为例．行政论坛，2012（4）.）

立了综合性行政服务机构，北京市各区也设立了这种"一站式"服务机构。以中关村科技园区行政服务中心为例，该中心经历了从集中各部门的审批窗口、方便公民办事，到再造行政流程、减少办事环节的发展历程。该中心刚设立时，只提供"一站式"办事环境，市、区两级政府的相关部门派人进驻服务大厅，分别按原程序受理业务。为提高审批效率，该中心在探索中创设了"集中受理""集中收费""并联审批""限时办结"等新机制，持续优化审批流程，减少了审批环节，缩短了办事时间。

**（二）推进属地化管理，提升统筹协调能力**

随着市场化改革的推进，城市人口的流动性增大，原来由单位承担的大量事务移交给基层政权承担。然而，城市基层管理存在较为突出的条块分割问题：行政部门拥有法定职权，但编制和人员有限，难以向社区延伸服务；街道办事处贴近基层，但被赋予的事权有限。针对条块分割问题，北京市开始探索"两级政府、三级管理"体制，推进管理重心下移，强化属地管理责任。1999 年，北京市第二次城市管理工作会议做出决定，将部分财权、事权从市级下放给区级，实行市区"税收分成、财随事走"，同时要求强化街道对辖区内事务的统筹协调和管理能力。随之，街道办事处的责任、机构和人员编制都有较大增加。2016 年北京市委、市政府出台《关于全面深化改革提升城市规划建设管理水平的意见》，提出科学划分城市管理条块职责，明确指出"区政府在城市管理中负主体责任"，要求"深化街道体制改革，强化城市管理、社会管理与公共服务职能"。

**（三）推进市政绩效评估，构建跨部门评价机制**

为改进机关作风、提高服务效率，在 20 世纪 90 年代，一些城市开始探索市政绩效评估工作，开展了"公众评议政府""万人评议政府""民意测评职能部门"等活动。进入新世纪，市政绩效评估快速发展起来。借鉴兄弟城市的经验，北京市于 2008 年推出"三效一创"绩效管理体系，从履职效率、管理效能、服务效果、创新创优 4 个维度，对市级行政机关和区政府进行年度绩效考评。随之，各区也建立了绩效考评体系。与市级考评相比，区级绩效考评更注重动态性。其中，朝阳区依托网格化管理系统，根据立案问题的数量，定期对各部门、街道办事处、乡政府进行绩效考评，发布评估结果，为促进跨部门合作提供了重要抓手。

## 三、整合行政组织，推进协同治理

在专业化分工和部门化管理下，部门间协同是城市治理的永恒主题。

推进协同治理，需要将公共事务涉及的相关部门纳入政策议程，建立交流和协商平台，彼此在商讨中集聚共识，各方基于共识进行集体决策，并分别付诸实施。推进协同治理的组织整合，可分为大部门制、领导小组、委员会制三种形式。

**（一）构建大部门体制，减少职能交叠**

大部门制对职能相近的机构进行合并，由一个大部门统一管理相关公共事务。这样，行政机构之间的跨部门协作就变成了大部门内部的一体化运作，政策协同的阻力就会减少。近年来，针对土地利用规划和城市规划存在不协调的问题，深圳、广州、上海等城市推进组织整合，成立国土资源和规划委员会，推进城市规划和国土规划合一，减少职能交叠，取得了较好效果。借鉴这些城市的经验，北京市也在相关领域推进大部门制改革。2016 年 7 月，北京市组建了规划和国土资源委员会、城市管理委员会。其中，规划和国土资源委员会由市规划委员会、国土资源局合并成立，目的在于推进城乡规划和土地利用规划合一，更好地发挥规划的引领和控制作用。城市管理委员会以原市政市容管理委员会为基础，划入了市发改委的煤炭、电力、能源运行管理职责，以及商务委、市园林绿化局、市水务局的部分职责。机构重组后，市城市管理委员会对多部门的相关业务进行指导协调、指挥调度和检查评价。这两个机构名为委员会，实际上列入政府组成部门，实行首长负责制，属于大部门性质的行政机关。

**（二）组织领导小组，推进高位协调**

对于涉及多个部门的公共事务，需要协调各方主体及其掌握的资源，因此引入更高层次的权威，协调各方集聚共识，就成了推进工作的一种途径。在中国的制度环境下，城市推进跨部门协调，一种常用机制是成立“领导小组”（或“指挥部”），由市领导担任组长，主责部门负责人任副组长，相关部门负责人为小组成员。与大部门制相比较，“领导小组”的运作程序更简单，成员变动更容易，决策机制更灵活。近年来，为增强政府工作的整体性和协调性，北京市新成立了多个领导小组，如全面深化改革领导小组（2014 年）、网络安全和信息化领导小组（2014 年）、区域协同发展领导小组（2014 年）、政府绩效管理工作领导小组（2012 年）等。以市委网络安全和信息化领导小组为例。该小组受市委常委会领导，由市委书记任组长，市长任副组长，成员包括几十个部门的负责人，负责贯彻落实中央相关重大决策、部署和工作要求，组织领导北京市网络安全和信息化建设工作，制定发展规划和政策，统筹协调本市网络安全和信息化工作的重大事项。

**（三）召开部门联席会议，促进合作行动**

联席会议是平等主体之间为促进协同行动而构建的一种松散型议事决策机制。它由市政府批准建立，各成员单位按照商定的工作制度，及时沟通情况，协调不同意见，推动具体任务得到落实。也有的联席会议由部门发起，其他相关部门参与，探讨合作的途径和方式。联席会议通过协商方式讨论问题，达成协议后由各方分别实施。北京市在重大项目推进、重要活动组织、突发事件应对时，都会召开部门联席会议，促进合作行动。借鉴2008年奥运会环境建设经验，北京市于2010年成立首都城市环境建设委员会，在中央和北京市有关部门之间增进协调，也具有联席会议的性质。该委员会由中央部门、北京市政府、相关部门的领导等组成，中央部门与北京市不存在隶属关系，彼此通过协商达成共识，采取协同行动。

## 第四节 走向整体治理的制度需求

在单一制和中央集权的制度安排下，中国地方治理形成了上下对口、左右对齐的“蜂窝状”治理结构，这种制度安排有利于快速落实上级决策部署，但部门间横向运作的壁垒较多，城市公共事务整体治理面临困境和挑战。面对现实问题，一些城市政府运用多种手段，推进跨部门运作，取得了一定效果。

观察北京市推进整体治理的改革举措，可以看到，其行动路径可分为三种类型：一是应用现代信息技术，形成跨部门沟通机制，在公共部门之间增进交流、对话和磋商，增进理解和信任。二是再造行政流程，促进部门协作，减少行政环节，方便公民办事。三是整合行政组织，具体途径有大部门制、高位协调、联席会议等。

完善城市治理体系，除了自下而上的改革探索，也需要改进顶层制度安排，构建中央选择性集权体制，完善不同层级政府之间的权责配置，赋予城市政府对辖区内事务更大的自主权，从而可根据实际问题和需求，启动流程再造、机构重组，增进部门间协同运作。

为此，一方面，需要区分中央事权和地方事权，构建中央选择性集权体制。对于中央事权范围内的全国性事务，如国防、外交、宏观调控、国家立法、大江大河治理、全国性交通大通道等，中央政府承担责任，有必要自上而下设置机构，形成全国性组织体系，中央相关部门实行一竿子插到底。中央也可委托地方政府履行中央事权范围内的职责，但需要建立相应的中央财政拨付机制。中央事权之外的公共事务，则属于地方性事务，有必要扩大地方自主权，推进城市事务的整体治理。

另一方面，地方治理也要区分区域治理、城市治理和农村治理，根据公共物品受益范围的差异性，由合宜的政府层级承担供给责任，或在不同层级政府之间合理分摊职责和费用。在地方政府之间采取差异性的权责安排，有利于提高资源配置效率，更好地满足各地的公共服务需求。由此形成的政府职能划分结构中，城市政府主要负责城市化地区的公共服务供给责任，国家治理需要完善省之下的分税体制，为城市可持续发展提供制度支持。

# 第八章 城市街道管理体制改革

## 第一节 城市街道管理体制的问题

随着社区建设的推进，我国城市基层治理结构发生变化，街道办事处和居委会继续发挥作用，物业管理公司、中介服务机构、社区服务中心、社会组织已经成为社区治理的重要主体。在多元主体中，街道办事处协调基层政府部门及其派出机构，履行公共服务和社会管理职能；社区居委会兼有行政和自治属性，既是街道办事处在社区的“腿”，也是基层群众性自治组织；物业公司、中介服务机构提供经营性服务，社区服务中心、社会组织提供公益性服务。在社区建设中，关于街道办事处的地位和角色，还存在一些模糊认识。

### 一、街道办事处的职责变迁

新中国成立后，我国城市基层管理废除了长期实行的保甲制度①，经过短暂的军事管制，很快建立起街道管理体制。在新政权建立后，为平稳过渡，一些地方曾暂时接管保甲组织②，很快，各城市建立了名称

---

① 保甲制度是中国历史上长期实施的一种社会统治手段，其基本特征是以“户”为社会组织的基本单位，设户长；若干户为甲，设甲长；若干甲为保，设保长。南京国民政府时期延续了这一制度。1937 年，行政院公布修正《保甲条例》，在全国施行。（冉绵惠. 民国时期保甲制度研究. 成都：四川大学出版社，2005.）1949 年 5 月上海接管时，全市共划有 30 个行政区，其中市区 20 个，郊区 10 个。区以下共设 293 个保，28 553 个甲。（朱国明. 上海：从废保甲到居民委员会的诞生. 档案与史学，2002（2).）

② 以上海解放为例，1949 年 5 月，陈毅签发《上海军管会关于接管工作的通知》，提出在接管初期对保甲制度“暂时采取不承认也不宣布取消的态度”。随着城市基层管理权实现平稳过渡，1949 年 7 月，上海市宣布废除保甲制度。（杨丽萍. 从废除保甲制度到建立居民委员会. 党的文献，2010（5).）

不一的基层党政组织和群众组织。1953 年，北京市委书记彭真向中央提交《关于城市街道办事处、居民委员会组织和经费问题的报告》，提出“为了把很多不属于工厂、企业、机关、学校的无组织的街道居民组织起来，为了减轻区政府和公安派出所的负担，还需要设立市或区政府的派出机关——街道办事处”，“街道的居民委员会必须建立，它是群众自治组织，不是政权组织”。该报告得到中央批准，随后各地陆续设立街道办事处和居民委员会。

1954 年 12 月，全国人大常委会通过《城市街道办事处组织条例》，规定“市辖区、不设区的市的人民委员会可以按照工作需要设立街道办事处，作为它的派出机关”。根据该条例，街道办事处的工作任务有三项：办理市、市辖区的人民委员会有关居民工作的交办事项；指导居民委员会的工作；反映居民的意见和要求。该条例公布后，各城市普遍设立街道办事处。在“大跃进”运动中，街道办事处与居委会被合并在一起，形成政社合一的人民公社，其职能扩展到经济领域。1962 年，中央决定人民公社恢复为街道办事处。“文革”期间，街道办事处又被改组为街道革命委员会。1978 年之后，城市基层管理恢复了街道办事处的名称和法律性质。

在计划经济时代，城市基层管理主要依赖于单位体制，街居体制负责管理社会“闲散”人员，发挥着辅助性功能。绝大多数社会成员都被纳入单位体制之下，人们高度依赖于所在单位获取资源。由于街道层次的工作任务不多，街道办事处的组织结构也较为简单，人员数量有限。《城市街道办事处组织条例》规定，街道办事处设主任一人，在必要的时候，可以设副主任一人。街道办事处共设专职干部三人至七人，内有做街道妇女工作的干部一人。街道办事处主任、副主任都由市辖区、不设区的市的人民委员会委派。该条例还规定，“市、市辖区的人民委员会的各工作部门，非经市、市辖区的人民委员会批准，不得直接向街道办事处布置任务”。

改革开放以后，随着经济体制改革的推进，企业承担的社会职能不断被剥离出来，外移给街道办事处承担，街道层面的工作负荷日益加重。20 世纪 90 年代，为强化城市基层管理，设区的市推行“两级政府、三级管理”架构，强化街道办事处的属地管理责任。以北京市为例，1999 年北京市第二次城市管理工作会议提出，推进城市管理重心下移，强化区县管理职能，建立“两级政府、三级管理”体制。为强化基层管理职能，北京市将部分财权、事权从市级下放给区级，实行市区“税收分成、财随事走”，主要涉及环境卫生管理、园林绿化管理、房屋管理、市政道路管理、户外广告管理等事项。同时，强化街道在管辖区域内的统一领导和综合管理职能。

城市管理重心下移以后，街道承担的职责和任务越来越重，其工作涉及民政、司法、治安、交通、消防、市容、卫生、绿化、环保、人防、计划生育、社会保障、文教等多个领域。据统计，2003 年北京市石景山区街道办事处共承担 108 项职责，大多由区政府相关职能部门移交过来①。结果是，“职能部门动动嘴，街道就要跑断腿”。街道办事处的职责范围十分宽泛，有工作人员调侃说，“上管天、下管地、中间管空气，人上环、狗戴牌、耗子洞里塞药丸”。随着职责扩大，街道办事处的机构设置和人员编制也在增加。目前，北京市的街道办事处设有 10 多个科室。大的街道有公务员和事业编制人员 200 多人，小的街道公务员和事业编制人员也在 100 人左右。

街道办事处的权责配置具有以下特点：（1）行政授权有限。作为基层政府的派出机构，街道办事处不具有独立行政权，其事权大小由上级决定，经费来自财政拨款。（2）行政事务繁多。街道办事处承接了政府部门移交的大量职责。“上面千条线，下面一针穿”，需要对接多个部门，承办诸多事项。（3）工作协调性强。街道办事处不具有法定职权，开展工作需要协调多方主体，争取法定主管部门支持，携手开展社区建设。

## 二、居民委员会的角色变迁

城市居民委员会是新政权建立后，在取消保甲制度的基础上建立的。在旧政权垮台后，杭州、天津、武汉、成都、上海等城市先后动员群众成立居民委员会②。1952 年，在国庆典礼上，毛泽东主席看到整齐列队的北京市民队伍，对北京市委书记彭真说：“还是把市民组织起来好”。1954 年，全国人大常委会通过《城市居民委员会组织条例》，规定居民委员会是群众自治性组织，负责办理有关居民的公共福利事项，向基层政

---

① 侯玉兰．鲁谷社区体制创新的实践与思考．红旗文稿，2003（19）．

② 1949 年 12 月，杭州市政府发布《关于取消保甲制度建立居民委员会的指示》，这是迄今发现的关于建立城市居民委员会的最早政令。（陈喜强．中国城市基层社区组织身份治理模式研究．北京：中国经济出版社，2011：35.）

府及其派出机关反映居民的意见和要求，动员居民响应政府号召，领导群众性的治安保卫工作，调解居民间纠纷。

在人民公社化运动中，城市居委会成为人民公社的分社，实行政社合一体制。1962年，城市人民公社解体，居委会恢复原来名称。改革开放后，1980年全国人大常委会重新公布《城市街道办事处组织条例》和《城市居民委员会组织条例》，确立了街道—居委会在城市基层管理中的主导性地位。

1989年12月，全国人大常委会通过《城市居民委员会组织法》，规定居民委员会是基层群众性自治组织，城市基层政府或其派出机关对居委会工作给予指导、支持和帮助，居委会协助基层政府或其派出机关开展工作。根据该法，居民委员会主要承担六项任务：宣传法律法规和国家政策，维护居民的合法权益，教育居民履行依法应尽的义务，爱护公共财产，开展精神文明建设活动；办理本居住地区居民的公共事务和公益事业；调解民间纠纷；协助维护社会治安；协助基层政府或其派出机关做好与居民利益有关的公共卫生、计划生育、优抚救济、青少年教育等项工作；向基层政府或其派出机关反映居民的意见、要求和提出建议。从法律规定的工作任务看，居委会不是真正意义上的居民自治组织，它承担政府委托的大量行政性工作。居委会的日常活动经费和人员工资也来自财政拨款。

20世纪90年代，民政部提出开展城市社区建设。北京、上海、广州、深圳等城市下移管理重心，居委会被进一步纳入街道办事处的组织体系。1999年1月，民政部先后在南京、青岛召开全国城市社区建设工作会议，总结各地社区建设经验，对社区建设做出全面部署。此后，各城市结合实际情况开展社区建设，形成了上海模式、沈阳模式、江汉模式等地方性经验。总体来讲，我国城市社区建设是政府主导的行动过程，街道党工委和办事处发挥领导者、组织者和协调者作用，居委会处于从属地位。在行政主导下，居委会具有双重身份，它既代表居民利益、履行居民自治职能，也承担街道办事处交办的任务①。有研究者将这一身份界定为“自治性和行政化的统一体”②。

---

① 桂勇，崔之余．行政化进程中的城市居委会体制变迁．华中理工大学学报（社会科学版），2000（3）．

② 陈喜强．中国城市基层社区组织身份治理模式研究．北京：中国经济出版社，2011：38．

## 三、城市街居制度的深层矛盾

当前，我国设区的市普遍实行“两级政府、三级管理”体制，即在区政府之下设置街道办事处作为派出机关，并在街道之下，依靠社区居委会提供协助。这一组织模式在运作中面临一些深层矛盾：

第一，街道办事处履行职责缺乏法律依据。新中国成立以来，关于街道管理体制的法律法规主要有两部：一部是《城市街道办事处组织条例》，另一部是《地方各级人民代表大会和地方各级人民政府组织法》（简称《地方组织法》）。1954年制定的《城市街道办事处组织条例》规定，街道办事处是基层政府的派出机关，负责三项职能：承担政府有关居民工作的交办事项，指导居委会工作，反映居民的意见要求。《地方组织法》第六十八条规定，“市辖区、不设区的市的人民政府，经上一级人民政府批准，可以设立若干街道办事处，作为它的派出机关”，但并没有就街道办事处的任务和组织结构做出规定。当前，街道办事处承担着相当于一级政权的管理职责，其机构设置与区政府部门具有对接关系。随着行政事务增多，在街道层面，财政支付工资的工作人员数量也在扩张之中。2009年，全国人大宣布废止《城市街道办事处组织条例》，化解了街道办事处实际运作与法律规定不相吻合的问题，却又使街道办事处的存在失去了专门法依据。街道办事处应承担哪些职能，其与政府部门的责任划分，都没有明确的法律依据。在实际中，街道办事处的职责主要由市、区政府通过工作部署来确定。

第二，街道办事处责权配置严重失衡。20世纪90年代以来，街道办事处的职责范围明显扩大，组织和人员规模也有扩展，但职权配置没有显著变化，普遍存在“责大权小”问题。作为派出机关，街道办事处不具有行政执法主体资格，重要资源和管理权力仍由政府部门掌握，街道只能在政府授权的范围内开展工作。目前，一些政府部门也向街道机关下移部分工作，但这只是一种行政委托，街道办事处承接的只是事务，不是行政审批和执法权力。有些政府部门在街道单独设有派出机构，这些机构不受街道领导，街道办事处在处理相关事务时只能通过协调的方式寻求配合。

第三，城市行政管理层级设置过多。近年来，为扭转社区居委会行政化倾向，推进政社分离，一些大城市由街道办事处在社区设置服务站，依靠社区工作者提供政府服务。这样，城市行政管理就形成了四个层级，即市、区、街道、社区服务站。行政层级设置过多导致行政流程很长，行政效率自然受到影响。考察国外城市行政层级设置，除部分超大型城市设有市、区两级行政，大多数城市只设一级政府，市政府直接面向居民提供公共服务。我国城市行政层级设置过多，区政府在很多事务上扮演“二传手”角色。设置社区服务站以后，如果不利用信息技术优化行政流程，街道办事处有可能会变成“三传手”。

第四，街居制运作与居委会的法定地位相矛盾。在街居制度下，街道承担政府交办的大量行政事务，包括社区建设、人民调解、治安保卫、拥军优属、优抚救济、社区服务、社区教育、常住和流动人口管理、计划生育、普法教育、“门前三包”、综合执法、安全生产检查等。为了有效履行职责，大城市在社区设有工作站，也称社区服务站，分担部分居民服务事项。同时，街道办事处还将不少任务交给居委会办理。居委会从街道获取资源，承担街道交办的事项，包括信息采集、数据统计、问卷调查、工作检查等。从法理上讲，街道办事处与居委会是指导与被指导的关系，但实际中，居委会成了街道办事处的下属组织。

## 第二节　街道办事处改革的新思路

### 一、街道办事处改革的几种观点

20 世纪 90 年代以来，街居制在运行中存在的问题引起广泛关注，学术界的讨论也越来越多。概括来讲，关于街道管理体制改革，存在四种代表性观点：

一是主张将街道办事处建成一级政府，实行“三级政府、三级管理”体制。针对街道办事处在运作中存在的现实问题，有观点提出，随着城市基层行政管理事务日益增多，市辖区政府不断向街道办事处下放权力，有必要将街道办事处“由虚到实”建成一级政府①。也有观点主张将直辖市、省辖市、计划单列市、较大城市的街道办事处转化为一级政权，而中小城市的街道办事处维持现有性质不变②。有研究者提出，当前中国社区自治组织发育滞后，难以有效履行社会管理职能，在街道层次设

① 彭潇. 街道办事处改革与社区建设的路径选择. 人民论坛，2010（4）.
② 万鹏飞. 中国大陆城市的街道行政管理体制. 当代中国研究，1994（3）.

置基层政府，有利于加强社会管理①。

二是主张将街道办事处改为基层政府，把区级政权变成市政府的派出机关。考虑到市辖区的面积和人口规模较大，区政府主要承担区域性管理任务，社区居民与区政府部门的直接接触不多，街道层面承担着大量的公共服务和行政事务，有研究者提出“虚区实街”的改革建议，即适度推进街道合并，扩大街道的管辖区规模，在街道层次设立基层政府，同时，将区级政权改为市政府的派出机关，构建新的“两级政府、三级管理”体系②。

三是主张维持街道办事处的派出机构性质，同时强化综合协调职能。有研究者认为，街道办事处是政府与社会的结合点，它既是行政组织又是社区组织，既承担行政职能又统筹社区管理，问题在于街道办事处的权责配置不合理。他们提出理顺街道办事处与区级职能部门的关系，剥离街道办事处的专业化管理职能，强化综合协调职能；街道办事处主要发挥“组织者、倡导者、指导者和参加者”角色，调动多方力量参与社区治理③。

四是主张撤销街道办事处，把区的管辖范围划小，由区政府直接指导社区建设，实行“二级政府、二级管理”体制。为化解区政府职能部门与街道办事处在权责配置上的矛盾，一些研究者建议撤销街道办事处，区政府的职能部门直接下沉到社区，直接面向居民提供公共服务④。这样，区政府职能部门通过社区服务站，直接与居民接触，从而真正成为基层政府。

上述几种观点各有理由，也都存在局限性。第一种看法有悖于行政组织扁平化的发展趋势，也不符合国际上城市管理的通行做法。从国外经验看，普通城市普遍只设一级政府，实行整体治理，一些超大城市也会划分行政区，设立区级行政机构，但城市规划和决策权高度集中在市级层面，区级机构并不具有完整的政府组织体系。政府层级设置过多，有利于加强控制，但却以降低政府回应性、增加行政成本为代价。中国

---

① 李荣娟，朱光喜．将街道办事处建成一级政府的依据和构想．江汉大学学报，2004 (3).

② 浦兴祖．特大城市城区管理体制的改革走向．政治学研究，1998 (3).

③ 饶常林，常健．我国城市街道办事处管理体制变迁与制度完善．中国行政管理，2011 (2).

④ 何艳玲．“社区”在哪里：城市社区建设走向的规范分析．华中师范大学学报（人文社会科学版），2007 (5).

设区的市已经设有两级政府，没有必要再把街道办事处变成基层政府。第二种意见主张“虚区实街”，这涉及基本制度改革，需要修改宪法和地方组织法，启动政策议程难度很大。同时，“虚区实街”也没有减少行政层级，还将导致基层行政机构和人员编制扩张。第三种意见主张维持现状，转移街道承担的具体公共服务职能，强化街道的综合协调能力，这将会减少面向社区的公共服务网点，同时也无法化解街居制面临的现实困境。第四种意见主张由区政府在社区设立服务站或工作站，面向居民提供公共服务，可减少一个行政层级，但撤销街道办事处以后，社区服务站将可能演化为事实上的派出机构，而且，撤销街道办事处以后，多个小规模的社区服务站并存，资源配置和行动能力有限，也会存在行政成本上升、街道层面的综合协调能力下降问题。

## 二、国外城市治理的制度比较

探讨城市街道管理体制改革，既要坚持问题导向，搞清街居体制存在的实际问题，也有必要考察国外城市治理的制度安排，在比较制度分析中获取启迪和借鉴。

这里以美国、日本和韩国为例，对三国城市行政层级设置进行比较。总结起来，三国城市治理的行政层级安排存在两种类型：

（1）一级管理。即只设市议会和市政府，不再划分二级行政区，不设区级机构，实行整体治理，城市规划和政策制定权集中在市级，政府直接面向市民提供公共服务。美国城市数量众多，除纽约市分为五个区之外，其他城市都不设区，由市政府进行集中化管理。日本除东京都以外，全国共有782个自治市，分为政令指定都市、核心市、特例市和一般市四类①。核心市、特例市、一般市都不设区。韩国的城市分为特别市、广域市和一般自治市三类，一般自治市不设二级行政区②。

（2）两级管理。即设置市、区两级政府，市政府负责全域治理，区政府在本行政区内履行职责。美国只有纽约市设有区级行政组织。纽约市是美国人口最密集的城市，设有曼哈顿、皇后、布鲁克林、布朗克斯、斯塔滕岛五个行政区，区长由选民直接选举产生，拥有的行政权力较小。

① 礒崎初仁，金井利之，伊藤正次. 日本地方自治. 张青松，译. 北京：社会科学文献出版社，2010：3，39-41.

② 目前，韩国设有2个特别市、6个广域市、77个一般自治市。其中，首尔市、世宗市为特别市，6个广域市分别为釜山市、大邱市、仁川市、光州市、大田市和蔚山市。

日本城市体系中，只有东京都和 20 个政令指定都市设有区。东京都设有 23 个特别区，区长由直接选举产生；政令指定都市设区长，由市长任命，不设区议会。韩国的特别市和广域市设有二级行政区。在市、区两级制下，城市权力也集中于市级，区长和区级组织的权力有限。

根据美国统计局 2012 年发布的统计数据，全美总共有 19 519 个城市①。其中人口在 100 万及以上的城市有 9 个，30 万～<100 万的有 53 个，20 万～<30 万的有 45 个，10 万～<20 万的有 172 个，5 万～<10 万的有 438 个，5 万以下的有 18 802 个②。由此可见，美国城市大多为中小城市，人口规模不大。美国大都市地区的人口规模较大，但由于存在多个市镇，每个城市都是自治性政治实体，实际上，多数城市的人口规模并不大（详见表 6－1）。

美国前 20 位城市人口数量如表 8－1 所示。

**表 8－1　　　　美国前 20 位城市人口数量**

| 城市名称 | 人口数/万人 | 城市名称 | 人口数/万人 |
|---|---|---|---|
| 纽约 | 836.6 | 奥斯丁 | 86.6 |
| 洛杉矶 | 386.2 | 杰克逊维尔 | 83.7 |
| 芝加哥 | 271.5 | 印第安纳波利斯 | 83.5 |
| 休斯敦 | 216.5 | 旧金山 | 83.0 |
| 费城 | 155.1 | 哥伦布（俄亥俄州） | 81.1 |
| 凤凰城 | 149.0 | 沃斯堡 | 77.9 |
| 圣安东尼奥 | 138.6 | 夏洛特 | 77.5 |
| 圣迭戈 | 134.0 | 底特律 | 69.7 |
| 达拉斯 | 124.3 | 艾尔帕索（得克萨斯州） | 67.6 |
| 圣何塞 | 98.5 | 西雅图 | 63.5 |

资料来源：U. S. Census Bureau. Annual Estimates of the Resident Population for Incorporated Places of 50,000 or More, 2014. http://factfinder. census. gov/faces/tableservices/jsf/pages/productview. xhtml? src=bkmk.

与美国相比较，中国城市的人口规模要大得多。以北京市为例，主城区由六个区组成。其中，朝阳区、海淀区的人口规模在美国城市中可排至第三位。人口最少的石景山区，也可在美国城市中排 20 位左右。北

① U. S. Bureau of the Census. 2012 Census of Governments. http://factfinder. census. gov/faces/tableservices/jsf/pages/productview. xhtml? src=bkmk.

② 同①.

京市“城六区”中，共设有106个街道办事处（见表8-2）。大街道的管辖区常住人口超过20万人，相当于美国排名前110位城市的规模。根据2010年统计数据，北京市海淀区24个街道办事处中，有18个街道的人口超过10万人（见表8-3），按照人口规模排名，均可排至美国城市前280位。可见，中国城市街道辖区的人口规模，少则几万人，多则二三十万人，相当于美国中小城市的规模体量。试图撤销街道办事处，就相当于20世纪美国市政改革提出的城市合并倡议，难免会遇到挑战。

**表8-2　北京市“城六区”基本概况（2012年）**

| 城区名称 | 面积/平方公里 | 常住人口/万人 | 街道办事处数量/个 |
|---|---|---|---|
| 朝阳区 | 470 | 354.5 | 25 |
| 海淀区 | 431 | 328.1 | 24 |
| 东城区 | 42 | 91.9 | 17 |
| 西城区 | 51 | 124.3 | 15 |
| 丰台区 | 306 | 211.2 | 16 |
| 石景山区 | 86 | 61.6 | 9 |

资料来源：北京市统计局．北京市2010年第六次全国人口普查主要数据公报，2011-05-05.

**表8-3　北京市海淀区各街道常住人口数（2010年）**

| 街道名称 | 常住人口/万人 | 街道名称 | 常住人口/万人 |
|---|---|---|---|
| 万寿路 | 17.2 | 清华园 | 5.2 |
| 永定路 | 4.9 | 燕园 | 3.8 |
| 羊坊店 | 12.7 | 香山 | 2.9 |
| 甘家口 | 11.8 | 清河 | 14.0 |
| 八里庄 | 13.6 | 花园路 | 14.9 |
| 紫竹院 | 13.8 | 西三旗 | 14.0 |
| 北下关 | 15.9 | 马连洼 | 10.6 |
| 北太平庄 | 20.2 | 田村路 | 10.7 |
| 学院路 | 24.3 | 上地 | 10.2 |
| 中关村 | 16.0 | 万柳 | 2.8 |
| 海淀 | 14.5 | 东升 | 5.0 |
| 青龙桥 | 12.9 | 曙光 | 10.2 |

资料来源：海淀区统计局．海淀区2010年第六次全国人口普查主要数据公报，2011-06-20.

## 三、街道体制改革的新思路

与国外城市相比较，我国城市管理增加了街道这一行政层级。目前，设区的市在城区实行“两级政府、三级管理”体制，在区政府之下设置街道办事处作为派出机构，政府部门将部分行政事务下移给街道承担，但行政审批权、执法权并未下放，仍由政府部门掌握。街道办事处承担的任务增加，受编制限制，普遍存在“事多、责大、人少”问题。为做好工作，街道办事处不得不向社区安排任务。

通过与国外城市人口规模相比较，我们发现，我国城市街道辖区的人口规模很大，有必要建立以街道为基本单位的公共服务平台，增进社区层面的公共服务综合协调。如果撤销街道办事处，由各部门直接向社区延伸公共服务，分别设立行政服务中心，则存在规模不经济问题。

为扭转社区行政化问题，提升社区自主治理能力，有必要充实街道这一行政层次，实行政府事权下放与街道编制增加相挂钩，将街道的大量隐性聘用人员转化为正式编制人员或规范的劳动合同关系。基于这一思路，街道办事处改革涉及四个方面的内容：（1）明确街道事权范围，核定街道责任清单，建立街道责任与编制相挂钩的管理制度。（2）推进居站分离，设立社区服务站或工作站，提升居委会的自主性。（3）简化行政流程，发展电子政务，提供“一站式”办公环境，方便居民获取公共服务，提升办事效率。（4）推进政府购买社区服务，引导和支持社区组织发展（见图8－1）。

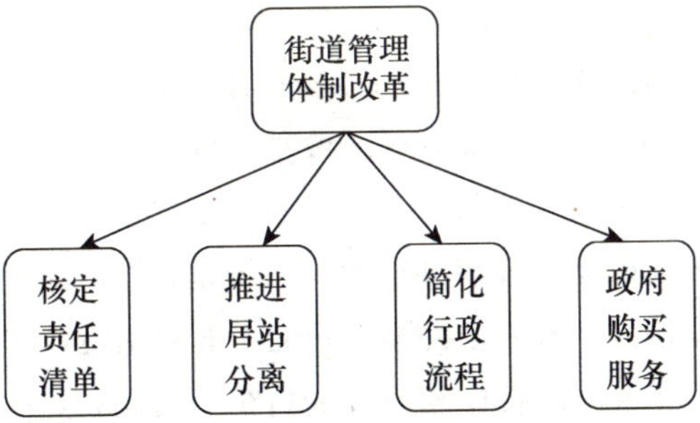


**图8－1　街道办事处改革的新思路**

在明确街道事权清单后，政府部门向街道委派新任务，需在协商一致的前提下，签订委托协议，并支付经费。政府部门也可直接与物业公司、社区商业网点、社区居委会、社会组织、志愿者组织合作，委托后者提供公共物品和公共服务。例如，民政部门可委托社区组织开展文体、娱乐、救助等活动；司法行政部门可委托律师事务所开展普法教育，提供法律咨询；环卫部门可与物业公司合作，委托后者提供保洁服务。

推进居站分离后，社区服务站承接街道办事处交办的事项。作为街道办事处的分支机构，社区服务站不具有行政审批权，通过开展“一站式办公”，为居民就近办事提供便利。这样，原来到街道办事处办理的事情，在社区服务站就可办成。居站分离后，社区组织不再承担行政事务，可根据社区居民的实际需求，发展公益性服务项目。

## 第三节　街道办事处改革的政策试验

为理顺街道与社区关系、强化社区自治功能，20 世纪 90 年代以来，一些城市主动探索街道管理体制改革。其中，北京市、南京市、贵阳市、铜陵市、黄石市试点撤销街道办事处，取得了一些经验，也积累了一些教训。

### 一、南京市白下区改革试点

2002 年 3 月，南京市白下区在全国率先试点，撤销了淮海路街道办事处，探索社区建设的新路径。白下区成立淮海路地区行政事务受理中心，由劳动、民政、计生、城建、市容、司法等 6 个部门派出人员，负责受理和处理政务服务。同时，将原来由街道办事处承担的 57 项管理和执法职能，移交给区政府相关部门，撤销原街道办事处的各职能科室。这一举措引起全国关注。然而，这一改革很快就走了回头路。淮海路街道办事处撤销后，区政府各部门工作失去了承接层，很快就遇到很多问题，不得不要求地区党工委想办法解决。于是，淮海路地区党工委就成了区直部门的承接方，整天忙得不可开交。面对困境，2009 年，白下区调整行政区划，将淮海路社区划归五老村街道管辖，这一改革试点重新回到原点。

### 二、北京市石景山区改革试点

在推进社区建设的背景下，北京市石景山区于 2003 年设立鲁谷社区，探索区政府直接对接社区服务中心。鲁谷社区原属八宝山街道，随着人口的快速增长，八宝山街道办事处的社会管理和服务任务不断加重。2002 年，北京市政府批准将鲁谷地区分离出来，设立鲁谷街道办事处。石景山区以此为契机，挂牌成立鲁谷社区，成为全市唯一的“街道级”社区。鲁谷社区辖区近 7 平方公里，常住人口 6 万多人，设有 20 个居委会。鲁谷社区遵循“小政府、大社区”的运作模式，设立社区行政事务管理中心，作为区政府派出机构，承担行政管理职能。社区行政事务管理中心下设 4 个事业编制机构——社会保障事务所、企业服务办公室、社区委员会办公室、社区服务中心。鲁谷社区大力精简合并职能科室，改革后，公务员编制由同类街道约 90 人减少到 39 人①。该社区的 20 个居民委员会，仍依靠区财政来提供人员和活动经费。

鲁谷社区刚成立时，机构设置比较精简。随着政府强化社会管理和公共服务职能，安全生产监督管理、流动人口管理、应急指挥等事项陆续移交社区。社区工作人员不得不一人多职，对口多个部门。到 2012 年底，在 8 年间，鲁谷社区行政编制没有明显增加，但事业编制已从 17 人增加到 40 多人，处级领导也从 6 人增加到 12 人②。从实际结果看，鲁谷社区的机构和人员编制由区里核定，办公经费和设施建设由财政拨款，领导干部由区委组织部任命，这决定了它只能作为派出机关发挥作用，只不过换上“鲁谷社区”的名称而已。

## 三、黄石市铁山区改革试点

铁山区是湖北省黄石市的一个偏远城区，因大冶铁矿而设区，下辖铁山和鹿獐山两个街道办事处。改革前，铁山区有 16 个社区，总人口近 7 万人。为推进扁平化管理，2009 年 3 月，铁山区将原来的 16 个社区合并为 9 个，撤销两个街道办事处，对街道干部进行分流，分别安排到社区服务中心、区直部门工作。铁山区同步推进大部门制改革，区直部门由 37 个精简到 25 个。

撤销街道办事处后，区政府设立社区服务大厅，区计生、就业、民

---

① 为推进改革，石景山区对各部门在社区的派出机构实行垂直管理，包括公安派出所、城市管理监察分队、统计所、司法所，以及交通安全、消防部门派驻的人员，以缩减社区人员编制。（侯玉兰．鲁谷社区体制创新的实践与思考．红旗文稿，2003（19）．）

② 李景平，王永香．城市社区管理体制改革的发展瓶颈与路径选择：以北京“鲁谷模式”为例．北京行政学院学报，2012（5）．

政、警务服务等部门派人进驻服务大厅，办理居民事务①；区政府各部门承担的社区管理和服务职能，由部门派员到社区开展工作，或通过政府购买服务形式提供服务；区民政局成立社会救助中心和社会救助站，直接面向低保户、困难家庭、残疾人提供基本公共服务；区人保局设立劳动服务大厅，在社区设置劳动服务站，提供劳动就业信息服务。

继铁山区之后，黄石市下陆区于2011年撤销了3个街道办事处，黄石港区于2012年撤销了4个街道办事处，西塞山区于2012年撤销了5个街道办事处。至此，黄石市四城区全部撤销了街道办事处，将原有129个居委会整合为72个社区，区政府在社区设置行政服务中心，由各职能部门面向社区提供公共服务。随着时间的推移，社区服务中心在事实上承担了区政府派出机构的职责。

## 四、铜陵市铜官山区改革试点

2010年7月，安徽省铜陵市铜官山区试点撤销街道办事处，将原49个社区整合为18个社区，设立公共服务中心，由区政府直接管理。铜官山区为主城区，面积36平方公里，人口33.9万，下辖6个街道办事处。撤销街道办事处后，行政审批、执法职能移交给区级政府部门，由区级政府部门直接受理各类申请。

在社区层面，成立社区党工委、社区公共服务中心。社区党工委为区委派出机构，由5～9人组成，工委书记、副书记由区委任命；社区公共服务中心负责政务服务，受社区党工委领导②。为不增加社区公共服务中心的负担，只有经部门联席会议讨论通过的居民服务事项，才能移交社区服务中心。

继铜官山区之后，2011年7月，铜陵市狮子山区也撤销了4个街道办事处，将原来的10个社区合并成5个大社区。至此，铜陵市撤销了所有街道办事处，成为全国第一个不设街道办事处的地级市。然而，社区公共服务中心仍承担政府交办职能，成为事实上的街道办事处。这与北京市、黄石市的改革结果并无实质差别。

---

① 何红卫，刘明达．一份城区“大部制”改革的满意答卷：湖北省城区管理体制改革试点“铁山模式”的调查．湖北教育，2011（4）．

② 王世平，毕茂东．创新城市基层社会管理的成功尝试：铜陵市铜官山区实行社区综合体制改革的调研报告．中国民政，2011（6）．

## 五、贵阳市小河区改革试点

贵阳市街道管理体制改革起步于小河区的改革试点。2011 年，小河区撤销 4 个街道办事处，设立 12 个社区服务中心，覆盖 25 个居委会、20 个村委会。2012 年 5 月，贵阳市撤销全市所有街道办事处，建立 90 个新型社区，设立社区党委、社区服务中心和居民议事会，将 200 多万人口全部纳入新型社区①。

改革后，社区党委对社区发挥领导核心职能，社区服务中心提供行政服务和管理平台，居民议事会是社区议事协商机构。贵阳市将社区服务中心确定为事业单位，其工作人员具有正式编制。撤销街道办事处以后，表面上看，城市治理层级设置由过去的市、区、街道三级改变为市、区两级。然而，社区服务中心实际上仍承担着大量行政性事务，其与街道办事处没有实质差异，只是社区服务中心负责的辖区面积和人口规模有所减少，行政和事业编制大为减少。

2014 年 6 月，贵阳市中心城区 Y 区组织 44 位科级领导干部赴北京市朝阳区委党校进行培训，包括区直部门、各社区（镇）主要负责人 18 人，分管负责人 16 人，业务科室负责人 10 人。课题组利用这个机会，访谈了参加培训的 8 位社区负责人，了解他们对撤销街道办事处的看法。在改革前，这些社区负责人均在街道办事处工作，改革后担任社区党委书记或服务中心主任。出乎意料的是，他们均表示，自己的工作性质没有什么变化，只是人手少了、任务更重。一位社区服务中心主任介绍说，“过去该干什么，现在还是干什么，如果说有什么变化，就是公务员和事业编制大大减少，现在，只有中心主任和两个副主任是公务员编制，另外给了几个事业编制，其他的都是社区工作者身份，工作还是原来的工作，工资由财政支付。没有了编制，就没可能晋升，很多人的职业就遇到了‘天花板’，这是目前人员队伍的一大困惑”②。我们也访谈了几位在区直部门工作的干部，其中有一位干部曾任社区主要负责人，刚调到区政府部门任职不久，大家都认为他比较幸运，他在话语中也对社区工作者的困惑表示理解和同情。

---

① 马旭红．社区化：城市基层管理体制改革的创新：以贵阳城市基层管理体制改革为例．中国贵州省委党校学报，2012（3）．

② 杨宏山，李东泉．城市街道管理体制改革的争论与思考：基于撤销街道办事处试验的多案例研究．北京行政学院学报，2016（2）．

## 第四节　城市街道改革试验的基本经验

由于街居体制在运作中存在一些现实问题，北京、南京等城市探索撤销街道办事处。这些改革有的已退回原点，有的仍在试验之中。尽管撤销街道办事处的实际成效不大，但通过改革可增进认知，深化对街道治理创新的理解。同时，街道改革探索也积累了一些有益经验。

第一，设区的市有必要设立街道层次的公共服务机构。我国大中城市的市辖区面积和人口规模较大，公共服务供给任务重，有必要在市辖区和社区（以居委会的空间范围为界）之间，设立中间层次的公共服务平台，统一协调公共服务和社会治理工作。北京市石景山区、南京市白下区等地撤销街道办事处，社区服务中心却又变成了区政府的派出机构，这表明我国市辖区有必要设立街道层次的公共服务机构。

第二，相对于特大城市、超大城市来讲，一般城市撤销街道办事处的冲击相对较小。在我国城市体系中，一些特大城市、超大城市建成区规模庞大，人口稠密，街道办事处的管辖区有好几万人，大规模的街道甚至有几十万常住人口，公共服务和社会管理压力大。根据第六次全国人口普查数据，北京市海淀区 24 个街道中，75%的辖区人口超过 10 万人。深圳市宝安区 10 个街道中，常住人口最多的达到 60 万人，最少的也达 24.7 万人。如果撤销街道办事处，由区政府直接面向社区提供公共服务，势必出现管理幅度过大问题。贵阳、铜陵、黄石属于三线、四线城市，人口规模要小得多，撤销街道办事处，由区政府部门和社区服务中心分流行政服务事项，带来的冲击相对要小得多。

第三，推进大部门制改革，简化行政流程，提供“一站式”服务。我国地方政府一直存在职能划分过细问题，致使行政部门设置较多。推进大部门制改革，设置综合性行政部门，实行综合管理和执法。各部门分别面向社区设立派出机构，提供行政服务，可缩短政府与公众之间的距离，提升政府回应性和服务效率。信息技术尤其是电子政务的发展，为优化行政流程、简化申请手续提供了抓手。各部门直接与社区工作站对接，不需再经中间环节，居民办事自然就会更方便。

第四，推进政府购买服务，提高公共服务能力。在现行编制管理制度下，街道办事处的公务员和事业编制人员有限。街道既要完成上级交办任务，又不能超编聘用人员，一条可行的路径是推进政府购买服务，实行公共服务外包，将原由派出机构承担的一些服务事项，通过委托、承包、采购等方式，交由物业公司、商业机构、社会组织承担。例如，政府可引入市场机制，由物业公司提供保洁、绿化等服务；政府可与社区组织合作，委托其承担环境整治、社保申请、青少年教育、社区文化、体育健身、计划生育、代收代订、统计调查等事务。

# 第九章
# 城市社区服务与公共空间建设

## 第一节　社区服务的含义与类型

### 一、社区服务的提出

“社区服务”是我国城市社会建设提出的本土化概念。在国外城市管理中，很少见到“社区服务”（community service）这个概念。与此相关的概念有“社会服务”（social service）、“社会福利服务”（social welfare service）、“社区照顾”（community care）、“社区照顾服务”（community care service）、“儿童及青少年服务”（children & youth service）、“志愿服务”（voluntary service）等。

20 世纪 80 年代中期，随着经济体制改革的推进，城市无主管单位人员增多，外来流动人口增加，单位体制无法满足这些人的社会福利和生活需求。同时，经济体制改革也将企业原承担的社会福利职能剥离出来。在此背景下，民政部提出“社区服务”这个概念。1987 年，民政部在大连市召开社区服务工作座谈会，崔乃夫在座谈会上将社会服务界定为“在政府的倡导下，发动社区成员开展互助性的社会服务活动，就地解决本社区的社会问题”①。同年，民政部在武汉召开全国城市社区服务工作座谈会，张德江提出“社区服务是在社区内为人们的物质生活和精神生活所提供的各种社会福利与社会服务”②。这两个界定，初步勾画了社区服务的属性，即具有区域性、福利性、服务性、互助性，主要目的在于解决社会问题③。

① 张德江. 社区服务工作文集. 北京：中国社会出版社，1991：10.

② 同①21.

③ 刘伟能. 社区服务的理念、功能和特色. 中国社会工作，1997（2）.

1989 年《居民委员会组织法》提出，“居民委员会应当开展便民利民的社区服务活动，可以兴办有关的服务事业”，正式采用“社区服务”这一概念。从各地实践看，社区服务的内容也在不断扩展，从最初的物质服务扩展为物质服务与精神服务相结合，从福利性服务扩展为福利性服务与市场化服务相结合。

## 二、社区服务的几种解读

“社区服务”这一概念提出以后，研究者从不同视角展开讨论，形成了几种代表性观点。

### （一）社会福利论

一些研究者以提升社会福利为出发点，认为社区服务是通过志愿和自治途径提供的社会服务，是不同于政府、企业提供的服务。陈良瑾提出，城市社区服务是建立在自愿、自治的基础上的福利性服务①。陈社英认为，社区服务又叫社区社会服务或社区社会工作，“目的在于增进社区或居民的福利”②。在这一观点看来，社区服务具有福利性、公益性、互助性特征，是通过自我管理、自我服务方式提供非营利服务。在市场机制下，企业以营利为目的，商业服务会对社会福利造成冲击，对弱势群体构成实质性伤害。这一研究视角，提出依靠社会力量提供非营利性服务，矫正市场机制的负面影响。

### （二）社区经营论

有研究者认为，社区服务不仅具有福利属性，也具有经营属性。这一观点从实际环境出发，提出在政府投入不足的情况下，社区服务有必要将福利性服务与经营性服务结合起来。刘伟能提出，社区服务是在政府的指导和扶植下，利用社区内资源，发动社区成员，“开展各种福利服务和便民服务，以不断满足人们的物质生活和精神生活的需求”③。

在改革早期阶段，政府工作以经济建设为中心，地方政府在社会发展及福利方面的财政支出比重较小④。为满足社区居民的日常生活需求，发展商业服务就成为一种政策选择。1993 年，民政部等部委联合发布

---

① 陈良瑾．社会保障教程．北京：知识出版社，1990：283.

② 陈社英．社区服务讲座．中国民政，1988（1）.

③ 刘伟能．社区服务的理念、功能和特色．中国社会工作，1997（2）.

④ 吕炜，王伟同．发展失衡、公共服务与政府责任：基于政府偏好和政府效率视角的分析．中国社会科学，2008（4）.

《关于加快发展社区服务业的意见》，提出社区服务是具有福利性质的第三产业，以经营性服务支持福利性服务。于是，社区服务逐渐突破福利性定位，兼容营利性的商业服务和非营利性的社会服务①。

**（三）公共物品论**

也有学者将社区服务定义为以社区为单位的公共服务，是以服务形式存在的公共物品。杨团提出，社区服务的本质在于公共性，它包括为满足社会共同需要而提供的公共服务，以及为满足社区需求而安排的共有服务②。李雪萍提出，社区服务即是社区公共物品，其受益范围在社区内，在社区成员之间具有非排他性，但对非社区成员却有排他性③。

在公共物品论者看来，社区服务属于公共服务的一种，其服务范围以社区为边界，主要针对社区居民提供服务。社区服务主体包括政府和社区组织两个类别。政府部门负责提供公共服务；社区组织通过自组织方式提供志愿服务、公益服务、互益服务。

## 三、社区服务的新界定

社区服务是中国城市治理改革中提出的本土化概念，理解其内涵需要回溯当时的社会环境。中国城市社区服务与西方社会服务产生的环境不同，两者的含义也不相同。在西方国家，社会服务兴起的背景是工业化、城市化导致失业和贫困问题，它通过有组织的慈善和济贫活动帮助贫困者，致力于将穷人变成“可被尊重”的人。当时，国家福利尚未建立起来，社会福利先行一步。除了牧师和教徒外，早期的慈善活动和睦邻组织运动的参加者，还包括中产阶级和上流社会的妇女，并形成一种新职业——社会工作者。

与西方不同，中国城市开展社区服务的目的是解决国家包办社会福利问题。新中国成立后，在计划经济体制下，国家通过单位体制为国有单位职工提供全方位的福利保障。改革开放以后，单位承担的社会福利职能被剥离出来，交给街道办事处和居委会承担。随着改革的推进，社会流动性增强，无主管单位人员急剧增多。在此背景下，民政部提出依靠社会力量提供社区服务。

可见，中国城市社区服务的范围要宽泛得多，不仅包括政府提供的

---

① 唐钧．关于城市社区服务的理论思考．中国社会科学，1992（4）．

② 杨团．社区公共服务析论．北京：华夏出版社，2002：21．

③ 李雪萍．城市社区公共产品供给研究．北京：中国社会科学出版社，2008：144，149．

公共服务，也包括企业提供的经营性服务，以及社区组织提供的非营利服务，从而兼有公共、经营和公益属性①。其中，公共服务由政府部门和公营单位提供，面向全体社区成员；经营性服务属于商业服务，由企业提供，实行使用者付费；公益性服务具有福利性质，由事业单位和社会组织提供，不以营利为目的。厘清社区服务的多重属性，明确不同类型服务的性质和供给机制，有利于促进社区社会服务发展，规范政府、企业和社会组织的行为。

## 第二节　城市社区服务供给改革

### 一、城市社区服务的发展历程

中国城市社区服务发端于市场化改革之际，其发展大体经历了三个阶段：

**（一）起步阶段：优先发展便民利民服务**

20 世纪 80 年代中期到 90 年代末为起步阶段，政府提出“社区服务”概念，将企业引入城市社区，着力先发展便民利民服务。1987 年，民政部提出开展城市社区服务的设想。在政府倡导下，城市社区服务开始起步。1993 年，民政部等部委联合发出《关于加快发展社区服务业的意见》，将社区服务界定为具有福利性质的第三产业，提出走社会化、产业化、实体化的发展道路。政府部门开始规划建设社区服务中心和福利服务设施。据民政部统计，截至 1997 年底，全国建成区级社区服务中心 745 个，街道社区服务中心 3 385 个，各类社区福利服务设施 100 多万个②。城市新式居住小区引入物业公司，提供物业服务，便民利民服务网点进驻社区，小超市、生鲜菜场、银行、邮政、美容美发、餐饮、洗衣房、药店、中介服务、职业培训等快速发展起来。

**（二）体系化阶段：构建公共服务体系**

20 世纪 90 年代末到 2011 年前后为提升阶段，政府加大社区服务投入，着力构建公共服务体系。2000 年，中办、国办转发《民政部关于在全国推进城市社区建设的意见》，将社区建设总结为社区组织、社区卫

---

① 杨宏山．城市社区服务的多中心供给机制．理论与改革，2009（3）．

② 杨团．社区公共服务析论．北京：华夏出版社，2002：13．

生、社区环境、社区服务、社区文化和社区安全六项内容。2006 年，国务院发布《关于加强和改进社区服务工作的意见》，提出推进社区政府服务体系建设，将公共服务覆盖社区。该文件将社区公共服务的重点确定为就业服务，社会保障服务，社区救助服务，社区卫生和计划生育服务，社区文化、教育、体育服务，社区流动人口管理和服务，社区安全服务七个方面。2011 年，国务院办公厅印发《社区服务体系建设规划（2011—2015 年）》，提出社区服务以公共服务、志愿服务、便民利民服务为主要内容，凡属于政府部门职责范围内的事项，不得转嫁给社区组织，凡要求社区组织予以协助的事项，应当提供必要的经费和工作条件。

**（三）专业化阶段：推进政府购买服务**

这一阶段从 2012 年起至今，突出特点是推进政府购买服务，提升社会工作专业化水平。2012 年，民政部、财政部联合下发《关于政府购买社会工作服务的指导意见》，提出政府利用财政资金，采取市场化、契约化方式，面向具有专业资质的社会组织和企事业单位购买社会工作服务。2015 年，国务院办公厅转发财政部等部委《关于在公共服务领域推广政府和社会资本合作模式的指导意见》，提出吸引社会资本参与公共产品和公共服务项目的投资、运营管理，提高公共产品和公共服务供给能力与效率。

## 二、城市社区服务面临的困境

经过 20 多年的发展，我国城市社区已经形成公共服务、公益性服务和经营性服务体系。政府部门及街道办事处等派出机构提供公共服务，社区居委会、业委会、志愿者团体等社会组织提供公益性服务，企业提供经营性服务。与政府部门、企业相比较，社区社会组织发育滞后，除居委会之外，社会组织普遍没有法人资格，缺少固定的活动场所和稳定的经费来源。

**（一）居委会行政化色彩浓厚**

社区居委会是在政府指导下成立起来的居民自治组织。从实际运作看，社区居委会负责人由街道办事处提名，经选举产生。为完成政府交办事项，街道办事处将大量工作交给居委会。近年来，为推进“政社分开”，街道办事处在社区设立服务站，把原由居委会承担的行政性事务移交给社区服务站，居委会主要承担化解矛盾、反映诉求、组织居民活动等自治事项。在实际运作中，很多社区的党组织、居委会和服务站均为同一套领导班子，居委会与社区服务站只是名称上有所区别，在实际工作中处于融合状态。

### （二）民办社会组织欠发展

我国城市社区服务以政府服务和经营性服务为主导。社区服务站由街道办事处出资设立，属于街道分支机构，工作经费和人员工资由财政拨付。社区内民办社会组织大多未经登记，不具有社团法人资格。从发达国家情况看，民办社会工作机构是社会服务的主要力量。这些机构具有独立的组织系统、专业化的工作者队伍。我国城市社区社会组织数量少，这既有政府登记管理门槛过高的原因，也有财政扶持不足的原因。2010 年北京市、区两级财政出资 1 亿元，向社会组织购买了 300 项公益性服务①。而香港特别行政区有 700 多万人口，政府每年支持社会组织提供社会服务的资金超过 100 亿港币②。从上述数据比较，可见我国社会组织发展之一斑。

### （三）社区公共空间配建不足

社区开展公益性活动需要具有一定的室内公共空间。目前，我国城市居住小区规划和建设受开发商主导。开发商出于利润最大化考虑，一般优先安排商业服务设施，尽量挤压公益性服务设施的占地空间和建筑面积。一些公益性活动场所建成以后，也可能被改变用途，重新用作商业目的。结果是，居住小区的开放性室内公共空间普遍存在配建不足问题，有的商品房小区甚至连居委会的办公用房都不能保障，更无从谈起综合性服务中心。在现行公共服务设施“千人指标”定额管理制度下，城市居住区各类服务设施配建立足于满足现阶段社区服务需求，不预留土地用于满足未来的社区发展需求。结果是，不仅老旧小区公共服务设施供给不足，新建小区也存在规划指标与实际需求相脱节的问题。

## 三、推进政府购买社会服务

在社区服务提供中，政府的基本使命在于提供公共物品和公共服务，满足社区居民的公共需求。文森特·奥斯特罗姆、查尔斯·蒂博特和罗伯特·沃伦指出，公共物品和服务的“供给”与“生产”需要区分开来，后者既可以由公共部门承担，也可以由私人部门或非营利组织承担，要

① 温薷. 北京将出资上亿元购买 300 个社会公益项目. 新京报，2010-07-13.

② 王振耀. 社会组织管理体制改革值得期待. 东方早报，2013-03-11.

允许在生产这些服务的机构之间开展最大限度的竞争①。萨瓦斯提出，集体服务中有三个基本参与者：消费者、生产者、安排者（提供者）②。根据生产者与安排者的组合情况，集体服务供给的制度安排分为政府服务、政府出售、政府间协议、合同承包、特许经营、政府补助、凭单制、自由市场、志愿服务、自我服务等10种具体形式。

区分“供给”和“生产”职能，就是要改变政府包办社区服务的做法，转而通过政府购买社会服务的方式，增进政府与社区组织的合作，将一部分公共服务交由企业、社会组织进行生产。奥斯特罗姆提出，在公共服务的提供与生产过程中，如果存在多个生产单位，“就有机会讨价还价，以最低的成本来获得公共服务”③。据此，奥斯特罗姆提出多中心供给理论。多中心意味着存在许多在形式上相互独立的决策中心，在多中心体制中，不同机构就像市场中的企业一样，既相互竞争又相互合作，它们都要考虑规模经济效益问题。

根据多中心供给理论，城市社区服务供给存在多个生产者比单一生产者的效果会更好，它使居民具有更多的选择机会。如果社区存在可替代的服务生产者，这些机构之间就会展开竞争，居民可根据自身偏好选择合宜的服务项目。在此运作机制下，公共服务生产不再依赖于自上而下的垂直指挥体系，有助于扭转居委会行政化的问题。

在街居体制下，社区居委会承担街道下派的大量行政事务，社区组织的行政化色彩浓厚。为推进社区自治，一些城市实施“居站分离”改革，即在社区居委会之外设立社区服务站，将其作为政府向社区延伸服务的平台，承接从居委会剥离出来的行政性工作，居委会则回归居民自治组织的法定地位④。“居站分离”以后，政府可通过购买社会服务，重塑政府与社区居委会、业主委员会、志愿者组织、兴趣爱好类协会等社会组织的关系。

与政府、企业相比，社区组织在提供志愿服务、公益服务方面具有

---

① Vincent Ostrom，Charles M. Tiebout，Robert Warren. The Organization of Government in Metropolitan Areas：A Theoretical Inquiry. American Political Science Review，55，1961（Dec.）：831-842.

② E. S. 萨瓦斯. 民营化与公私部门的伙伴关系. 周志忍，等译. 北京：中国人民大学出版社，2002：68.

③ 迈克尔·麦金尼斯. 多中心体制与地方公共经济. 毛寿龙，李梅，译. 上海：上海三联书店，2000：123.

④ 侯伊莎. 透视盐田模式：社区从管理到治理体制. 重庆：重庆出版社，2006：15.

独特优势。首先，社会组织不以营利为目的，与企业相比，更可能保证服务质量。其次，与政府不同，社会组织具有多样、灵活的运作机制，能够根据情况变化及时做出调整，对服务需求做出快速反应。再次，社会组织在提供某些社会服务时，与政府、企业相比，具有低成本、高效率的优势。这些优势使社会组织成为现代社会中重要的社会服务提供主体。

社会组织提供社区服务有赖于政府的政策支持。萨拉蒙发现，政府的资金支持、监管作用是促进非营利组织发展的重要因素。美国政府在提供公共服务时，广泛地与大学、医院、行业协会、社区组织等非营利机构合作，政府通过补助金制度，将自身项目委托第三部门运作。在这些项目中，政府主要起着管理者的作用，而把具体的生产任务交给社会机构。把社会机构纳入政府项目中来，可以避免成立新的组织结构，控制政府雇员数量，以更低的成本实现政府目标①。传统上，非营利组织主要通过慈善捐赠获取资金；目前，美国非营利组织最大的收入来源已经不再是私人捐赠，而是联邦政府、州政府和市政府的资助②。

## 第三节 城市社区公共空间建设

### 一、城市社区公共空间的含义

“公共空间”这个概念最早出现于20世纪50年代的社会学和政治哲学文献之中。20世纪60年代初，芒福德、雅各布等城市研究学者开始关注公共空间的人文和社会价值。社区公共空间是指社区居民可自由进入并不受约束地进行社会交往活动的开放性公共场所。社区公共空间向公众开放并提供服务，所有社会成员都能共享和使用。根据供给主体和服务属性不同，社区公共空间可分为公益性服务空间和商业服务空间。其中，公益性服务空间由政府和社会组织提供，面向全体居民开放，不以营利为目的，服务项目由公共财政提供支持，或由使用者支付费用；商业服务设施由企业提供，以营利为目的。

社区公共空间对社区人文环境具有很强的塑造功能。首先，公共空

① 莱斯特·M. 萨拉蒙. 公共服务中的伙伴：现代福利国家中政府与非营利组织的关系. 田凯，译. 北京：商务印书馆，2008：44.

② 同①67.

间为公共生活提供物质保障。亚里士多德指出，人是天生的政治动物，离开了公共生活，个人就不可能拥有理性和伦理。社区公共空间为组织公共生活提供了基本条件。其次，社区公共空间对居民自治和社区组织发展具有促进作用。从根本上讲，社区建设离不开社区组织，如果缺少基本的物质空间，社区组织也是“巧妇难为无米之炊”。再次，社区公共空间对居民具有潜移默化的影响作用。公共空间既是展现居住环境的“橱窗”，也是丰富社区生活的“舞台”。在城市各类公共空间中，社区公共空间最为贴近居民，不仅为公共生活提供了空间条件，对于促进居民参与和培养公共精神也具有重要作用。

当前，与城市发展的宏大叙事相比，对社区公共空间的规划管理相对薄弱。在居住区规划和建设中，开发商占据主导地位；在社区各类设施管理中，物业公司又处于支配地位。由于受商业利益诱导，居住区普遍存在公益性服务空间供给不足问题，公共服务和商业服务空间也存在分散布局问题①。建设人文社区、宜居社区，有必要借鉴国外经验，根据居民对各类服务设施的实际需求及变化趋势，引入新的公共空间规划管理模式。

## 二、社区公共空间规划管理制度的问题

随着经济社会快速发展，城市社区服务需求呈多样化发展趋势，对公共空间建设提出了更高要求。近年来，北京市强化了居住区公共设施建设的指标管理力度，但新建居住区公共空间供给仍不能满足居民生活需求，社区公共设施供给不足引发的投诉、冲突数量仍较多。

### （一）“千人指标”规划管理制度

为保证居住公共设施合理设置，提供适宜的社区公共空间和居住生活环境，北京市对新建改建居住区公共设施配套建设实行指标化管理，即根据居民生活方式和消费需求变化，以每千居民为单位来计算居住区各项公共设施配套建设的控制标准。

1980年，国家建委发布《城市规划定额指标暂行规定》，提出对居住区级及小区级公共设施实行定额指标管理。1985年，北京市政府出台了《关于新建居住区公共设施配套建设的规定》，要求集中开发新建居住区、

① 杨宏山，陈蛟．邻里中心视角下的社区公共空间建设．城市管理与科技，2014(2)．

居住小区和住宅组团必须配套建设文化、教育、体育、公共卫生等公共设施和商业、服务业等生活服务设施，并提出具体定额指标。1993年，建设部发布《城市居住区规划设计规范》，对各类公共设施用地千人控制指标做出明确规定。1994年，北京市修订了《北京市新建改建居住区公共服务设施配套建设指标》。根据经济社会发展需要，北京市于2002年、2006年对旧的指标进行了修订。

目前，北京市执行的居住区公共服务设施配建“千人指标”是2006年修订的“2006指标”。该指标适用于北京历史文化保护区以外城镇地区新建改建居住区公共服务设施的规划设计。旧城危旧房改造区、历史文化保护区等特殊地区的居住配套公共服务设施规划则因地制宜，根据具体情况研究确定标准。“2006指标”规定，居住区公共服务设施按使用性质分为教育、医疗卫生、文化体育、商业服务、社区管理服务、社会福利、交通、市政公用八类，分别制定配置标准。

在居住区各类公共设施的具体布局上，“2006指标”并未做出明确规定。在城市规划管理中，规划部门负责审核各类公共服务设施规划的具体指标，而具体布局由开发商和设计师决定。在实际运作中，出于商业利益考虑，开发商在空间布局上往往优先安排营利性的商业服务设施，而对公益性服务设施采取见缝插针式布局安排。其结果是，北京市居住区公共设施（尤其是公益性服务设施）普遍采取分散式布局安排，各类公共设施受居民楼、道路、绿地的分隔，形成若干个分散点。

**（二）现行规划管理制度的问题**

我们选择北京市朝阳区亚运村街道安慧里小区，海淀区曙光街道时雨园小区，昌平区东小口镇、回龙观镇进行调研，通过召开座谈会、实地观察方式获得问题信息。根据调研结果，社区公共设施规划管理主要存在以下问题：

第一，“千人指标”管理制度难以适应居民生活方式和消费需求变化。为适应经济社会发展，北京市先后两次修订居住区公共设施配套建设的“千人指标”。这种指标化管理便于确定各类设施的面积和分级配套，不足之处是按人口定量、弹性较小，不能适应居民生活方式和消费需求的变化。“千人指标”规划管理过于刚性，一经设定就无法修改，也不预留土地用于居住区未来发展。在这一制度下，不仅老旧小区存在公共设施配套落后问题，新建小区投入使用后，也存在原来的设计规划难以满足现实需求的问题。

第二，新建居住区的商业设施配套存在超大型化趋向。为谋求更高的利润回报，居住区公共设施建设偏好于配建大型商业服务设施，而对社区性商业服务设施配套不足。北京曙光街道世纪金源购物中心提供了一个典型案例，开发商把超大型居住区需要配套的商业设施集中在一起，建设了号称亚洲最大的单体购物中心，其规划目标是覆盖10公里范围内的消费群体，辐射整个北京地区。在建设超大型购物中心的同时，开发商却缩减了各个居住小区的便民利民设施配置。由于社区商业设施配套面积不足，这些居住小区的生鲜菜场普遍存在价格偏高问题。

第三，各类服务设施分散布局降低了综合利用水平。在现行“千人指标”规划管理模式下，规划管理部门只管各类公共设施的指标总量，而具体布局由开发商和设计师确定。为实现利润最大化，开发商优先安排商业设施，采取沿交通干道或人行道两侧展开，公益性服务设施的布局相对偏远。这种分散布局模式致使公益性服务设施和商业服务设施各自为政，不利于综合规划和统筹利用。

第四，公益性服务设施的供需缺口较大。在新建居住区，与商业设施供给相比，社区自主支配的公益性服务设施常存在供给不足问题。一些居委会普遍反映办公用房面积不达标，社区服务和居民活动场地紧缺。一位居委会主任在座谈时提出：“现在居民参加社区活动的积极性很高，我们组织唱歌、跳舞、锻炼、艺术等文化、娱乐活动，最大困难是找不到场所。在小区露天搞活动容易扰民，而经营性场所收费太高，社区组织付不起。”回龙观镇城管科一位干部认为，造成这种局面主要是因为社区公共设施配套建设和移交不到位。“很多公共场地、公共设施和活动用房，在规划的时候有，区建委验收的时候有，交付使用的时候就没有了。”

## 三、邻里中心：社区公共空间建设的新理念

“邻里中心”（neighborhood center）一词脱胎于邻里单位，顾名思义，是指邻里单位中的公共中心，包括超市、零售店、餐饮、医疗、图书馆、娱乐、健身场所等开放性空间。作为社区公共空间，“邻里中心”这个概念最早由新加坡引入居住区发展规划。邻里中心定位为综合性社区服务，它对各类生活服务设施和公共设施采取集中布局，形成一个社区的大会所，不仅能够节省建设投资，提高土地利用效率，而且可以就近满足居民多样化的服务需求。

随着经济社会的发展，城市居民的生活需求不断提升，人们往往需要一种既能满足各种需求，又能进行社会交往的公共场所，集购物、餐饮、娱乐、休闲、办公为一体的邻里中心应运而生。新加坡的邻里中心是城市公众服务中心等级结构中最低级的中心，也可理解为社区层次的集中配套型公共空间，主要功能包括商业项目和公益项目，着眼于满足社区居民多元化的服务需求。邻里中心提供的服务立足于本地居民需求，提供最常用的商业和公益服务。

新加坡国土总面积700多平方公里，总人口550多万人，其中86%的人口居住在住房与发展局（新加坡负责公共住屋规划建设的法定机构）开发的政府组屋内，14%的高收入阶层居住在开发商建造的商业住宅中。新加坡实行全域规划制度，形成区域中心—新镇中心—邻里中心—邻里组团中心四个服务等级，分别配套公共服务设施：（1）区域中心。新加坡把全国划为5个区域，每个区域设置一个区域中心，设有大型商业、图书馆、公园、公交转换站、诊疗所等服务设施，并预留公共机构用地、地铁站用地、道路用地。5个区域中心均衡地分布于全岛，有效缓解了市中心区的交通和活动压力。（2）新镇中心。目前新加坡已建成27个新镇，每个新镇都有镇中心，新镇的配套公共设施主要有学校、办公、商店、餐饮、娱乐、邮政、诊疗所、图书馆、民众联络所、安老院、游泳中心、室外体育场、室内体育馆、宗教设施、新镇公园、公交转换站等。（3）邻里中心。邻里中心一般以3 000～9 000户为单位进行设置。一般建有一栋建筑面积为5 000～10 000平方米的综合楼，由住房与发展局建设后租售给商户。邻里中心将商业和公益项目有机结合，以12项必备功能（超市、银行、邮政、餐饮、洗衣房、美容美发、药店、文化用品、维修、文体中心、生鲜菜场、卫生服务中心）为基础，以中介服务、礼品鲜花店、书店、彩扩店、饰品店等为补充。（4）邻里组团中心。一个邻里中心一般包含6～7个邻里组团；一个邻里组团一般由4～8栋组屋组成，有500～1 000户住户，邻里组团中心设有儿童游乐场和小型商店①。

新加坡和中国合作开发的苏州工业园区，借鉴了邻里中心的规划思路。截至2011年，苏州工业园区已经建成湖东、玲珑、翰林、新城、贵

① 李盛．新加坡邻里中心及其在我国的借鉴意义．国外城市规划，1999（4）：30.

都、师惠、沁苑7座邻里中心，总建筑面积超过12万平方米①。苏州工业园区邻里中心实行规划在先，有序发展，即先把整体框架规划好，然后再建设邻里大厦。邻里中心实行商业服务和公益服务有机结合，不仅提供购物、餐饮、休闲、娱乐服务，还提供文化、教育、体育、卫生、医疗等方面的设施。邻里中心把所有商业和服务设施集于其中，既缩短了这些设施与社区居民的距离，又满足了人们的多样化需求，提高了居民的生活质量和城市环境质量。

邻里中心摒弃了沿街为市的分散型社区商业形态，不同于开发商自行规划或者居民自发形成的零散商铺，也不同于区域性的购物中心。邻里中心立足于社区，依赖于所在社区获得自我发展能力。邻里中心实行商业服务、公益服务与公共服务相结合，既可全方位满足社区居民的多元化服务需求，也有利于形成邻里和谐、守望相助的社区氛围。

## 四、邻里中心模式的优势分析

邻里中心模式通过对社区公共设施进行集中布局，形成了一种集多元服务为一体的综合性社区公共活动中心。与公共设施分散布局模式相比较，邻里中心模式的优势在于：

第一，统筹安排公益性设施和商业设施，全方位满足社区居民的服务需求。随着经济社会发展、居民生活方式和消费需求的变化，人们越来越希望获取集购物、餐饮、娱乐、休闲、社会交往为一体的社区服务。邻里中心通过对各类公共设施进行集中布局，引入超市、银行、邮政、餐饮、洗衣房、美容美发、药店、文化用品、生鲜菜场、卫生服务中心等基本服务，可以全方位满足社区居民的多元化服务需求，使居民不仅能够就近享受各种服务，还能增进社会交往和交流。

第二，集中布局形态有利于节约土地资源，避免建筑拥挤，改善人居环境。邻里中心从宏观选点到微观布局都体现了节约用地的精神。通过制定科学的指标体系，将各类公共设施集中到邻里中心，可根据需求变化进行动态调整利用，减少环境污染、噪音扰民问题。目前，北京市居住区大多设有围墙实行封闭式管理，社区服务中心采取临街布局，一个组团设置2～3个出入口，这种布局增加了住宅楼到公共设施的通勤距离。邻里中心的布局安排选择敞开方式，住宅区和邻里中心都不设围墙，

① 王春兰．苏州工业园区邻里中心商业模式发展研究．中国商贸，2011（32）．

有利于改善人居环境和城市面貌。

第三，邻里中心转变社区商业沿街布局模式，有利于减少交通拥堵问题。邻里中心集商业服务、公益服务和公共服务于一身，在居住区内采取集中布局，使交通干道两侧不再有路边商店，保证了城市交通的快速和流畅，有利于化解沿街商店停车难和消防隐患多等问题。新加坡和苏州工业园区通过规划和建设邻里中心，减少了路边小店，解决了社区商业服务“小而散”问题。

第四，邻里中心模式有利于打破开发商主导社区服务布局格局。基于公共活动中心集中布局理念，通过规划和建设邻里中心，可以打破开发商主导居住区建设规划格局。邻里中心模式为政府规划管理部门介入居住区发展规划提供了有效的抓手，可更好地保障政府掌握社区发展的规划权。邻里中心集公益服务和商业服务于一体，可通过一定的公有产权安排，形成政府补贴公益服务模式。

第五，邻里中心模式有利于培育社区居民的归属感。新加坡城市人口高度集聚，政府在社区治理中发挥主导作用，实行统筹协调，统一规划和建设邻里中心。邻里中心以服务于居民日常活动为主，明显区别于CBD的功能定位。通过规划和设置邻里中心，为居民提供社区公共活动空间和公共服务中心，有利于培育居民的归属感，积累社会资本，增进社会和谐。

## 五、社区公共空间建设的建议

新加坡社区治理的实践表明，邻里中心模式是城市公共空间建设的一种成功探索。借鉴新加坡经验，北京市居住区建设可引入邻里中心理念，改进社区公共空间供给。对于新建改建居住区来讲，可直接规划、建设综合性社区中心；已建成居住小区推进社区发展，可在分散布局的基础上采取相对集中的布局形态。引入邻里中心理念、推进邻里中心建设，需要注意以下一些问题：

首先，坚持政府主导，制定邻里中心规划设计指标。邻里中心是政府调控下的公共服务空间布局模式，集商业服务和公益服务于一体。为强化政府在社区发展中的主导作用，有必要制定邻里中心规划指南，明确规定邻里中心需要具备的基本功能，明确规定公益性设施的配套标准和具体指标。

其次，坚持公益服务与商业服务并重，保障公益性服务设施供给。

邻里中心既可由开发商配套建设，也可通过招投标途径确定投资者。邻里中心建成以后，公益性服务设施和建筑空间无偿移交给社区服务中心、街道办事处、社区居委会等法定机构。商业服务设施则由投资者所有，通过招投标方式选择经营者。

再次，考虑未来发展需求，预留邻里中心建设用地。邻里中心建设具有一定的规模要求，分期实施在实际操作中又有一定困难。新加坡住房与发展局进行组屋建设的基本做法是，先建住宅，预留邻里中心用地。在居民入住达到相当规模以后，再建设邻里中心。邻里中心建设也会预留一定面积的土地，用于满足未来发展需求，为增设公共服务项目或增加服务网点创造条件。

最后，适应居民生活方式和消费需求变化，满足家庭延伸服务需求。邻里中心以满足家庭延伸需求为功能定位，着眼于更便捷地满足居民的服务需求，失却了这一点，邻里中心就失去了生命力。为此，邻里中心的公共设施群要紧紧围绕就近满足居民各类服务需求，及时调整公共空间用途和服务业态。

# 第十章
# 市政绩效评估的制度比较

市政绩效评估是中国城市治理创新的一个重要领域。作为一种管理工具，绩效评估对于强化行政部门的责任意识，提升政府回应性和服务效率，促使政府部门贴近基层、贴近群众具有重要作用。近年来，在住建部的推动下，中国很多城市通过建设网格化管理系统，形成了中国特色的市政绩效评估模式。进入21世纪以来，美国很多城市也在利用信息技术，构建基于市政热线的部门绩效评估系统。这里选取北京市朝阳区网格化管理系统和美国巴尔的摩市CitiStat系统为案例，通过对两者的运作机制和实际效果进行比较，提出完善我国市政绩效评估的政策建议。

## 第一节　政府绩效评估的适用领域

政府绩效评估基于“不测评就无以改进”的理念，通过绩效测量和评价促使各部门提升组织绩效、增强公共责任意识、改进资源配置、加强过程控制。绩效评估包括个人绩效和组织绩效两个方面。我国在公务员绩效评估方面开展较早，而组织绩效评估尚处于起步阶段。这里主要关注于后者，在展开讨论前，首先有必要审视政府绩效评估的概念内涵。

### 一、政府绩效评估的概念辨析

我国对政府绩效评估的研究起步于对国外理论和实践进行介绍。20世纪90年代中期，一些学者开始引介国外政府绩效评估的背景、经验、内容和技术方法[①]。进入新世纪以来，政府绩效评估成为我国公共管理

① 周志忍. 公共组织绩效评估：英国的实践及其对我们的启示. 新视野，1995（5）；左然. 英国地方政府中运用绩效评估尺度的观察. 行政人事管理，1994（1）.

研究的热点领域。已有研究普遍将政府绩效评估理解为对政府工作的综合评价体系。王锡锌认为，政府绩效评估是“对公共政策实施过程和效果的评价，是公共政策完整逻辑过程的一个环节”①；范柏乃认为，政府绩效评估是“根据统一的评估指标和标准，按照一定的程序，对评估对象（政府或政府部门）一定时期间的业绩做出客观、公正和准确的综合评判”②。

需要辨析的是，作为政府评价的手段之一，政府绩效评估难以覆盖所有的政府职能领域，它只能就政府提供公共服务的投入、产出、结果中可量化测评的绩效指标进行测量和评价。政府治理涵盖政治、经济、社会、文化、生态等多个领域，政府职能的有些内容难以提出可量化测量的绩效目标。试图将政府所有职能都纳入绩效评估体系，这实际上是把操作性很强的治理工具变得复杂化，它不仅无助于推进政府绩效评估工作，反而使其实践价值大打折扣。

政府组织的不同层级、不同部门在职能配置上具有差异性，各地经济社会发展阶段不同，政府职能配置及优先关注领域也不相同。试图建立普适性的政府绩效评估指标体系，将其统一应用于各级政府和部门，这种做法缺少可操作性。政府绩效评估只能根据具体部门及公共服务项目，对履行职责中可量化测评的投入、产出和结果设置绩效指标，以此为依据来评估绩效状况。

## 二、政府绩效评估的适用范围

现代国家对政府的评价活动主要有三种形式：一是选票评价，即通过周期性的选举和投票机制，由公众通过选票对政府治理各方面的业绩做出政治评价，政府首脑及其所在政党对评价结果承担政治责任；二是定性评价，包括政府自我评价和社会评价两类，前者由政府对自身工作进行评价，后者由专家、媒体和公众等外部评价主体对政府行为及效果做出评价；三是绩效评估，即对政府运作和公共服务项目进行绩效测量和评价。

一般而言，对于难以量化测评的领域，只能通过选举投票、定性评价进行评判。政府绩效评估的指标体系设计过于复杂，关键指标在评估中的地位就会降低，运用评估结果改进部门工作的问责机制也会削弱；

---

① 王锡锌．公众参与、专业知识与政府绩效评估的模式．法制与社会发展，2008(6)．

② 范柏乃．政府绩效评估与管理．上海：复旦大学出版社，2007：20．

绩效指标太复杂还会增加评估成本和组织难度，导致评估周期延滞，动态性不足。从发达国家的实践看，政府绩效评估主要应用于公共项目评估，包括绩效测量与项目评价两个方面①。绩效测量可以随时进行，而项目评价是一项系统性研究，一般要定期或专门组织实施。

以美国为例，政府绩效评估最早可追溯到 20 世纪初。从 1906 年纽约市成立市政研究局开始，美国政府绩效评估一直以公共服务项目为评估内容。早期的政府绩效评估主要关注于产出和效率；20 世纪 90 年代以来，美国政府绩效评估研究的焦点开始转向结果评估，强调以公民为中心，以顾客满意度为导向②。美国《1993 年政府绩效与结果法》规定，各机构在向联邦管理和预算局提交总预算时，应同时提交一份包括每个项目活动的年度绩效规划，该规划应包括验证和鉴定绩效状况的主要指标和方法。在下一年度，各机构应向总统和国会提交上一财政年度的绩效报告，就实际绩效指标与绩效规划所确立的目标进行比较③。

政府绩效评估具有高度实践性，脱离实际的体系设计不仅无助于推进这一改革，反而会加大绩效评估的难度。绩效评估主要适用于对具体部门和公共服务项目进行评估。它通过建立绩效指标来测量和估算项目活动的产出、结果和效果，通过对实际效果与绩效目标进行比较，促使政府和部门切实履行绩效承诺、提升回应性、提高公众满意度。如果脱离了针对具体领域的专项绩效评估，试图构建普适性的绩效评估体系，在实施中难免会出现“虎头蛇尾”现象。

## 第二节　政府绩效评估的模式选择

在公共管理实践中，政府绩效评估具有内部控制和外部责任两个方

① 尼古拉斯·亨利. 公共行政与公共事务：第八版. 张昕，等译. 北京：中国人民大学出版社，2002：305.

② 孟华. 政府绩效评估：美国的经验与中国的实践. 上海：上海人民出版社，2006：28.

③ 美国《1993 年政府绩效与结果法》第 4 条规定：各机构在提交总预算时，联邦管理和预算局局长应当要求每一个机构提交一份包括每一个项目活动的年度绩效规划以及该机构的今后预算说明；每年 3 月 31 日之前，每个机构的首长应准备向总统和国会提交一份上一个财政年度的计划绩效报告；每一个计划绩效报告应在该机构已确立的绩效计划中建立绩效指标，并将已取得的实际绩效指标与该财政年度计划中所确立的绩效目标进行比较。

面的功能。根据功能定位和目标期待的差异性，可以区分出两种类型的绩效评估，即内部控制模式和外部责任模式。

## 一、内部控制模式的功能缺失

内部控制模式以提升执行力为核心关注，它将市场机制、企业管理的技术和方法运用到政府管理领域，通过设定绩效目标和指标，对政府管理的投入和产出实施绩效测量和项目评价。早期的政府绩效评估普遍注重内部控制，绩效评估成为上级控制下级的一种工具。在20世纪80年代之前，美国政府绩效评估就是以效率为核心，主要采取项目评价形式，对政府活动的投入、产出进行成本收益分析。

随着民主化和信息化的发展，公众参与对政府产生越来越大的外在责任约束。尽管如此，内部控制型评估仍具有不可替代的重要作用。如果失却了内部控制，行政科层体制的命令—服从机制就难以发挥作用。内部控制模式基于部门的绩效目标承诺，在行政系统内部签署绩效合同，通过自上而下的途径开展目标责任制考核，促使行政部门及官员改进自身工作，提升管理效率和公共服务质量。

近年来，随着行政体制改革的推进，在国务院的推动下，很多地方政府积极探索政府绩效评估工作。当前，我国地方政府绩效评估的形式多样，其中引起较大反响的主要有目标责任制考核、重点工作和重点项目督查验收、机关效能建设、公众评议政府等。从各地的实践情况看，政府绩效评估普遍注重内部控制，即利用绩效评估调动部门及官员的积极性。绩效评估的指标体系由上级政府或部门制定，数据收集通过行政系统内部途径获取。从实际效果看，这种内部控制导向的绩效评估模式有效提升了行政执行力。

在欧美发达国家，政府绩效评估也是以内部控制模式为主。英国在绩效评估最初被引入政府领域时，主要采用自上而下的单向反馈方式，评估主体为公共组织和专门机构。20世纪90年代以后，在顾客导向理念下，公众意见调查被纳入绩效评估体系，但绩效评估仍由公共部门主导。美国联邦政府绩效评估由行政部门设定绩效指标，定期进行自我评估，并提交绩效报告。除各部门自我评估外，政府内部还设有专门的绩效评估机构，如美国审计总署、联邦管理和预算局等。

纯粹的内部控制模式也有缺陷。首先，公众参与不足，外在责任缺失。内部评估主要通过内部途径收集绩效信息，公众满意度被排除在绩效信息收集之外。结果是，行政部门对上级要求迅速予以回应，而对社会诉求的回应迟缓。其次，绩效指标层层加码，基层政府不堪重负。内部控制通过自上而下途径进行运作。为完成绩效目标，下级政府常常层层加码，搞得基层政府苦不堪言。最后，过于注重效率偏向，公共利益容易受损。内部控制模式强化了政府内部对上负责的责任意识，有利于建设高效政府，在外部责任约束缺失情况下，这种高效率却可能偏离公共利益，成为谋求行业利益、部门利益或特殊利益的工具。

## 二、外部责任模式的效度争议

外部责任模式以提升公众满意度为导向，它凸显了政府的外部责任，反映了政府追求公平与民主的价值取向①。外部责任模式的支持者认为，民意调查是公众表达意愿、政府了解公众需求的重要途径，可使公共服务更有成效。20 世纪 90 年代以来，随着顾客导向、质量为本成为行政改革的主题，欧美国家开始利用公众参与强化对政府的外部责任约束。相应地，绩效评估主体也由公共部门扩展到社会公众。外部责任评估坚持以人为本、公民本位，指标体系设计注重衡量公众对政府服务的主观评价，评估结果公开并接受社会监督。在外部责任导向下，绩效评估将公众满意度视为第一目标，而行政效率则是第二位的。

外部责任型评估主要通过公众意见调查、用户调查、居民投诉等途径进行运作。美国很多城市通过区分紧急救助和非紧急救助事项，分别设置统一的政府热线，利用公众投诉信息追踪政府绩效状况，通过定期汇总投诉数量和处置结果形成绩效数据，对部门业绩进行外部责任评估。目前，我国一些地方政府也在探索公众满意度评估，主要形式包括“万人评政府”“千人评机关”“网民评政府”“民意测评”等。它反映了地方政府期望引入公众参与，尽可能吸纳民意、凝聚民心的初衷和愿望。在实践中，这种满意度导向的绩效评估还处于“有限参与”阶段②。由于机制设计不够完善，加之对公众主观评价的结果存在争议，一些公众参与式绩效评估在开始时声势浩大，结束时却匆匆收场、不了了之。

公众主观评价模式有效发挥作用的前提假设是，公众能够知晓政府

---

① 蔡立辉. 西方国家政府绩效评估的理念及其启示. 清华大学学报（哲学社会科学版），2003（1）：135.

② 周志忍. 政府绩效评估中的公民参与：我国的实践历程与前景. 中国行政管理，2008（1）：115.

运作的实际绩效，公众做出的评价能够与公共服务的实际绩效状况相一致①。然而，关于公众参与有效性的规范分析在实证研究中却可能得不到证据支持。斯提帕克发现，没有充分证据显示公共服务质量影响了公众对地方政府服务的主观评价②。由于获取的信息不对称，公众并不总是能够准确知觉政府公共服务的客观绩效，只有当公共服务质量出现显著变化时，公众才能感受到这种变化。

此外，外部责任型绩效评估与政府治理的专业性之间也存在紧张关系。在参与式绩效评估中，只有利益相关者才会积极参与进来，政府获取的公众评价只能是一部分人的知觉、意见和态度。在此过程中，对公共服务不满意的人往往具有更强烈的参与愿望，经常与公众接触的政府部门遭到投诉也更多。公众参与的有限性和聚焦性，使这种主观评价结果与部门的客观绩效之间容易出现不一致。不仅如此，政府管理有赖于一定的专业和技术知识，政府绩效评估也需要利用一定的专业性和技术化手段。外部责任型绩效评价更多地体现了公众的主观评价，但这种主观判断并不能够取代理性的技术分析和事实评价。

## 三、构建复合型绩效评估模式

政府治理既要满足产出和效率需求，也要回应公众需求和价值偏好，提升公众满意度。内部控制模式有利于提升政府执行力，但缺少外部责任约束，容易导致公共利益受损，进而使政府公信力下降。外部责任模式引入公众参与和民意测评，有利于增进政府与公众的互动，但公众的主观评价与公共服务的实际绩效之间可能存在不一致。那么，如何构建一个科学、合理的绩效评估模型呢？鉴于内部控制模式和外部责任模式各有利弊，政府绩效评估有必要扭转单一的制度设计，转变思路，构建一种复合型评估模式。

复合模式的价值目标具有二元性，即兼顾产出效率和公众满意度，通过绩效合同和民意测评两种方式，形成“内部控制”和“外部责任”双重评估机制③。现代政府立基于多元化环境之中，政府绩效评估既要

---

① 倪星，李佳源．政府绩效的公众主观评价模式：有效，抑或无效?．中国人民大学学报，2010（4）：109.

② Brian Stipak. Citizen Satisfaction with Urban Services: Potential Misuse as a Performance Indicator. Public Administration Review，1979，39（1）：46－52.

③ 杨宏山．政府绩效评估的适用领域与目标模式．中国人民大学学报，2012（4）.

提升行政理性和产出效率，也要关注不同社会群体的意见、态度和评价，保障多元利益的均衡分布，维护社会公平正义。为提升产出效率，绩效评估需要制定具体的指标体系，强化投入和过程控制，实现产出最大化；为维护社会公平，公众的主观评价和价值偏好需要得到尊重。价值偏好并不具有明确的对错标准，它只是反映了个人的主观倾向，但这种群体性的主观偏好对于政府治理具有导向意义。维护社会公平正义，政府绩效评估就不能与公众的主观评价偏离太远。

构建复合型绩效评估模式，需要综合利用内部控制和外部责任两种评估机制，完善相关制度安排和机制设计。具体来讲，主要涉及以下几个方面：

第一，准确界定内部控制型评估的适用领域，提升内部评估机制的针对性和可操作性。政府绩效评估是一项操作性很强的实践活动，它针对政府管理过程中投入、产出、结果所反映的绩效进行测量和评价。从国外实践看，政府绩效评估主要应用于对公共服务项目进行评估，而非对政府各方面的业绩进行综合评估。当前，我国政府绩效评估研究注重构建普适性的综合指标体系。综合指标体系需要设置大量具体指标，有些指标难以量化测评，只能根据主观评价打分，这种评估不仅成本很高，也缺少科学性。政府绩效评估有必要从综合评估走向项目评估，即针对具体职能领域和公共服务项目，有针对性地评价政府和部门的绩效状况，促使其不断改进自身工作和服务供给。

第二，正确认识外部责任型评估的适用领域，提升公众参与的实际效用。在一些人看来，公众参与在任何时候、任何领域都具有正当性，任何试图约束公众参与的建议和行为都属于离经叛道之举。诚然，公众参与有助于政府感知公众需求，可提升政府回应性。然而，公众参与并非适用于任何环境，在有些政策领域，推进公众参与却会导致治理失败。欧文、斯坦斯贝利对地方环境决策的实证研究显示，公众参与有可能导致本来成功的环境管制政策被放松①。引入外部责任型绩效评估，必须要对公众参与的条件、成本和收益进行评估。如果不具备基本条件，或者潜在的不利因素大于有利因素，那么就要慎重对待公众参与。

第三，科学设计公众参与的途径和机制，提升满意度评价的应用价

① Renee A. Irvin, John Stanbury. Citizen Participation in Decision Making: Is It Worth the Effort?. Public Administration Review, 2004, 64 (1): 55-65.

值。外部责任型评估针对具体领域设计绩效指标，有针对性地采集有效的绩效信息，而不是笼统地调查公众对某一部门的总体满意度。例如，当简单询问公众对政府部门的满意度时，可以预料，城管、环卫、公安、交通、工商等部门的排名一定靠后。只有根据部门服务的具体内容来设计调查问题，才能获得更有价值的绩效信息。近年来，一些地方政府以公众投诉为依据，构建了新的外部责任型绩效评估系统。它依赖于非紧急救助热线电话收集公众投诉的问题信息，为提升部门回应性和服务效率找到了有效抓手。

第四，科学设置绩效指标，推进绩效信息公开。为提升绩效评估工作的可操作性，绩效评估的具体指标不宜设置太多，并应具有客观、量化和可测度特征。这样可提升绩效评估的针对性，充分发挥评估结果对改进政府工作的促进作用。对于必须开展的综合评价工作，可汇总利用各种专项评估和项目评估的绩效数据。随着信息化和民主化的发展，为方便公众参与和社会评价，政府绩效评估也应提升透明度。这样不仅会增强政府部门的责任意识和绩效压力，还会形成对绩效评估的评估效应，促使评估者完善绩效评估体系。

第五，强化绩效数据分析和结果应用，促使政府部门推进绩效管理工作。绩效管理是建立在绩效评估基础上的常态管理过程，它为绩效评估提供了对象和内容，并根据评估的结果实施决策和管理，不断改进政府绩效状况。作为一项战略管理工具，政府绩效评估承载着强化政府责任、优化政府管理、提高政府效率、提升政府公信力的重任。构建复合型绩效评估模式，必须要在评估结果与政府决策及常态管理之间建立联系。如果评估结果不能应用于改进政府工作、不能提升服务效率和质量，那么开展绩效评估就没有意义。

## 第三节　市政绩效评估的案例比较

政府绩效评估通过引入绩效测量和评价机制，促使政府部门提升组织绩效、增强公共责任、提升回应性、改进资源配置、加强过程控制。这里选取北京市朝阳区网格化管理系统、美国巴尔的摩市 CitiStat 系统为案例，通过对两者的构成要素和实际效果进行分析，致力于完善中国市政绩效评估系统。

## 一、北京市朝阳区网格化管理系统

朝阳区位于北京市主城区东部和东北部，辖区总面积 470.8 平方公里，常住人口 384.1 万人（截至 2013 年底），是北京市城六区中面积最大、人口最多的行政区。朝阳区也是北京中央商务区所在地，是国际化程度最高的区域，是北京市对外交往活动最频繁的地区。这里聚集有外国驻华使馆、联合国办事机构、国际组织办事处。在行政区划上，朝阳区下设 43 个办事处，包括 24 个街道和 19 个乡。

为提升部门执行力和公共服务效率，2005 年，朝阳区开始建设网格化管理系统。它依据监督评价权与管理执法权相分离的原则，设立专门的监督指挥中心，负责对城市公共服务出现的问题进行立案监督，根据立案量和处置情况对各部门进行绩效评估。网格化管理系统最初主要监督街头小广告、无照游商、机动车乱停放、乱倒垃圾渣土等市政市容、环境秩序问题。该系统建成以后，朝阳区不断拓展网格化管理的适用领域。2007 年，朝阳区以全方位保障奥运为契机，逐步将消防安全、食品安全、社会保障等工作纳入网格化管理。2008 年奥运会以后，朝阳区进一步拓展网格化管理适用领域，把人口管理、单位管理、房屋管理、地下空间管理、安全生产也纳入进来①。

### （一）网格化管理系统的构成要素

网格化管理将城区划分为若干个边界清晰的基础单元，形成一个个无缝拼接的单元网格。在每个网格都配有监督员专门负责发现问题并及时上报给监督指挥中心。监督指挥中心核实后进行问题立案，并对处置情况进行追踪管理。

网格化管理系统的构成要素主要有四点②：

一是单元网格。单元网格是网格化管理的最小空间单位。它一般以社区为基础，将城市区域划分为若干个边界清晰的空间单元。由于细分了单元网格，每个监督员负责巡逻几个空间单元，可保证城市运行监管不留死角。

二是监督员。监督员负责在单元网格内巡逻，一旦发现市政设施、公共服务和社会治理存在问题，立即用专门配置的手机向监督指挥中心

① 杨宏山，皮定均. 构建无缝隙社会管理系统：基于北京市朝阳区的实证研究. 中国行政管理，2011 (5).

② 杨宏山. 数字化城市管理的制度分析. 城市发展研究，2009 (1).

上报问题信息。截至2014年底，朝阳区城市管理监督指挥中心聘有1400多名专职监督员。

三是非紧急救助热线。为方便公众参与，朝阳区对工商、市政、房管等多部门的热线电话进行整合，设置了统一的“96105”非紧急救助政府热线。当市民发现问题、提出投诉或公共服务请求时，可拨打政府热线。该热线呼叫中心聘有160名工作人员，可同时接通多个热线呼叫。

四是监督指挥中心。监督指挥中心独立于各职能部门之外，专门负责管理监督员队伍和“96105”非紧急救助热线，依据问题信息对各职能部门进行监督，并行使绩效评价权，促使各部门切实履行法定职责。

**（二）网格化管理系统的运行流程**

网格化管理系统的运行流程大体包括七个环节（见图10-1）：

（1）信息收集。监督员专门负责问题信息的收集工作。同时，监督指挥中心也通过“96105”政府热线和电子政务网站，收集公众的在线举报信息。

（2）案卷建立。监督指挥中心收到反映的问题信息以后，立即对信息进行分析和问题甄别。如果反映的问题符合立案标准，监督指挥中心予以立案。

（3）任务派遣。对于立案的问题，监督指挥中心根据问题责任归属，将问题信息发送给相关行政责任主体（行政部门或专业机构），由后者到现场进行处置。

（4）任务处置。主要由相关行政责任主体承担。责任主体收到问题信息后，按照规定的时间和标准进行处置。

（5）结果反馈。相关行政责任主体到现场处理完毕问题后，及时将处置结果反馈至监督指挥中心。

（6）核查结案。监督指挥中心在收到反馈结果以后，派出监督员到现场进行核查，并将核查结果传回监督指挥中心。如果现场核实问题已经解决，则予以结案。如果行政责任部门未能在规定的时间内履行责任，则会生成未及时结案记录。

（7）绩效评价。在网格化管理系统运行过程中，信息平台会自动存储并形成各部门职责范围内发生问题的立案数量、按时结案率、逾期未结案率等数据。通过汇总数据，可定期对各部门的绩效状况进行评价。

在传统城市管理模式下，各部门既是公共服务供给的管理者，也是

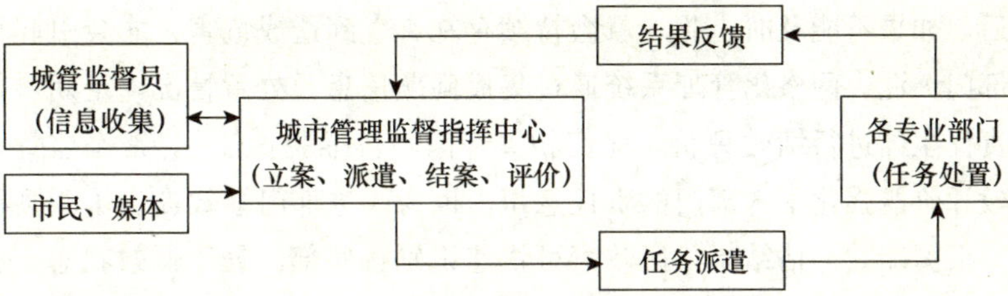


**图 10-1 网格化管理系统的运行流程图**

自身绩效的评价者。由于缺少独立的绩效评估机制，各部门对现存问题的责任意识较差，不能及时回应公众需求。网格化管理系统通过设置专门的监督指挥中心，为独立开展绩效评估提供了组织保证。

### (三) 网格化管理系统的运行成效

网格化管理系统设立独立于各部门之外的监督指挥中心，专门负责公共服务的问题发现和立案监督工作。城市管理监督指挥中心负责发现问题，将问题信息传递给行政责任主体，并不负责具体问题的处置任务。网格化管理系统的运行成效表现在以下几个方面：

首先，网格化管理系统提高了城市问题的发现率。发现问题是改进管理的前提，失却了问题信息，改进管理就难以落到实处。网格化管理系统依靠监督员巡查和热线电话获取问题信息。它通过划分单元网格，指派监督员进行巡查，使城市管理监督不留死角。依托网格化管理系统，监督员在第一时间发现公共服务问题并上报。2014 年，朝阳区网格化管理系统共立案各类城市问题 145.1 万件，其中监督员上报问题约占 93%，热线电话投诉约占 7%。

其次，网格化管理系统强化了常态监督力度，并对各部门实施绩效评价。在对监督员和政府热线反映的问题信息进行确认后，监督指挥中心立即启动问题立案，并将信息反馈给相关责任部门，要求按照绩效承诺进行处置。行政责任主体到现场处理问题后，将结果反馈给监督指挥中心①。监督指挥中心根据立案量和处置结果，对部门进行绩效评估。依托网格化管理系统，朝阳区显著强化了对新增违章建筑、噪声扰民、暴露垃圾、非法小广告、道路破损、机动车乱停放、非法游商、黑车拉客等问题的立案查处力度。

再次，网格化管理系统提升了部门回应性和行政效率。城市问题出

① 杨宏山. 数字化城市管理的制度分析. 城市发展研究，2009 (1).

现后，如果不能及时上报，就会持续存在，直到造成危害，才会引起相关部门关注。网格化管理系统通过集成问题信息及处置情况，定期对行政责任主体进行绩效评价，促使相关部门不得推脱责任①。常态监督和绩效评价既强化了各部门的责任意识，也为改进部门绩效提供了激励机制。根据绩效评估结果，区政府可快速识别哪些部门处于低效状态，从而优化资源配置。

最后，网格化管理系统可为政府决策提供辅助支持。网格化管理系统每天都在集成大量问题信息，它犹如一个神经网络系统，把公共服务出现问题的信息传递给神经中枢，由监督指挥中心进行信息集成并分析相关数据。利用该系统提供的问题信息和绩效信息，可以了解公共服务存在的问题以及居民需求变化，掌握各部门履行职责的绩效情况，为政府决策和资源配置提供辅助支持。

## 二、巴尔的摩市 CitiStat 系统

近年来，美国城市也在利用信息技术，构建基于热线电话的市政绩效评估系统。这里以马里兰州巴尔的摩市的 CitiStat 系统为例，该系统通过追踪市民投诉情况，促使相关部门快速采取行动，有效提升了城市管理和公共服务水平。2004 年，该系统被哈佛大学肯尼迪政府学院授予政府管理创新奖。此后，美国很多城市纷纷借鉴和模仿 CitiStat 系统，建立了各自的市政绩效评估系统②。

### （一）CitiStat 系统的组成要素

CitiStat 是一种数据驱动的决策分析、绩效管理和追踪评价系统，目的在于及时发现问题，促使相关部门快速采取行动，提升部门回应性和公共服务效率。1999 年 12 月，马丁·奥麦利当选巴尔的摩市市长。当时，巴尔的摩市面临着一系列难以处理的问题，公共部门雇员缺勤严重，行政机构反应迟钝，城市预算背负沉重的赤字，城市犯罪率高于全国平均水平。以公共工程建设局雇员缺勤情况为例，每天约有 1/7 的工人不能及时报告工程建设进展。一部分人的懒惰导致另一部分人必须加班才能完成工作，城市财政因支付加班费而背上沉重负担。刚刚上任的奥麦

① 杨宏山，皮定均. 构建无缝隙社会管理系统：基于北京市朝阳区的实证研究. 中国行政管理，2011 (5).

② Robet D. Behn. The Varieties of CitiStat. Public Administration Review，2006，66 (3)：332-340.

利市长决心扭转这一局面。

2000 年 6 月，巴尔的摩市政府雇用了由几个人组成的工作团队，并把他们安置在市政厅的一个会议室里，就这样 CitiStat 系统开始运作了。最初，CitiStat 管理项目仅涉及公共建设工程局的固体废弃物管理处一个部门。到 2002 年，它就已经扩展到巴尔的摩市的全部 16 个行政部门。CitiStat 系统使得市长办公室能够即时监督雇员加班和病假状况，从而减少员工的惰性和缺勤问题，用于支付加班费的财政支出大幅减少。

从字面上看，CitiStat 由城市（City）与统计（Statistics）两个单词组合而成。CitiStat 系统根据一定的绩效指标收集信息并形成统计数据。这些数据涉及住房、交通、社区发展、火灾、水资源、固体废弃物、健康、公园管理等领域。在每隔两周召开一次的 CitiStat 会议上，各个行政部门负责人向市长和其他高级官员报告各自部门的绩效数据并回答相关提问。市长办公室通过这些数据来识别哪些管理领域处于低效状态，并寻求改进对策。

CitiStat 系统的组成要素主要包括以下内容①：

一是会场。即装有电子大屏幕的专用会议场所。在会场中，市长及其他市政高官具有专门的固定座位。会场有一个专门的讲台，接受绩效评价的有关部门负责人站在讲台上汇报本部门运行的绩效情况。会场还有专门的放映机，可以将相关数据、图表和地图直接投影到大屏幕上。

二是人员。即擅长数据分析的工作人员。他们能够从大量的数据中去粗取精，找到最重要的相关变量，并据此判断绩效是否有改进。2000 年 CitiStat 系统刚启动时，CitiStat 办公室聘有 8 名专职工作人员，其中包括 1 名项目主任。此后运行中，该机构雇员一直稳定在 6～8 人之间，其中绝大多数是数据分析人员。

三是数据。公共服务引入绩效管理和改进绩效水平，前提是必须要收集和统计相关数据。巴尔的摩市的数据收集和统计，主要依赖于“311”热线电话，同时也要求相关部门定期提交财政和运营数据。当市民拨打“311”热线电话投诉或请求提供公共服务时，呼叫中心的工作人员将问题输入一个专用的计算机管理系统之中。录入计算机的统计数据为测定一个市政机构的工作情况提供了基本依据。对于每一类服务请求，城市行政部门都有解决问题的时间规定。

---

① 杨宏山. 数据绩效分析与城市管理创新. 中国行政管理，2008（6）.

四是会议。定期组织正式会议是CitiStat系统的核心构成要素。巴尔的摩市每隔两周召开一次CitiStat会议，市长、副市长、市长办公室有关高级官员以及各行政部门负责人均参加会议。各行政部门负责人被要求在CitiStat会议上汇报本部门的绩效情况。会场设有电子大屏幕，可以现场演示相关统计数据。市长和高级官员一起讨论分析统计数据，行政部门负责人需要当场回答相关问题并接受质询。巴尔的摩市设有第一副市长，其对会议的支配权仅次于市长，是市长最重要的助手。在市长遇有其他活动不能到会时，就由第一副市长主持会议。

五是追踪。追踪是CitiStat系统提升城市公共服务绩效的重要保障措施。为了改进公共服务绩效，基于数据分析的CitiStat会议必须形成决策并要求相关行政机构负责人做出承诺。同时，它还通过进一步的数据统计追踪和对比机制，保证这些决策和承诺能够显著地改进行政机构的公共服务绩效。在下一次召开的CitiStat会议上，将会就最新统计数据与上次、上月、上年的数据进行比较，以检查相关市政部门是否采取了有效行动，以及绩效数据的改善情况，并确定进一步的绩效指标和实施部署。

**（二）CitiStat系统的运行成效**

CitiStat系统基于即时性的统计数据分析进行决策指挥，同时又通过追踪评估执行绩效管理。这种持续的信息收集和数据分析，使市长及其他高级官员可以监督、评估各职能部门履行职责的总体状况，促使各部门及负责人努力改进公共服务绩效，识别并优先解决市民关注的热点问题。具体来讲，CitiStat系统的运行成效表现在以下几个方面：

首先，提升了城市公共服务供给效率。在建立CitiStat系统的第一年，城市政府就大大缩短了垃圾收集、道路维修的公众投诉回应时间，市民抱怨电话数量明显减少。以路面坑洼填平为例，在建立CitiStat系统之前，该市没有路面坑洼填平追踪管理，市民经常抱怨很久才能把坑洼填平。通过实施CitiStat系统，有关部门承诺，道路坑洼问题在接到电话报告后将在48小时内修好。这种服务承诺和责任追踪机制，给相关部门造成了很强的管理压力，使相关部门不得不努力提高服务绩效，以免在市政会议上面临质询。其结果是，道路坑洼的抱怨和投诉大幅度下降，97%的道路坑洼在接到报告后能够在48小时内填平。这种明显的绩效改进有效提高了城市政府的公信力。

其次，降低了高居不下的城市犯罪率。CitiStat系统还帮助巴尔的摩市降低了高居不下的犯罪率。在20世纪90年代，美国其他城市的犯罪率都在下降，但巴尔的摩市的犯罪率仍处于高水平状态。2000 年建立 CitiStat 系统的时候，巴尔的摩市的暴力犯罪率在全美 30 个大城市中排名第二。在建立 CitiStat 系统的第一年，该市的犯罪率下降了 14 个百分点。从 1999 年到 2003 年，暴力犯罪下降了 40%。在美国主要的大城市中，巴尔的摩市的暴力犯罪率下降速度最快①。

再次，降低了行政成本，节约了大量财政支出。CitiStat 系统促使各部门加强工作监督，将缺勤率降到了最低点。该系统实施第一年，随着员工出勤率上升，巴尔的摩市政府就节约了 1 300 多万美元经费。具体包括：减少加班费 600 万美元，减少项目行动费 102.5 万美元，减少缺勤导致的事故损失费 123 万美元，减少运行费用 131 万美元，增加财政收入 364.7 万美元②。该项目实施的前三年，除警务部门外，政府雇员的加班费支出降低了 40%，市政工程和服务机构雇员的缺勤率降低了 50%。随着雇员出勤率的提高，城市公共服务的供给效率和质量都有明显改进。从 2000 年建立 CitiStat 系统到 2006 年，在七年时间内，该系统共节约了 3.5 亿美元财政支出。减少了预算赤字，同时改进了服务供给，财产税税率降低到了过去 30 年来的最低水平。

最后，该系统的运行成本很低。CitiStat 系统使用有限的专门软件和一个小规模的工作团队，主要负责绩效数据分析，以监督各部门的执行情况。该系统的建设花费 28.5 万美元，主要用于修缮会议室，购置部门设备和专用软件。CitiStat 系统运行初期，全职人员只有 3 个人，2003 年以来，由于工作职责增多，人员增加到 8 个人。每年运行成本约 40 万美元，主要用于支付人员工资③。

**（三）CitiStat 系统的示范效应**

CitiStat 系统由于成效较为显著，各地的参访代表团也纷至沓来。近年来，美国很多大城市纷纷借鉴巴尔的摩市的经验，建立各自的市政绩效评估系统。例如，纽约市建立了 CPR 系统（citywide performance reporting），亚特兰大市建立了 ALTStat 系统，旧金山市建立了 SFStat 系

---

① Teresita Perez and Reece Rushing. The CitiStat Model: How Data-Driven Government Can Increase Efficiency & Effectiveness. Center for American Progress, 2007: 5.

② Charles Bens. CitiStat, Performance Measurement with Attitude. National Civic Review, 2005: 78-80.

③ Phineas Baxandall, Charles C. Euchner. Can CitiStat Work in Greater Boston? October 22, 2003: 5. http://www.ksg.harvard.edu/rappaport/downloads/citistat/final_citistat_report.pdf.

统，罗得岛州普罗维登斯市实施了 ProvStat 系统，密苏里州圣路易斯市开发了 CitiView 系统，纽约州锡拉丘兹市（雪城）建立了 SyraStat 系统，华盛顿州金县（King County）实施了 KingStat 系统，佛罗里达州棕榈湾创立了 PalmStat 系统。

除市政府外，一些州政府也在学习巴尔的摩市的经验。例如，华盛顿州州长克里斯汀·格利高娅参观了 CitiStat 系统后，于 2005 年建立“政府管理责任和绩效评估”（GMAP）系统。GMAP 系统通过分析统计数据，定期召开正式会议，州长、政府高官与各部门负责人一起讨论问题，评估部门管理绩效，在此基础上制定新政策或实施新策略。该项目也取得了良好的绩效回报。由于绩效管理取得骄人业绩，2006 年，巴尔的摩市市长马丁·奥麦利当选马里兰州州长，他将 CitiStat 系统应用于州政府管理，定期召开绩效分析和评论会议，在此基础上制定政策和驱动管理。之后，犹他州、科罗拉多州、宾夕法尼亚州、印第安纳州和爱荷华州，也在借鉴这一政府绩效评估系统。

## 三、市政绩效评估系统的案例比较

### （一）网格化系统与 CitiStat 系统的共性特征

通过案例研究可见，网格化管理系统与 CitiStat 系统具有一些共性特征①：

首先，两者都注重利用问题信息驱动绩效评估。绩效评估发挥作用有赖于及时收集并反馈公共服务提供的问题信息。网格化管理系统和 CitiStat 系统都注重通过专门渠道收集问题信息，并利用问题信息对各部门履行职责进行即时监督。

其次，两者都设有专门机构负责绩效管理工作。网格化管理系统设有独立于各部门之外的监督指挥中心，专门负责对公共服务和社会治理进行监督。CitiStat 系统设有绩效评估办公室，专门负责绩效数据分析。

再次，两者都提升了部门回应性和公共服务效率。网格化管理系统依靠监督员和热线电话获取问题信息，促使公共部门及时回应并处置问题；巴尔的摩市依靠热线电话收集问题信息，同时依赖部门提交绩效数据。通过汇总这些问题信息，可对部门进行绩效评估。为提升绩效水平，

---

① 杨宏山．城市治理绩效评估的模式比较——以北京市朝阳区和美国巴尔第摩市为例．国家治理，2015 (39).

各部门不得不主动改进公共服务质量。

最后，两者都受到广泛关注，并引起其他城市仿效。2005 年，建设部向各省、自治区、直辖市建设厅下发文件，决定在全国推广北京市网格化管理模式。此后，上海、天津、重庆、深圳、南京、成都等城市纷纷仿效。目前，全国有 200 多个城市建立了网格化管理系统，形成了中国特色的市政绩效评估模式。在巴尔的摩市建立 CitiStat 系统后，美国很多城市派代表前往访问、考察和学习，一些海外城市代表团也慕名前访。该市 CitiStat 大厅甚至出现一天接待好几批考察团的情况。

**（二）网格化系统与 CitiStat 系统的差异性**

网格化管理系统与 CitiStat 系统的差异性也很显著：

首先，两者收集绩效信息的主要途径不同。网格化管理系统主要依靠监督员巡逻并报告问题信息。朝阳区网格化管理系统立案监督的各类问题，其中约 93%来自监督员上报问题，热线电话反映的问题只占 7%。而巴尔的摩市 CitiStat 系统主要依靠公众投诉收集问题信息，大多数信息来自非紧急救助热线。

其次，两者开展绩效评估的信息应用层面不同。网格化管理的绩效评估信息主要反馈给执行部门，着眼于在部门内部改进资源配置和治理手段。巴尔的摩市 CitiStat 系统的绩效评估信息主要直接反馈给决策层，每两周召开一次市政绩效会议，市长和各部门负责人共享绩效数据。

最后，两者的运行成本具有较大差异。网格化管理聘用专门的监督员队伍，加上监督指挥中心的管理人员、信息平台和热线电话的工作人员，整个系统的人员成本较大。此外，网格化管理需要开发管理信息系统、采购大量软硬件设备，中等规模城市的初始投入成本都达几千万元。而巴尔的摩市 CitiStat 系统的雇员一直稳定在 6～8 人，初始投入和日常维护成本都比较低。

## 第四节　改进市政绩效评估的思路

北京市网格化管理系统和巴尔的摩市 CitiStat 系统都显著提升了政府回应性和公共服务效率。两者的区别在于，网格化管理系统偏重于内部控制，主要通过监督员巡查上报获取问题信息，而 CitiStat 系统注重公众满意度评价。案例研究表明，地方政府推进绩效评估工作，需要抓住绩效承诺、问题监督、绩效评价等关键环节。借鉴网格化管理系统和CitiStat系统的有益经验，我们对改进市政绩效评估提出以下思路：

第一，兼顾内部控制和外部责任的价值诉求，提升公众满意度在绩效评估中的权重。城市治理既要强化内部控制，提升行政效率，也要关注不同社会群体的需求、意见和评价，提升公众满意度。为提升公众满意度，公众的主观评价应当得到重视。鉴于此，城市治理绩效评估有必要扩大公众参与，构建复合型绩效管理模式，兼顾内部控制和外部责任的价值诉求，实现政府执行力与公信力相统一。与CitiStat系统相比较，网格化管理系统偏重于内部控制。在外部责任缺失的情况下，内部控制的高效率有可能偏离公共利益。鉴于此，网格化管理系统需要引入公众参与，扩大公众满意度在绩效评估中的权重。

第二，整合部门热线电话，设置便于公众参与的统一的政府热线。目前，我国城市普遍设有多个热线号码，基本上是一个部门一条热线，公众连记住这些热线号码都很困难。美国城市治理的一个有益经验是，每个城市仅设两条热线电话，一条是紧急救助热线“911”，另一条是非紧急救助热线“311”。这样，通过汇总公众拨打政府热线反映的问题信息，可获得各类投诉的数量和处置结果，可对市政部门进行绩效评价，促使其提升回应性和公众满意度。北京市朝阳区通过整合热线电话，设置统一的非紧急救助热线“96105”，为方便公众参与做出了积极探索。

第三，定期集成部门绩效数据，建立常态化的绩效评估机制。推进市政绩效评估工作，需要及时汇总部门绩效信息，通过绩效评估帮助各部门发现问题。目前，我国很多城市已经建立网格化管理系统，但尚不能周期性地汇总绩效数据，发布部门绩效评估报告。巴尔的摩市每两周召开一次市政绩效会议，当场演示各部门在过去两周的绩效数据，市长据此进行决策，并要求低绩效部门进行追踪管理。这种常态化的绩效评估机制，为强化部门责任和提升公共服务质量提供了有效的制度保障。

第四，改进绩效评价办法，提升绩效评价的权威性。目前，我国城市网格化管理系统开展绩效评价的普遍做法是，根据各街道（部门）被立案监督的问题数量进行绩效大排名。由于各街道的辖区面积和人口规模差异很大，不同机构的职能配置也迥然相异，简单地根据发案量对部门绩效进行排名，显然缺少科学性。巴尔的摩市开展绩效评估的基本经验是，各部门主要与自身过去的绩效数据进行比较，以识别绩效改进情况。

第五，强化绩效结果应用，促使政府部门强化常态管理工作。绩效评估的目的在于通过绩效测量和评价，促使政府部门改进决策和管理，强化过程管理和结果控制，提升公众满意度。只有提高绩效评估的公开性和应用性，才能从根本上提升各部门的责任意识，提升部门回应性和公共服务质量。

# 参考文献

## 中文文献

E. S. 萨瓦斯. 民营化与公私部门的伙伴关系. 周志忍，等译. 北京：中国人民大学出版社，2002.

阿尔弗雷德·韦伯. 工业区位论. 李刚剑，译. 北京：商务印书馆，2010.

阿瑟·奥沙利文. 城市经济学：第六版. 周京奎，译. 北京：北京大学出版社，2008.

埃比尼泽·霍华德. 明日的田园城市. 金经元，译. 北京：商务印书馆，2000.

埃莉诺·奥斯特罗姆. 公共事物的治理之道. 余逊达，等译. 上海：上海三联书店，2000.

艾伯特·赫希曼. 经济发展战略. 曹征海，潘照东，译. 北京：经济科学出版社，1991.

薄贵利. 稳步推进省直管县体制. 中国行政管理，2006 (12).

保罗·A. 萨巴蒂尔. 政策过程理论. 彭宗超，钟开斌，译. 北京：三联书店，2004.

保罗·诺克斯，史蒂文·平奇. 城市社会地理学导论. 柴彦威，等译. 北京：商务印书馆，2005.

蔡立辉. 分层次、多元化、竞争式提供医疗卫生服务的公共管理改革及分析. 政治学研究，2009 (6).

陈辉，谢世诚. 建国初期城市居民委员会研究. 当代中国史研究，2002 (4).

陈平. 网格化城市管理新模式. 北京：北京大学出版社，2006.

陈喜强. 中国城市基层社区组织身份治理模式研究. 北京：中国经

济出版社，2011.

戴维·H. 罗森布鲁姆，罗伯特·S. 克拉夫丘克. 公共行政学：管理、政治和法律的途径. 张成福，等译. 北京：中国人民大学出版社，2002.

戴维·R. 摩根，罗伯特·E. 英格兰，约翰·P. 佩利塞罗. 城市管理学：美国视角. 杨宏山，陈建国，译. 北京：中国人民大学出版社，2016.

戴维·奥斯本，特德·盖布勒. 改革政府：企业精神如何改革着公营部门. 周敦仁，等译. 上海：上海译文出版社，2006.

戴维·贾奇，格里·斯托克，哈罗德·沃尔曼. 城市政治学理论. 刘晔，译. 上海：上海世纪出版集团，2009.

弗朗索瓦·佩鲁. 略论增长极概念. 经济学译丛，1988 (9).

桂勇，崔之余. 行政化进程中的城市居委会体制变迁. 华中理工大学学报（社会科学版），2000 (3).

韩光辉，尹钧科. 北京城市郊区的形成及其变迁. 城市问题，1987 (5).

何海兵. 我国城市基层社会管理体制变迁：从单位制、街居制到社区制. 管理世界，2003 (6).

何显明. 从"强县扩权"到"扩权强县"：浙江"省管县"改革的演进逻辑. 中共浙江省委党校学报，2009 (4).

何艳玲，汪广龙，陈时国. 中国城市政府支出政治分析. 中国社会科学，2014 (7).

赫伯特·A. 西蒙. 管理行为. 詹正茂，译. 北京：机械工业出版社，2013.

赫尔穆特·沃尔曼. 德国地方政府. 陈伟，段德敏，译. 北京：北京大学出版社，2005.

赫尔穆特·沃尔曼. 四国地方政府比较研究. 经济社会体制比较，2007 (1).

亨利·皮雷纳. 中世纪的城市. 陈国樑，译. 北京：商务印书馆，2006.

洪银兴. 城乡差距和缩小城乡差距的优先次序. 经济理论与经济管理，2008 (2).

侯伊莎. 透视盐田模式：社区从管理到治理体制. 重庆：重庆出版

社，2006.

胡象明，唐波勇．整体性治理：公共管理的新范式．华中师范大学学报（人文社会科学版），2010（1）．

蒋伟涛．“门前三包”责任制的发展历程．北京党史，2010（6）．

卡尔·波兰尼．大转型：我们时代的政治与经济起源．冯钢，刘阳，译．杭州：浙江人民出版社，2007.

凯斯·R．孙斯坦．设计民主：论宪法的作用．金朝武，刘会春，译．北京：法律出版社，2006.

康晓光，徐文文．权威式整合：以杭州市政府公共管理创新实践为例．中国人民大学学报，2014（3）．

柯武刚，史漫飞．制度经济学．韩朝华，译．北京：商务印书馆，2000.

莱斯特·M．萨拉蒙．公共服务中的伙伴：现代福利国家中政府与非营利组织的关系．田凯，译．北京：商务印书馆，2008.

赖寿华，黄惠明，陈嘉平．从技术创新到制度创新：河源、云浮、广州“三规合一”实践与思考．城市规划学刊，2013（5）．

李厚廷．制度多样性及其动态关联．社会科学研究，2010（3）．

李景鹏．论制度与机制．天津社会科学，2010（3）．

李景平，王永香．城市社区管理体制改革的发展瓶颈与路径选择：以北京“鲁谷模式”为例．北京行政学院学报，2012（5）．

李路路，李汉林．中国的单位组织：资源、权力与交换．杭州：浙江人民出版社，2000.

李强．当代中国社会分层与流动．北京：中国经济出版社，1993.

李荣娟，朱光喜．将街道办事处建成一级政府的依据和构想．江汉大学学报，2004（3）．

李盛．新加坡邻里中心及其在我国的借鉴意义．国外城市规划，1999（4）．

李雪萍．城市社区公共产品供给研究．北京：中国社会科学出版社，2008.

理查德·C．博克斯．公民治理：引领21世纪的美国社区．孙柏瑛，等译．北京：中国人民大学出版社，2005.

理查德·P．格林，詹姆斯·B．皮克．城市地理学．中国地理学会城市地理专业委员会，译．北京：商务印书馆，2011.

厉以宁. 走向城乡一体化：建国 60 年城乡体制的变革. 北京大学学报（哲学社会科学版），2009（6）.

林立公. 试论两新组织党的建设. 政治学研究，2009（5）.

刘尚希，李成威. 财政“省直管县”改革的风险分析. 当代经济管理，2010（10）.

刘淑妍. 公众参与导向的城市治理：利益相关者分析视角. 上海：同济大学出版社，2010.

刘伟能. 社区服务的理念、功能和特色. 中国社会工作，1997（2）.

刘易斯・芒福德. 城市发展史：起源、演变和前景. 宋俊岭，倪文彦，译. 北京：中国建筑工业出版社，2005.

卢汉龙. 中国城市社区的治理模式. 上海行政学院学报，2004（1）.

陆道平. 城乡一体化进程中社保服务均等化的路径探析：基于苏州经验的考察. 江汉论坛，2014（12）.

陆军. 省直管县：一项地方政府分权实践中的隐形问题. 国家行政学院学报，2010（3）.

路风. 单位：一种特殊的社会组织形式. 中国社会科学，1989（1）.

罗伯特・帕特南. 使民主运转起来. 王列，赖海榕，译. 南昌：江西人民出版社，2001.

罗伯特・阿格拉诺夫，迈克尔・麦奎尔. 协作性公共管理：地方政府新战略. 李玲玲，鄞益奋，译. 北京：北京大学出版社，2007.

罗纳德・J. 奥克森. 治理地方公共经济. 万鹏飞，译. 北京：北京大学出版社，2005.

吕炜，王伟同. 发展失衡、公共服务与政府责任：基于政府偏好和政府效率视角的分析. 中国社会科学，2008（4）.

马骏. 经济、社会变迁与国家重建：改革以来的中国. 公共行政评论，2010（1）.

迈克尔・麦金尼斯. 多中心体制与地方公共经济. 毛寿龙，李梅，译. 上海：上海三联书店，2000.

曼库尔・奥尔森. 集体行动的逻辑. 陈郁，等译. 上海：上海人民出版社，1995.

毛寿龙，陈建国. 社区治理与可持续发展：由“美丽园事件”探讨自主治理的可持续之道. 中国行政管理，2008（3）.

尼古拉斯・亨利. 公共行政与公共事务：第八版. 张昕，等译. 北京：中国人民大学出版社，2002.

倪星，李佳源．政府绩效的公众主观评价模式：有效，抑或无效?．中国人民大学学报，2010（4）.

彭潇．街道办事处改革与社区建设的路径选择．人民论坛，2010（4）.

浦善新．中国行政区划改革研究．北京：商务印书馆，2006.

浦兴祖．特大城市城区管理体制的改革走向．政治学研究，1998（3）.

渠敬东，周飞舟，应星．从总体支配到技术治理：基于中国30年改革经验的社会学分析．中国社会科学，2009（6）.

渠敬东．项目制：一种新的国家治理体制．中国社会科学，2012（5）.

饶常林，常健．我国城市街道办事处管理体制变迁与制度完善．中国行政管理，2011（2）.

沈荣华，王荣庆．从机制到体制：地方政府创新逻辑：以行政服务中心为例．行政论坛，2012（4）.

史蒂芬·戈德史密斯，威廉·D. 埃格斯．网络化治理：公共部门的新形态．孙迎春，译．北京：北京大学出版社，2008.

宋雄伟．英国地方政府治理：中央集权主义的分析视角．北京行政学院学报，2013（5）.

孙宏伟．英国地方自治的发展及其理论渊源．北京行政学院学报，2013（2）.

孙立平，王汉生，等．改革以来中国社会结构的变迁．中国社会科学，1994（2）.

孙立平．“自由流动资源”与“自由活动空间”．探索，1993（1）.

唐钧．关于城市社区服务的理论思考．中国社会科学，1992（4）.

唐远雄，罗晓．多元共处，和而不同：论城市社区建设的多元化．城市发展研究，2013（4）.

万鹏飞．中国大陆城市的街道行政管理体制．当代中国研究，1994（3）.

王华，陈烈．西方城乡发展理论研究进展．经济地理，2006（3）.

王名，刘国翰，何建宇．中国社团改革：从政府选择到社会选择．北京：社会科学文献出版社，2001.

王锡锌．公众参与、专业知识与政府绩效评估的模式．法制与社会发展，2008（6）.

魏娜. 我国城市社区治理模式：发展演变与制度创新. 中国人民大学学报，2003 (1).

文森特·奥斯特罗姆. 美国公共行政的思想危机. 毛寿龙，译. 上海：上海三联书店，1999.

翁芳玲，赵燕菁. 厦门市“三规合一”规划审批改革. 规划师，2015 (8).

翁士洪. 整体性治理模式的兴起：整体性治理在英国政府治理中的理论与实践. 上海行政学院学报，2010 (2).

徐竹青. 城乡一体化从区域治理到国家战略. 浙江社会科学，2016 (1).

薛晴，霍有光. 城乡一体化的理论渊源及其嬗变轨迹考察. 经济地理，2010 (11).

亚里士多德. 政治学. 吴寿彭，译. 北京：商务印书馆，1965.

燕继荣. 协商民主的价值和意义. 科学社会主义，2006 (6).

杨成虎. 居站分离的逻辑与改革向度. 公共管理与政策评论，2013 (3).

杨宏山，陈蛟. 邻里中心视角下的社区公共空间建设. 城市管理与科技，2014 (2).

杨宏山，黄文浩. 论城市的性质与治理使命. 中共中央党校学报，2016 (6).

杨宏山，李东泉. 城市街道管理体制改革的争论与思考：基于撤销街道办事处试验的多案例研究. 北京行政学院学报，2016 (2).

杨宏山，皮定均. 构建无缝隙社会管理系统：基于北京市朝阳区的实证研究. 中国行政管理，2011 (5).

杨宏山，皮定均. 合作治理与社会服务管理创新：朝阳模式研究. 北京：中国经济出版社，2012.

杨宏山，齐建宗. 数字化城市管理模式. 北京：中国人民大学出版社，2009.

杨宏山. “省管县”体制改革：市县分治还是混合模式?. 北京行政学院学报，2014 (1).

杨宏山. 城市社区服务的多中心供给机制. 理论与改革，2009 (3).

杨宏山. 城市治理绩效评估的模式比较：以北京市朝阳区和美国巴尔第摩市为例. 国家治理，2015 (39).

杨宏山. 城乡关系与地方治理改革. 北京行政学院学报，2012 (5).

杨宏山. 澄清城乡治理的认知误区. 探索与争鸣，2016 (6).

杨宏山. 合作治理与城市基层管理创新. 南京社会科学，2011 (5).

杨宏山. 美国城市治理结构及府际关系发展. 中国行政管理，2010 (5).

杨宏山. 数字化城市管理的制度分析. 城市发展研究，2009 (1).

杨宏山. 依托次级城市建设，推进城乡协调发展. 国家治理，2016 (18).

杨宏山. 整合治理：中国地方治理的一种理论模型. 新视野，2015 (3).

杨宏山. 政府绩效评估的适用领域与目标模式. 中国人民大学学报，2012 (4).

杨丽萍. 从废除保甲制度到建立居民委员会. 党的文献，2010 (5).

礒崎初仁，金井利之，伊藤正次. 日本地方自治. 张青松，译. 北京：社会科学文献出版社，2010.

尹航. 浅析清末城镇乡地方自治制度. 社会科学战线，2005 (2).

约翰·克莱顿·托马斯. 公共决策中的公民参与：公共管理者的新技能与新策略. 孙柏瑛，等译. 北京：中国人民大学出版社，2000.

约翰·伦尼·肖特. 城市秩序：城市、文化与权力导论. 郑娟，梁捷，译. 上海：上海人民出版社，2011.

张军，高远，傅勇，张弘. 中国为什么拥有了良好的基础设施. 经济研究，2007 (3).

张可云. 区域经济一体化：追求理想的共赢格局. 区域经济评论，2015 (6).

张庭伟. 新自由主义、城市经营、城市管治、城市竞争力. 城市规划，2004 (5).

赵燕菁. 城市的制度原型. 城市规划，2009 (10).

赵燕菁. 从城市管理走向城市经营. 城市规划，2002 (11).

赵燕菁. 重新研判“土地财政”. 第一财经日报，2013-05-13.

折晓叶. 县域政府治理模式的新变化. 中国社会科学，2014 (1).

珍妮·V. 登哈特，罗伯特·B. 登哈特. 新公共服务：服务，而不是掌舵. 丁煌，译. 北京：中国人民大学出版社，2004.

周雪光. 权威体制与有效治理：当代中国国家治理的制度逻辑. 开

放时代，2011（10）.

朱光磊，张志红．“职责同构”批判．北京大学学报（哲学社会科学版），2005（1）.

朱国明．上海：从废保甲到居民委员会的诞生．档案与史学，2002（2）.

竺乾威．从新公共管理到整体性治理．中国行政管理，2008（10）.

## 英文文献

Ansell C，Gash A．2007．Collaborative Governance in Theory and Practice．Journal of Public Administration Research and Theory，18：543–571.

Banovetz J M．1994．Managing Small Cities and Counties：A Practical Guide．Washington D.C.：ICMA Press.

Baumann A．2013．Whole of Government：Integration and Demarcation．CSS Analysis in Security Policy，March，No. 129：1–4.

Behn R D．2006．The Varieties of CitiStat．Public Administration Review，66（3）：332–340.

Box R C．1998．Citizen Governance：Leading American Communities into the 21st Century．Sage Publications，Inc.

Burns N．1994．The Formation of American Local Governments：Private Values in Public Institutions．New York：Oxford University Press.

Böventer E．1969．Walter Christaller's Central Places and Peripheral Areas：The Central Place Theory in Retrospect．Journal of Regional Science，9（1）.

Christensen T，Per Laegreid．2007．The Whole-of-Government Approach to Public Sector Reform．Public Administration Review，67（6）：1059–1066.

Dahl R A．1961．Who Governs? Democracy and Power in an American City．New Haven：Yale University Press.

Douglass M．1998．A Regional Network Strategy for Reciprocal Rural-urban Linkages．An Agenda for Policy Research with Reference to Indonesia．Third World Planning Review，20（1）.

Downs A．1994．New Visions for Metropolitan America．Washington

D. C. : The Brookings Institution.

Dryzek J S. 1990. Discursive Democracy: Politics, Policy and Political Science. Cambridge University Press.

Elkin S. 1987. City and Regime in the American Republic. Chicago, I. L. : University of Chicago Press.

Emerson K, Nabatchi T, Balogh S. 2011. An Integrative Framework for Collaborative Governance. Journal of Public Administration Research and Theory, 22 (1): 1-29.

Fainstein S, Hill R C, Judd D, Smith M. 1986. Restructuring the City: The Political Economy of Urban Redevelopment. New York: Longman.

Friedmann J, Douglass M. 1975. Agropolitan Development: Towards a New Strategy for Regional Planning in Asia. Los Angeles: University of California.

Friedmann J. 1966. Regional Development Policy: A Case Study of Venezuela. Cambridge: The MIT Press.

Hunter F. 1953. Community Power Structure: A Study of Decision Makers. Chapel Hill: University of North Carolina Press.

Jones V. 1942. Metropolitan Government. Chicago: University of Chicago Press.

Lipton M. 1977. Why Poor People Stay Poor: Urban Bias in World Development. Harvard University Press.

Logan J, Molotch H. 1987. Urban Fortunes: The Political Economy of Place. Berkeley: University of California Press.

Maxey C. 1922. The Political Integration of Metropolitan Communities. National Municipal Review, 11 (8): 229-253.

McGinnis M D. 1999. Polycentricity and Local Public Economics. Ann Arbor: The University of Michigan Press.

McGuire M. 2006. Collaborative Public Management: Assessing What We Know and How We Know It. Public Administration Review, 66 (s1): 33-43.

Molotch H. 1976. The City as Growth Machine. American Journal of Sociology, 82 (2): 309-355.

Morgan D R, England R E, Pelissero J P. 2007. Managing Urban America. Washington, D. C.: CQ Press.

O'Flaherty B. 2005. City Economics. Cambridge, Massachusetts: Harvard University Press.

Orfield M. 2003. American Metropolitics: The New Suburban Reality. Washington, D. C.: Brookings Institution Press.

Ostrom E. 1999. Institutional Rational Choice: An Assessment of the IAD Framework//Sabatier P. Theories of the Policy Process. Boulder, C. O.: Westview Press.

Ostrom V, Tiebout C, Warren R. 1961. The Organization of Government in Metropolitan Areas: A Theoretical Inquiry. American Political Science Review, 55: 831-842.

Ostrom V. 1991. The Meaning of American Federalism: Constituting a Self-Governing Society. San Francisco, Calif.: Institute for Contemporary Studies Press.

Pelissero J P. 2003. Cities, Politics and Policy: A Comparative Analysis. Washington, D. C.: CQ Press.

Perez T, Rushing R. 2007. The CitiStat Model: How Data-Driven Government Can Increase Efficiency & Effectiveness. Center for American Progress.

Perri 6. 2002. Towards Holistic Governance: The New Reform Agenda. New York: Palgrave.

Rondinelli D A. 1983. Dynamics of Growth of Secondary Cities in Developing Countries. Geographical Review, 73 (1): 42-57.

Stöhr W B, Taylor D R F. 1981. Development from Above or Below? The Dialectics of Regional Planning in Developing Countries. Wiley, Chichester.

Stone C N. 1989. Regime Politics: Governing Atlanta: 1946-1988. Lawrence, K. S.: University Press of Kansas.

Strauss A, Corbin J. 1998. Basics of Qualitative Research: Techniques and Procedures for Developing Grounded Theory. Sage Publications, Thousand Oaks.

Teaford J C. 1979. City and Suburb: The Political Fragmentation of

Metropolitan America, 1850-1970. Baltimore: Johns Hopkins University Press.

Thomas J C. 1995. Public Participation in Public Decisions: New Skill and Strategies for Public Managers. John Wiley & Sons, Inc.

Tiebout C. 1956. A Pure Theory of Local Expenditures. The Journal of Political Economy, 64 (5): 416-424.

Warren R. 1966. Government in Metropolitan Regions: A Reappraisal of Fractionated Political Organization. Davis: University of California, Institute of Governmental Affairs.

Weber E P. 2003. Bringing Society Back in: Grassroots Ecosystem Management, Accountability, and Sustainable Communities. Cambridge, MA: MIT Press.

Whyte M. 2010. One Country, Two Societies: Rural-Urban Inequality in Contemporary China. Harvard University Press.

Wirth L. 1928. Urbanism as a Way of Life. American Journal of Sociology, 44.

Wood R C. 1958. Metropolitan Government, 1975: An Extrapolation of Trends the New Metropolises: Green Belt, Grass Roots or Gargantua?. American Political Science Review, 52 (1): 108-122.

# 索引

# 后　记

本书由我近年来从事城市治理研究的成果汇集而成。自在中国人民大学公共管理学院任教以来，我就承担着本科生“市政管理学”课程的教学任务。为了备课，我需要阅读相关文献，逐渐进入了城市治理研究领域。2007—2008年，我有幸获得著名政治学家埃莉诺·奥斯特罗姆教授邀请，赴美国印第安纳大学政治理论与政策分析研究中心做访问学者，研究主题即为美国城市和地方治理。回国后，我主持翻译了《城市管理学：美国视角（第六版）》（戴维·摩根等著），进一步熟悉了美国城市治理的研究议题和进展。

随后，我主持了国家社科基金项目“基于居民自治的城市治理结构研究”、北京市社科基金项目“人文北京与城市社区公共空间建设”，开始聚焦于城市治理的制度结构、运作模式、市县关系、街道管理、社区服务供给、公共空间建设、市政绩效评估等议题，在《政治学研究》《中国行政管理》《中国人民大学学报》《探索与争鸣》等CSSCI期刊发表了10余篇论文。

本书展现了我在城市治理领域的研究和思考，试图澄清一些认知误区，提出新的治理思路。本书对一些议题的探讨，本身也是有限认知，我愿意就此求教于专家和学者，不当之处还请指正。

面对城市发展的诸多乱象，应对环境污染、交通拥堵等“城市病”，城市治理任重而道远。提升城市治理水平，需要学界携手共进，坚持问题导向、循证导向，应用多方面的知识和技术，开展科学研究，不断深化对城市治理逻辑的认知。

本研究受到中国人民大学“统筹支持一流大学和一流学科建设”经费的支持。在出版过程中，北京市社会科学理论著作出版基金提供了资助，中国人民大学出版社编辑朱海燕、徐海艳给予了支持，在此一并致谢。

是为后记。

**杨宏山**

**2017 年 5 月于人民大学求是楼**